本书获集美大学学科建设经费、集美大学科研基金、福建省教育厅项目联合资助

中国邮轮旅游产业的创新与发展

陆晓倩　著

中国财经出版传媒集团
中国财政经济出版社

图书在版编目（CIP）数据

中国邮轮旅游产业的创新与发展／陆晓倩著．
——北京：中国财政经济出版社，2020.11
ISBN 978-7-5223-0053-5

Ⅰ.①中… Ⅱ.①陆… Ⅲ.①旅游船－旅游业发展－研究－中国 Ⅳ.①F592.68

中国版本图书馆 CIP 数据核字（2020）第 176597 号

责任编辑：彭　波　　　　责任印制：史大鹏
封面设计：卜建辰　　　　责任校对：李　丽

中国财政经济出版社 出版

URL：http://www.cfeph.cn
E-mail：cfeph@cfeph.cn

（版权所有　翻印必究）

社址：北京市海淀区阜成路甲 28 号　邮政编码：100142
营销中心电话：010-88191522
天猫网店：中国财政经济出版社旗舰店
网址：https://zgczjjcbs.tmall.com
北京财经印刷厂印刷　各地新华书店经销
成品尺寸：170mm×240mm　16 开　17.25 印张　295 000 字
2020 年 11 月第 1 版　2020 年 11 月北京第 1 次印刷
定价：68.00 元
ISBN 978-7-5223-0053-5
（图书出现印装问题，本社负责调换，电话：010-88190548）
本社质量投诉电话：010-88190744
打击盗版举报热线：010-88191661　QQ：2242791300

前　言

邮轮是国际传统高端旅游行业，是未来中国中高端消费领域的新增长点，可形成中国经济发展的新动能。从2006年中国引入邮轮旅游至今，经过10多年的快速增长，中国已成为全球第二大邮轮旅游市场，邮轮产业对中国经济贡献巨大，邮轮经济影响力增强。然而，从2018年起，中国邮轮旅游市场首次出现增速放缓，2019年底暴发的新冠肺炎疫情，更是给世界乃至中国邮轮旅游产业带来致命打击，全球邮轮旅游陷入停摆，邮轮旅游业的未来发展值得深入研究。厦门邮轮母港地处依山傍海的福建东南，有着发展邮轮旅游的地理优势。厦门本身是一座美丽的海港城市，因港而兴，是中国首批四大邮轮运输试点示范港口城市之一，有着闻名全球的世界文化遗产鼓浪屿。厦门是邮轮旅游产业发展的风水宝地之一。

本书共分8章，从宏观到微观，从总体到局部，从邮轮修造、邮轮运营到母港建设，分析探讨中国邮轮旅游产业创新与发展的背景及思路，探讨政府、企业和消费者等利益相关者在中国邮轮旅游产业创新发展过程中的角色定位及其作用。本书强调邮轮旅游产业供给方面的发展，以邮轮产业链内的企业为主体，探讨了邮轮旅游产业的联盟式、集聚式、可持续性的创新与发展。本书不忘邮轮产业发展与消费市场的联系，剖析了中国居民收入增加、消费升级等新消费背景对邮轮旅游需求以及邮轮产业发展的影响。鉴于民营企业在中国产业发展中的贡献，本书还探讨了民营企业对邮轮旅游产业链建设的作用。总而言之，中国邮轮旅游产业要迈入创新发展的新时代，需要激发邮轮旅游产业链不同环节利益相关者的活力，以创新邮轮产业发展模式，加快邮轮产业不同环节的创新，进一步深化邮轮旅游产业供给侧结构性改革。

本书是笔者多年不懈探索和努力的结晶。对邮轮旅游的研究缘起福建省自然科学基金课题研究。鉴于邮轮旅游西方产业先行，中国市场后起的格局，本书及时把握西方邮轮产业发展与研究的动态，同时对国内邮轮旅游发展状况深入调查分析，经过多年的潜心研究，作者对邮轮旅游产业创新发展形成了一定的见解。从 2017 年开始筹划把多年的研究成果整理成书稿，但因各种原因始终无法实现。机缘巧合，本书得到集美大学学科建设基金、集美大学科研基金和福建省教育厅项目（编号：JAS20129）"重大突发事件后福建邮轮业复苏策略研究"的资助，经过半年多的笔耕不辍，终于看到书稿成型，心中有所宽慰。

本书得以完成，首先要感谢科研团队成员王立凤博士，使我得以接触这一备受瞩目的新兴领域并被其所吸引，感谢科研团队成员庄贝妮博士全程参与本书的构思与写作过程。其次，感谢课题组成员林鸿阳、雷子彬和苏慧珊同学对新消费背景下邮轮旅游者消费行为探析、中国邮轮旅游产业可持续发展利益冲突与协调两个章节的数据收集和整理工作。最后，感谢中国财政经济出版社对本书审校所付出的心血。

本书成稿之际，欣闻受全球疫情影响的邮轮旅游业开始步入复苏通道，国内逐步开启公海邮轮旅游。对中国邮轮旅游产业来说，未来可期。

陆晓倩

2020 年 7 月 16 日

于集美大学，厦门

目　　录

第一章　绪论 …………………………………………………………… 1
第一节　研究背景与意义 ……………………………………………… 1
第二节　国际邮轮旅游研究进展 ……………………………………… 3
第三节　中国邮轮旅游研究进展 ……………………………………… 13
第四节　中国邮轮旅游产业创新发展的理论基础 …………………… 23
第五节　本书主要研究内容 …………………………………………… 31

第二章　国际邮轮旅游产业发展模式、路径及趋势 ………………… 34
第一节　国际邮轮旅游产业发展现状 ………………………………… 34
第二节　国际邮轮旅游产业发展路径 ………………………………… 41
第三节　国际邮轮旅游产业发展趋势 ………………………………… 47
第四节　国际邮轮产业发展对中国的启示 …………………………… 52

第三章　中国邮轮旅游产业发展现状、机遇与挑战 ………………… 55
第一节　中国邮轮旅游的发展历程 …………………………………… 55
第二节　中国邮轮旅游产业不同环节发展现状 ……………………… 61
第三节　中国邮轮旅游产业发展面临的机遇与挑战 ………………… 72

第四章　新消费背景下邮轮旅游者消费行为探析 …………………… 86
第一节　国外邮轮旅游消费研究概况 ………………………………… 86
第二节　新消费观念下邮轮旅游消费行为分析 ……………………… 94
第三节　消费升级与中国邮轮旅游消费变化 ………………………… 111
本章小结 ………………………………………………………………… 126

第五章　中国邮轮旅游产业联盟式发展模式与路径……127
第一节　国际邮轮旅游市场结构及邮轮公司的行为……127
第二节　中国邮轮旅游市场结构变异及相关邮轮企业行为……137
第三节　中国邮轮企业参与纵向联盟的进化博弈分析……142
第四节　中国邮轮企业参与横向联盟的进化博弈分析……159
本章小结……171

第六章　中国邮轮旅游产业集聚发展思路与对策……172
第一节　邮轮旅游产业集聚研究概述……172
第二节　影响邮轮旅游产业集聚的产业要素……175
第三节　邮轮旅游产业集聚度的区位熵分析……177
第四节　邮轮旅游产业集聚发展的思路……182
第五节　促进邮轮旅游产业集聚发展的对策……189
本章小结……195

第七章　中国邮轮旅游产业可持续发展利益冲突与协调……196
第一节　邮轮旅游利益相关者理论研究概述……197
第二节　邮轮旅游产业的负效应……205
第三节　邮轮旅游产业利益相关者的界定及其诉求分析……209
第四节　基于利益相关者视角的中国邮轮旅游产业可持续发展策略……220
本章小结……223

第八章　民营企业在中国邮轮旅游产业创新发展中的作用……224
第一节　环海峡旅游圈民营企业参与邮轮旅游产业建设现状……224
第二节　民营企业参与邮轮旅游产业建设面临的机遇与挑战……229
第三节　促进民营企业参与环海峡旅游圈邮轮旅游产业建设思路……234

参考文献……240

第一章

绪 论

邮轮旅游是以邮轮为核心与载体,以滨海旅游地为延伸节点,通过将海上巡游同船上娱乐设施、岸上景点行程相结合,满足乘客的休闲娱乐需求并创造社会经济价值的一种旅游形式。作为世界旅游业中的新兴发展领域,邮轮旅游自20世纪60年代开始,80年代进入成长拓展期,随后邮轮旅游的发展速度远高于同期世界旅游业的整体水平。2006年邮轮引入中国,开始了长达10余年的快速发展,2017年中国邮轮乘客数量达到210万人次,成为仅次于美国的世界第二大邮轮乘客客源国[1]。鉴于其快速增长和显著的全球影响,中国邮轮旅游市场值得更深入地研究,尤其是消费者的需求、动机、偏好、态度、行为特点和发展趋势。此外,从2018年起,中国邮轮旅游市场首次出现增速放缓,尤其是2019年底暴发的新冠肺炎疫情,给中国乃至世界邮轮旅游产业带来致命的打击,世界邮轮旅游发展情况如何,中国邮轮旅游产业又将何去何从?正是基于这一背景,本章首先提出中国邮轮旅游产业创新与发展这一研究主题的意义,然后阐述国内外研究现状,最后提出本书的研究内容及研究框架。

第一节 研究背景与意义

从2006年邮轮旅游在中国开始起步之后,邮轮旅游经历了年均40%以上的爆炸式增长,这种高增长可归因于几个因素:国家经济发展促使消费者可支配收入和休闲时间增加;越来越多巨大容量的现代邮轮的引入;与邮轮旅游分销渠道有关的邮轮旅游中介机构的扩散;越来越多的新邮轮目的地使得新行程不断出现;邮轮公司日益强大的营销和广告策略;以及科技进步赋予邮轮更多的娱乐休闲项目[2-3];等等。巨大的客源市场、密集的政策支持以及邮轮产品认知度的不断提高，邮轮旅游逐渐成为中国重要的旅游新业态[4]。

但是，中国邮轮旅游经历了10多年的快速增长之后，从2018年开始邮轮旅游市场开始进入"高质量、高品位"发展的战略调整期。国际邮轮集团开始调整中国邮轮运营策略，外资邮轮的一些品牌如"喜悦号""量子号""天海号""公主号"等撤出，合资邮轮船队如"天海"邮轮退出运营。而2019年末出现的新冠肺炎疫情，更是使全球邮轮全部停航，邮轮旅游产业遭遇巨大打击，几大邮轮巨头市值严重缩水，市场信心备受打击。

从供给方面来看，邮轮经济产业链长、带动性强、对推进供给侧结构性改革、培育新动能、有效拉动内需、促进消费转型升级具有重要意义。同国际成熟的邮轮旅游市场相比，中国邮轮旅游市场发展尚处于起步阶段，在邮轮设计建造、邮轮港口发展、旅游市场培育、旅客服务、物资供应等方面还存在改进空间。2018年交通运输部等部委在《关于促进我国邮轮经济发展的若干意见》中提出"以推进供给侧结构性改革为主线，围绕延伸壮大我国邮轮经济产业链，加强邮轮自主设计建造及配套能力建设、培育本土邮轮及市场发展、提升邮轮服务水平，增加有效供给，为培育经济发展新动能、加快建设交通强国和制造强国、建设美丽中国提供有力支撑"。因此，从供给层面探讨中国邮轮经济产业链建设面临的难题及可改进的领域，分析国际邮轮巨头市场垄断下中国邮轮企业的发展路径，研究邮轮旅游产业在中国的发展策略，均是值得进一步思考的问题。

从需求方面来看，旅游业已被确立为"幸福产业"，成为惠民生的重要领域。邮轮旅游业作为国际旅游业的高端业态，可以不断满足我国居民旅游需求的品质化和中高端化，有利于进一步提升人们生活质量和人们幸福感。伴随城乡居民收入水平进一步稳步增长，消费结构持续加速升级，人民群众休闲度假的需求快速增长，中国邮轮旅游的市场需求将持续增加。未来几年是我国社会经济进入全面质量提升的关键时期，人们的消费购买能力和消费意识将得到进一步强化和提升，对生活质量和旅游方式的要求越来越高。为更好地满足人民日益增长的美好生活需要，需要探讨我国邮轮乘客的性质、特点、体验情况和发展趋势，以便更好地了解我国庞大且不断增长的邮轮旅游消费群体，从消费层面探讨影响邮轮旅游服务创新的需求因素，为我国邮轮经济迈向全球价值链中高端奠定消费基础。

新技术是服务创新的主要驱动力[5]。旅游技术智能化发展，推出了智能服务机器人等人工智能和服务机器人技术，应用智能服务机器人进行工作替代将成为旅游业发展的一个新趋势，这将促使旅游服务发生变化，亦对邮轮企业和邮轮旅游服务提出新的要求和挑战，也将成为邮轮旅游服务创新关注的领域。

邮轮作为群体密集性聚集场所，一艘邮轮动辄几百人到几千人，2019年末开始的全球新冠肺炎疫情危机对邮轮旅游造成的影响，将使人们进一步意识到邮轮船舶传染性疾病的隐患，这可能成为制约邮轮旅游产业发展的重要因素之一，但亦将成为邮轮技术创新的新起点。当前邮轮的安全不再局限于结构和航行，对邮轮的卫生、暖通和信息化系统也提出了更高的技术要求。尤其是信息化技术在防疫一线的广泛应用，应引起邮轮公司的广泛关注，例如，5G会诊、数字化疾控、大数据追踪、健康码出行、无感检测、配送机器人等。

我国《"十三五"旅游业发展规划》中明确指出"理念创新，构建旅游发展新模式"。邮轮旅游产业作为旅游业的高端形态，创新亦是其特质。嘉年华公司首席执行官Donald（2017）提出，"邮轮业的成功一直是由创新驱动的"。邮轮业借助创新可以进一步完善邮轮旅游产品和服务，提升邮轮港口或目的地的形象，进而增强邮轮公司及邮轮旅游目的地竞争力，提高邮轮乘客满意度。正是基于此，本书以中国这一新兴市场为背景，以邮轮公司、港口目的地和邮轮乘客为研究对象，探讨邮轮旅游产业的创新与发展。

第二节

国际邮轮旅游研究进展

为确保本书质量并且所搜集的资料与邮轮旅游产业发展有关，本节采用高级检索方式，分别在Web of Science的主题字段中和Science Direct的主题、篇名或关键词中，以"cruise""cruising""cruise tourism""cruising tourism"为关键词，在国际排名前20的旅游、海洋和环境类顶级（权威）期刊中搜集相关文献。然后通过阅读筛选和滚雪球方式进行二次检索，最终得到188篇符合条件的论文。从中可以发现，在国际权威旅游期刊上查询到的最早一篇关于邮轮旅游的规范文章[6]发表在《旅游研究杂志》（Journal of Travel Research）上，这是一篇关于美国邮轮旅游产业总体发展、进步和前景的文章，说明邮轮旅游的规范研究始于20世纪80年代中期。从1998年起，特别是2008年以来，邮轮旅游研究的主题不断变化，从邮轮旅游产业的发展到邮轮的经济、环境乃至社会影响，从邮轮旅游市场开发到邮轮公司的管理，以及邮轮旅游政策法律等。邮轮旅游研究对象也从早期的港口/目的地，拓展到邮轮公司、邮轮乘客、邮轮员工乃至社区居民。本节将根据国际邮轮旅游发展规律，将其划分为三个阶段——萌芽阶段、快速发展阶段、全面开花阶段，探讨每个阶段主要研究对象的差异及其对应的邮轮旅游议题变化，为处于发展阶段的中国邮轮旅游研究提供启示。

一、邮轮旅游研究的萌芽阶段（1984～1996年）

在本阶段，国际旅游期刊发表的数量少（只有11篇文章）、议题少，主要围绕美国加勒比海地区展开。其主要研究对象是港口/目的地，涉及少量关于邮轮乘客的研究。本阶段议题包括三个方面：一是，关于港口/目的地的邮轮产业发展问题。讨论了邮轮产业的增长和发展趋势，提出利用市场研究来定位产品供应和寻找潜在市场[6]；包括美国邮轮产业快速增长背后的原因，当时的邮轮产业结构及其发展变动，邮轮产业发展面临的问题[3,7]，以及加勒比海地区邮轮产业发展历史、空间布局和增长情况[8]；提出国家的立法、外部经济因素、区域政治发展、市场的变化[8]以及旅游业的支持政策[9]是邮轮产业动态变化和邮轮港口选择的影响因素。二是，关于加勒比海地区港口/目的地的邮轮旅游影响，包括经济影响、社会影响和文化影响。研究围绕美国的迈阿密港展开，认为邮轮产业促进加勒比海地区就业水平，促进当地经济的增长[10]，还导致旅游市场结构变化[3]。而且邮轮本身就是一种社交场所，旅客们组成短期的社交群体，形成所谓的"邮轮文化"[11]。三是，关于邮轮乘客的特征和感知问题。如Field等对美国阿拉斯加地区邮轮乘客基本特征进行了大样本系统研究，发现这些乘客年龄普遍较大，受过良好教育，退休或从事专业工作，收入较高，已婚夫妇占多数，但丧偶妇女占比也高[6,12]。Marti研究了美国罗德岛小型邮轮细分市场的特征[13]，同时通过实地调研皇家维京邮轮航线上乘客对航线、航行时间、上下船母港、访问港、提前预订时间、空海陆地套餐以及短途旅行等的满意度，发现大部分邮轮乘客对维京航线及船上服务都非常满意[14]。当然，这种满意度的高低还可能与乘客的体验有关[15]。

二、邮轮旅游研究的快速增长阶段（1997～2007年）

从1997年开始，欧美国家邮轮旅游开始进入快速增长期，这段时间邮轮旅游研究的文章数量快速增长，研究对象范围扩大，除了港口/目的地和邮轮公司之外，还涉及邮轮乘客和邮轮员工。研究议题包括中宏观的港口/目的地邮轮产业发展与增长、邮轮产业结构特征、邮轮经济、环境与社会文化影响以及邮轮市场划分，还包括大量与邮轮乘客和邮轮公司有关的微观研究。其中邮轮乘客的研究包括邮轮乘客（行为）特征、搭乘邮轮的体验、邮轮旅游动机和决策、邮轮旅游的满意度和忠诚度等，邮轮公司的研究则包括邮轮公司的收益管理、企业社会责任、安全保障和人力资源管理等。在诸多研究中，以邮轮港口/目的地的产业发展和对经济、环境的影响，以及邮轮乘客的满意度和忠诚度的议题为主，以邮轮公司为对象的研究议题相对较少。

（一）港口/目的地研究：以邮轮经济环境影响和邮轮产业发展为主

邮轮旅游对区域的经济影响是该阶段邮轮旅游外文文献中最受重视的领域。经济影响研究有针对邮轮旅游成本、收益及其总体经济影响[16]，还有针对特定区域或港口如圣安东尼奥港[17]、佛罗里达的卡纳维拉尔港[18]、澳大利亚的北昆士兰地区[19]的经济影响分析，以正面影响为主，但也有学者认为有些地区邮轮旅游对经济增长的影响并不显著[20-21]，而且考虑到邮轮对环境和社会的负面影响，是否值得鼓励还需要进一步探讨[21]。

1998~2001年，邮轮业因违反环保规定被罚款6000多万美元[22]，邮轮公司开始努力修复自己的形象，因此，关注环境影响的邮轮旅游文章开始成为2000年以后外文文献关注的焦点之一[23-26]。邮轮环境影响研究领域以加勒比海地区为主，亦包括阿拉斯加、南安普敦、南极地区、巴拿马地区。研究内容包括基础设施建设、旅游者活动及海上运营的环境影响[25]、废弃物排放及对生物界的干扰[27]等。Johnson使用生命周期法，从基础设施改造、基础设施运营、乘客运输及物流配送、消耗与利用及废弃物排放等方面综合探讨了邮轮旅游的环境影响[24]。

邮轮旅游产业增长和发展研究主要针对亚太地区等新兴市场展开，同时针对邮轮旅游细分市场开展的邮轮研究。例如，针对东南亚和亚太地区的邮轮旅游产业发展现状、趋势及挑战的研究[28-29]，针对北美地区快速增长的邮轮行业面临的挑战[2]以及对世界超长邮轮发展趋势的探讨[30]。Lester和Weeden则围绕加勒比海地区对旅游业在经济上的依赖性、各利益相关团体之间的权力关系不平等，以及在这个文化各异的岛屿分散区域内缺乏经过证实的合作，提出了合作和发展规划的重要性，强调了不同利益相关者的不同需求，并提请注意最大化加勒比邮轮旅游所提供的机会之间的矛盾，有效地管理其持续发展[25]。

此外，一个地区的邮轮旅游产业发展必须关注港口对邮轮公司的吸引力这一问题。因而，需要考察邮轮公司在航线规划中选择某个港口作为母港或停靠港的因素[31]。研究者通过考察东亚等地区港口，得到的结论是：在邮轮公司选择停靠港口时，旅游景点排名第一，港口的连通性和敏捷性排名第二[32]。同时，邮轮公司在港口停留时间长短取决于港口乘客数量、与前后港口的距离[33]。

（二）邮轮乘客的研究：以满意度和忠诚度为主

出现大量关注邮轮旅游消费者消费行为的研究，包括乘客的人口统计学特征，乘客的体验、决策、满意度、忠诚度，以及乘客旅游动机、行为特征、感知价值等，尤其是乘客的忠诚度研究，占了大部分篇幅。

满意度是决定乘客是否愿意再次参加邮轮旅游的重要决定因素。研究者针对邮轮上的乘客如皇家加勒比的维京号、女王号，或者邮轮港口乘客如加勒比海地区、中国香港等展开满意度调查。调查结果显示乘客对邮轮产品及其服务交付组件亦感到满意[34]。也有乘客对食品饮料、设施、服务质量和员工绩效表示满意，但对娱乐活动的吸引力、多样性和组织过程，运动/健身、购物和儿童保健设施以及餐饮店的座位空间等表示不满意[35]。研究显示，员工工作满意度与邮轮乘客满意度正相关[36]，而乘客情绪会调节旅游总体满意度[37]。

从理论上，邮轮乘客的满意度是影响乘客忠诚度的重要因素[35]。但实际上，邮轮乘客忠诚度的影响因素十分复杂，例如，Duman 和 Mattila 认为满意度和感知价值都会影响邮轮乘客再购买意愿和口碑宣传[38]。Petrick 认为，相对于满意度和感知价值，质量才是影响再购买意愿和正面口碑宣传的重要因素[39]，而且，不管对初游者还是重游者，质量、情绪反应和货币价格都是感知价值的前因，其中货币价格的预测能力最强，感知价值和质量同时影响二者的再购买意愿[40]。研究者亦注意到关键事件对乘客再购买意愿的影响，尤其是负面关键事件的影响更大[41]。除此之外，居住地距离、到港总次数与在港停留时间[42]，以及从邮轮公司那得到的待遇，邮轮品牌社区关系[43]等都会影响乘客的再购买意愿。当然，除了不同因素对乘客忠诚度的影响程度不同外，不同乘客的忠诚度程度也不一定相同，而且忠诚客户与第一次旅游的乘客或不那么忠诚的乘客的行为亦会有差异[44]。例如，Miller 和 Grazer 将乘客忠诚度划分为 5 种，说明了不同忠诚度乘客的特征，并且提出如果对抱怨行为处理不当，就可能失去最忠实客户，并导致巨大的经济损失[45]。

对于邮轮旅游而言，了解乘客的旅游动机以及乘客在旅游过程中呈现的行为特征可以促进邮轮公司采取措施吸引乘客，提高乘客的满意度，提升乘客的忠诚度。在旅游动机分析中，社交聚会、暂时逃避日常生活、享受优美的环境和自然风光可能是大多数消费者乘坐邮轮的最主要动机[35,46]。但也不乏有文化探索、亲情、天气、放松、娱乐机会、特殊享受等动机[46]。不同群体可能不仅仅因文化差异而导致不同的邮轮旅游动机，消费行为和偏好行为也不太一样[47]，这可能是因为价格敏感性高低不同造成的[48]，也可能与邮轮在停靠港的停留时间和乘客年龄有关。例如，Henthorne 研究了牙买加奥乔里奥斯港（OchoRios Port）邮轮乘客的支出，发现乘客在停靠港的支出与停留时间、乘客年龄正相关，同时，港口所在区域旅游企业的服务态度对乘客的支出意愿有很大影响[49]。当然，邮轮乘客在具体决策过程中，有可能经历复杂的决策过程，也可能无须过多考虑，尤其对于品牌忠诚乘客[50]。而且决策过程还受到之前的邮轮度假经历、参游成本、邮轮航程长短、具体停靠目的地、收入和婚姻等因素的影响[51]。

（三）邮轮公司研究：以收益管理为主，兼顾考虑企业社会责任及安全保障问题

这个时期，邮轮公司管理的相关研究不多，议题仍然围绕邮轮公司的收益、企业社会责任以及安全保障问题。对于收益管理，Wie 借助博弈模型，提出了邮轮公司运力投资决策问题[52]。Toh 则针对邮轮高客舱入住率进行原因分析[53]。为了增加乘客，提高收益率，邮轮公司在生产和消费过程开始实现麦当劳化的主题，提出核心原则属性为：效率、可计算性、可预测性、控制和"理性的非理性化"[54]。然而，这些属性是否有利于邮轮运营也值得斟酌。虽然环境和生态问题已经提上议程，但邮轮公司对自身的企业社会责任的意识似乎还不够，部分运营商开始参与目的地生态旅游短途旅游建设[55]，但这种建设更多可能基于更有利的航线设计或企业盈利的角度。

纵观这段时间的邮轮旅游历史，发生的邮轮安全事故主要有火灾、碰撞和搁浅。Lois 统计发现，发生于 1992~2001 年的严重邮轮事故多达 16 起，其中有 3 起造成人员伤亡[56]。除此之外，传染性疾病也对邮轮旅游安全构成威胁[54]。因此邮轮公司需要发展正式安全评估方法[56]。

在人力资源管理方面，学者们进行了邮轮工作满意度调查问卷的开发和测试[57]，并开始探讨文化一致性对邮轮业领导风格的影响[58]。

三、邮轮旅游研究的全面开花阶段（2008年以来）

2008年以来，邮轮旅游的研究成果开始呈指数级增长，研究议题也更加多元化，同时出现了系统回顾邮轮旅游研究的成果，大多数以欧美市场的邮轮旅游研究为文献来源，如关于邮轮旅游产业的一般市场研究、收入管理、行程设计/优化、最优市场细分、需求渗透和经济问题等的综述[59]，探讨邮轮旅游研究困境和可行的研究过程[60]，探讨了邮轮研究主题、相关期刊、作者、机构和盈利国家的分布情况，确定了合作院校以及邮轮旅游辩论中心的研究领域[1]。最新的一篇综述文章通过回顾近30年来发表在20本旅游、酒店、海洋和环境期刊的222篇邮轮旅游研究论文，阐述了邮轮旅游研究的趋势、研究主题、值得关注的问题，以及推动邮轮旅游产业可持续发展的问题[61]。亦有针对中国邮轮旅游的综述研究，回顾了中国邮轮旅游发展历史、中国邮轮乘客特点、沿海各邮轮港口位置、靠泊能力、邮轮经营业绩或邮轮政策文件等[62]。还有针对中英文邮轮旅游研究文献的研究主题差异对比综述[63]。

虽然第三阶段的研究仍然围绕港口/目的地、邮轮乘客、邮轮公司展开，但与第二阶段相比，出现了一些新变化，呈现出一些新议题，研究侧重点也发生了变化。例如，港口/目的地研究类文献关注重点转向环境影响，呈现更多邮轮乘客忠诚度研究；在邮轮公司研究中，对企业社会责任和商业环境的研究相对多一点；更重要的是，出现了涉及社区居民态度的研究。

（一）以环境影响为主的邮轮港口/邮轮目的地研究

伴随邮轮旅游产业向全球范围内不断拓展，全球邮轮旅游市场发生变化，部分成熟市场（如加勒比海地区）增长速度变缓，新兴市场（如澳大利亚、亚洲）不断出现，邮轮船舶开始重新定位[64]。因此港口/目的地仍旧是邮轮旅游研究的一大领域。成熟的邮轮旅游目的地开始考虑环境或行业可持续增长、失去可持续性将面临的问题以及克服可持续问题的策略调整。新兴的邮轮旅游市场则主要探讨邮轮旅游增长、邮轮旅游经济优势、邮轮旅游进一步增长的制约因素，如码头基础设施、靠泊能力、港口服务能力、邮轮旅游政策、邮轮开发的片面性等[65]。

1. 邮轮旅游产业的经济影响研究

邮轮产业的发展对当地造成了巨大的经济、社会和环境影响。出于促进地方经济增长与发展的考虑，邮轮旅游产业对港口/目的地的经济影响仍然受到邮轮旅游研究者的重视。国际邮轮航运协会（CLIA）和美国商业研究与经济顾问（BREA）每年都会发布邮轮旅游产业对欧美乃至全球经济影响的报告，认为邮轮旅游不仅具有直接经济贡献，还可带动其他相关产业的发展，其总体经济影响涵盖的产业范围十分广泛[66]。但这种经济影响研究的地理位置发生了变化，除了传统的加勒比海地区港口和城市，还涉及新兴的市场如南卡罗莱纳查尔斯顿、南美洲的哥伦比亚、北美洲的百慕大、中美洲的伯利兹、欧洲的克罗地亚、西班牙等，已积累了大量的研究成果。大多数研究者认为邮轮旅游具有经济优势，这种正面的经济影响不仅考察了邮轮乘客和邮轮船员消费支出带来的居民收益提高[67-68]、当地产业的发展[69-70]，还考察了港口基础设施建设以及新航道开辟带来的经济效益[71]。但也有学者认为邮轮旅游对当地经济的贡献相当小[72-73]，尤其在加勒比海地区和其他新兴市场港口，邮轮旅游的直接经济影响小于欧美市场[74]。

2. 邮轮旅游目的地的可持续发展研究

伴随邮轮旅游经济的快速发展，其对环境的综合影响，尤其是邮轮旅游目的地的可持续发展问题成为研究者关注的焦点。通过观察或采访乘客、当地居民或当地社区其他利益相关者[75-76]，学者们认为邮轮船舶在进出港口或停靠港口时产生各种废气、废水及固体排放物[77-78]，对港口城市环境造成了一定程度的影响[73]。为了让日益大型化邮轮的顺利通行，开辟不同航道及对应的基础设施建设可能会对当地的海洋生态系统包括珊瑚礁等造成毁灭性的影响[71,79]。在极地地区，较高水平的邮轮温室气体排放对极地环境的影响也不小[80]。为了减缓邮轮旅游对环境的负面影响，促进邮轮旅游的可持续发展，人们提出了不同的治理或管理思路，如设置行业治理机构[75]或采取集体自治方法[81]等。

3. 邮轮旅游的社会和文化影响研究

从社会和文化影响来看，研究者关注其负面影响为主，包括对当地特殊文化和习俗的冲击，对文化遗产的破坏。例如，佛罗里达的基韦斯特当地居民担心邮轮乘客大量涌入会淹没城市古朴而狭窄的街道，使城市失去原本悠闲的特色[82]，而澳大利亚金伯利人则担心不同运营商对乘客管理的差异，会对当地的岩石池、岩画和历史遗迹造成破坏[76]。从社会方面来看，则可能导致各种负面的健康和行为后果，甚至对个人的心理产生影响。例如，Jordan等对邮轮旅游开发背景下的牙买加居民进行压力评估，发现旅游的发展会影响个人情感和心理生活质量,如未满足的期望、超负荷的基础设施、生活成本增加等[83]。MacNeill 和 Wozniak 对洪都拉斯当地居民的调查显示,邮轮旅游导致当地居民提供生活必需品和获得充足食物的能力恶化,腐败现象增加等[73]。

4. 以邮轮港口/目的地社区居民态度为主的社区居民研究

第三阶段最典型的特征是研究者开始关注社区居民对邮轮旅游产业发展的态度。从研究结果来看,社区居民对邮轮旅游的发展总体持积极态度[84],尤其在邮轮旅游带来的经济影响方面[85]。但社区居民也认为邮轮旅游对社会和环境会带来负面影响,例如,居民认为邮轮乘客会导致短期拥挤[67]、导致生活空间变窄、生活成本增加、环境污染加重[83,85],也有居民对邮轮到访时的组织和管理以及邮轮公司对在地旅游业务的表现感到不满[86]。当然,不同区域居民的态度可能存在差异,新兴邮轮旅游地区,居民往往持有积极甚至赞许的态度,而对于已发展区域,居民更可能出现抗拒心理[87]。

除此之外,研究者针对停靠港的属性如停靠港的优势和竞争力[88]、港口城市和港口短途旅游包的战略作用[89]、港口交通模式[90]以及港口等待和停留时间[33]进行了探讨。

(二) 邮轮乘客研究仍以满意度和忠诚度为主,增加了动机等决策研究

对邮轮乘客行为的研究进一步快速发展。除了考虑影响满意度、忠诚度和邮轮体验等角度进行邮轮乘客研究之外,对动机和决策影响因素的研究也不断增加,增加了对目的地印象、旅游产品质量、感知价值、价格敏感性等影响满意度、忠诚度的因素分析。

1. 邮轮乘客满意度和忠诚度研究

从满意度的影响因素来看,旅游动机、港口或目的地印象、邮轮服务价格和服务质量、邮轮乘客体验、乘客之间的互动、乘客个人特征如价格敏感性等均会影响邮轮旅游的满意度[91]。从忠诚度的表现来看,邮轮乘客存在态度忠诚和行为忠诚的差异,更多的乘客忠诚表示为一种态度忠诚,即具有重游目的地/再购买邮轮旅游的意愿,或者具有向亲戚朋友推荐邮轮旅游或邮轮旅游目的地的行为倾向。当然,研究者发现,除了旅游动机、港口或目的地印象、邮轮服务价格和服务质量等影响满意度的因素会以满意度为中介影响邮轮乘客的忠诚度之外,情感、转换成本、信任度、新颖性等亦可能成为忠诚度的前因[92],价值观、参与度、环保意识、责任归因、个人规范等价值、态度因素在决定邮轮乘客选择重新参加豪华邮轮游中亦起着重要的中介作用[93-95],而

且重复旅游者比初次旅游者感知价格更低,但情感满意度、感知价值和行为忠诚度更高[96]。此外有研究发现,港口的停留时间似乎对重游意愿和推荐意愿没有显著影响[97]。

2. 邮轮乘客的旅游动机、体验等决策研究

另外,从营销的角度,研究邮轮乘客的旅游动机、体验对旅游决策的影响[98],探究乘客在港口、目的地或船上的行为[99],进而对邮轮乘客进行市场细分[99-101],也成为第三阶段邮轮乘客研究的关注点。在邮轮旅游过程中,乘客可能基于审美、娱乐、教育、逃避、安全等角度去体验旅游过程[102],这种体验既可能是一种初级体验,也可能是悬浮体验和终极体验[103],邮轮上的乘客之间互动会直接影响旅游体验[104],而且乘客与乘客之间、乘客与员工之间还可能形成共同创造价值体验模式[105]。此外,一些学者开始探索被忽视但却重要的研究领域,比如儿童的邮轮旅游体验[106]以及邮轮的现场音乐表演配置及其对乘客的影响[107]。

除了体验会影响乘客的决策之外,旅游动机也是决定邮轮旅游决策的重要因素之一。从目前的研究来看,大多数学者从心理或生理上的"推"和自然环境的"拉"两个角度探讨邮轮旅游动机,推动消费者参与邮轮旅游的动机包括自尊与社会认同、逃避和放松、学习、探索发现、寻求新奇或刺激、家庭纽带联结等内在心理需求[93,108],而拉动消费者参与邮轮旅游的动机包括目的地地方特色文化、风景、娱乐、建构关系、上岸旅游等[109]。当然,不同文化背景、不同世代的旅游动机可能有所不同[108,110]。

3. 邮轮乘客行为特征分析

在邮轮乘客的行为分析中,消费支出行为是重点,而且通常针对目的地的乘客消费行为进行分析。研究结果显示,不同性别、国籍、收入水平、邮轮服务体验或下船动机对邮轮乘客支出有显著影响[111-112],同时邮轮乘客与邮轮船员或非邮轮乘客的消费支出存在差异:邮轮乘客比邮轮船员在陆地上的支出更多[67],但比非邮轮乘客的消费支出低[113]。居住地和着陆港口可能是决定乘客消费水平的关键变量[114],因而有学者甚至在港口目的地使用 GPS 和 GIS 技术追踪乘客的足迹[115-116],以更好地了解邮轮乘客在目的地的行为和出行趋势等。

(三) 对邮轮公司的研究:研究数量不多,但研究视角更广

对邮轮公司的研究除了前述的收益管理、企业社会责任、企业安全与保障

等议题外，增加了品牌塑造[117]、服务管理[118]，乃至企业的危机管理等问题的研究。

在邮轮公司的收益管理方面，研究者从运营和入住两方面探讨邮轮的效率。研究结果显示，不同邮轮行程会显著影响邮轮入住率[119]，为避免有些行程可能出现的超预订问题，需要建立邮轮动态预订风险决策模型[120]。通过对每特等舱乘客和占用率、每航次乘客和每1000吨总登记乘客等角度考察，发现不同品牌邮轮公司的运营效率存在差异[121]。而且在运营阶段和非运营阶段，邮轮公司的运营效率也存在差异，大多数邮轮公司在运营阶段效率高，但在非运营阶段的效率差异却非常明显，具有高容量扩张特征的邮轮公司效率通常较低[122]。

在企业社会责任方面，研究者开发了企业社会责任指数，指出劳工、人权、健康和安全应成为邮轮公司面对和解决的首要问题[123]，提出了基于企业社会责任的邮轮公司环境效率测度的量化环保方法[124]，还探讨了邮轮公司对社会责任的定义在多大程度上可以符合利益相关者的期望[125]。

邮轮的安全和法律方面，研究者探讨了邮轮的犯罪问题[126]及邮轮公司制定有效法律策略，提供纠纷解决和战略竞争优势[127]及邮轮危机管理问题。伴随邮轮数量增长和船型不断增大，邮轮上的乘客数量越来越多，一旦发生腹泻、传染性疾病，会使乘客产生认知威胁，从而对邮轮公司乃至邮轮产业产生致命影响，因而发生疫情情况下的危机管理非常重要，但目前此类危机管理的研究非常少，尤其是2020年的新冠肺炎疫情，对邮轮旅游加强危机管理相关研究提出了新要求，不管是邮轮公司还是目的地管理机构，都需要强化危机管理意识，并深入探讨如何处理好人们的认知威胁、感知安全与邮轮旅游意向之间的关系[128]。

邮轮公司的人力资源管理仍以领导行为研究为主，增加了一些员工工作动机和满意度的研究。研究者认为，邮轮和陆地的组织情境不同，行业领导者的技术与特质或能力的重要性存在差异[129]。研究者还探讨了跨文化背景下，文化一致性对领导风格差异的影响[130]。发现省钱的机会、渴望旅行和结识新朋友、学习愿望及就业提供的诱人生活方式是吸引人们到邮轮工作的因素[131-132]，但员工对工作环境感知及对组织承诺会影响员工工作满意度，其中尊重、社会氛围和衣食住行是影响员工工作满意度的最重要因素[133]。

第三节

中国邮轮旅游研究进展

在邮轮旅游产业研究中，邮轮与游轮是两个并存的概念。课题组采用高级检索方法，检索条件为篇名、关键词或摘要中包含"邮轮/游轮"或"邮轮旅游/游轮旅游"，搜索时间不限定，对中国知网的核心期刊和CSSCI来源期刊进行系统的文献检索。截至2019年12月31日，共获得与"邮轮"相关的文献285条，与"游轮"相关的文献96条。通过逐篇阅读题目、摘要等内容，剔除了短篇通讯、书评、会议论文和其他与本文研究主题不相关的论文，共筛选出核心期刊论文208篇，其中CSSCI论文62篇。

从这些文献开展邮轮旅游研究的时间分布来看，胡建伟和陈建淮发表在《旅游学刊》上关于"上海邮轮产业集群发展动力机制研究"一文是中文邮轮旅游研究正式起步的标志[134]。2008年以前的研究数量非常少，研究以区域性研究为主，主要集中在上海地区。2009年以后，中国邮轮旅游研究进入快速发展期，不仅研究数量剧增，研究领域也日益广泛，从理论探讨到对策分析，从邮轮港口码头到邮轮旅游市场等。伴随2018年邮轮旅游开始进入调整期，研究者开始关注邮轮旅游的负效应以及消费者行为方面的研究。

从文献内容来看，国内研究者亦围绕港口或目的地、邮轮乘客、邮轮公司等研究对象展开研究，但在具体研究内容上与国外存在较大的差异。现有的中文文献主要集中在两个层次：中宏观产业分析和微观问题讨论。其中，中宏观产业分析主要围绕港口或目的地展开，涉及邮轮旅游产业发展与影响、邮轮旅游市场开发对策和策略等，特别是区域邮轮开发，即一个城市或地区邮轮经济的发展是一个非常热闹的研究领域，但对邮轮经济的发展规律、邮轮经济的创新与本土化、邮轮经济的国际合作等问题的研究相对不足。微观研究问题比较宽泛，主要探讨邮轮港口/目的地的竞争力评价或潜力测度、邮轮母港/港口规划、邮轮港口通关政策分析等，而对邮轮公司的经营策略、邮轮旅游产品设计、邮轮旅游人才培养、邮轮旅游安全保障以及对邮轮乘客的资料收集、消费者调研、市场培育等实证分析的研究并不多，即使有所涉及，深度也不够。

本节以研究对象为主线，围绕邮轮旅游产业发展的主要利益相关者，从供给和需求两个方面，探讨邮轮经营（邮轮港口如基础设施、邮轮配套服务产业、邮轮公司）、邮轮消费和邮轮制造（邮轮设计与修造）研究的阶段性特征及研究动态。

一、邮轮旅游港口或目的地研究

当前的港口和目的地管理主要以邮轮产业发展和港口码头发展建设为主，重点探讨不同研究区域空间内邮轮经济的传导机制、对区域经济的带动作用、邮轮经济与沿海经济的相关性、邮轮经济的空间结构和系统优化、邮轮经济的生态系统性、集群性、邮轮旅游的经济影响等。

（一）邮轮产业发展研究

以港口或目的地为研究对象，探讨中国不同区域性邮轮旅游产业发展是中文文献研究的主要领域。

1. 区域邮轮产业发展和产业链建设

早期的研究集中在上海地区，如胡建伟和陈建淮运用产业集群理论，从地理集中性、灵活专业化、路径依赖性、合作竞争性、外商环境和政府政策以及创新环境等方面分析了上海发展邮轮业集聚的可能性，并通过核心能力理论从独特性、延展性和价值性三个方面，提出了上海发展邮轮产业集群的必要性、存在的制约因素以及形成产业集群的动力机制[134]。伴随国内邮轮旅游市场不断开拓，近几年研究成果成长快速并日益丰富，研究区域从上海拓展到广东、三亚、青岛等港口城市[135-136]，甚至延伸到内河港口城市南京[137]。研究内容也从区域产业发展潜力转到邮轮产业生态系统[138]、邮轮旅游竞争潜力测度[139]、国外邮轮产业发展经验借鉴[140]。尤其在国家大力提倡"一带一路"建设理念下，邮轮产业研究考虑充分利用"一带一路"国家旅游发展合作的机遇，与"一带一路"沿线进行跨境跨区域邮轮旅游合作[141-142]。

应该说，邮轮全产业链的发展已成为我国邮轮产业发展的目标。学者们已经意识到邮轮产业链发展的重要性，但对于产业链的相关研究更多局限在讨论邮轮产业链的构成及特征等方面的理论探讨。如李传恒以我国吸引邮轮靠泊和建设邮轮码头为例，研究了邮轮服务业价值链扩张过程中当地相关旅游服务应对以及升级的可能方式，认为邮轮产业沿着全球价值链升级，不仅取决于外部市场机遇和基础设施建设，还取决于参与服务业联盟和全球标准制定组织等软环境准备[143]。邱羚和高长春从理论上探讨邮轮产业价值链模型、作用机理及增值效应，认为邮轮产业需要完善价值链条，这不仅会促成邮轮产业关联企业形成集群效应，而且会促成不同产业价值链的上下游企业之间产生链式效应，从而促进邮轮产业整体价值增值效应[144]。在具体建设上，张效莉等认为要以港口企业为中心，构建一个包含旅游企业、港口企业和邮轮企业组成的邮轮物流产业供应链，利用博弈论的Shapley值法考察整体服务竞争力优化原则对应的最优利益分配机制[145]。尤其是规模经济、范围经济和交易成本节约的存在，使得邮轮物流供应链比单一企业具有竞争优势[146]。但是，该文对邮轮物流产业供应链的概念界定及相关范畴确定并不明确，邮轮物流供应链的博弈分析主体也没明确是邮轮物流供应链相关的企业。因此，孙领等明确提出邮轮服务供应链是由邮轮乘客的食、宿、行、游、购、娱等一系列需求服务供应商组成的，认为以邮轮旅游服务为主导的邮轮服务供应链具有网络化属性，供应链成员企业进行相互合作，按贡献度合理分配所得利益，才会促使供应链网络的整体经济利益最大，因此可在梳理邮轮服务供应链网络结构演变规则的基础上，提出邮轮服务供应链普适性的发展路径，如与功能服务提供商开展协作，发展母港总部经济等[147]。

2. 邮轮港口规划建设相关研究

从邮轮港口的研究来看，一是借鉴国外母港规划设计经验，探讨新兴邮轮港口和码头的规划与建设问题。如陈有文和赵彬彬围绕国际邮轮旅游产业发展总体情况、市场结构（客源地、目的地季节性特征）、邮轮航线的类型与特征、邮轮航线要素的空间结构提出我国沿海地区进行邮轮港口布局规划的思路[148]。马彦勇和史济辰等针对深圳港提出规划设想和建设规模[149]。二是针对邮轮母港或港口城市邮轮旅游竞争力的分析评价。例如，聂莉和董观志在构建港口城市邮轮旅游竞争力综合评价指标体系的基础上，建立了基于熵权－TOPSIS法的城市邮轮旅游竞争力评价模型，在对上海、天津、深圳等全国9大港口城市进行实证分析后，认为港口城市邮轮旅游竞争实力悬殊，为避免盲目竞争带来的资源浪费，应考虑城市间邮轮旅游的竞合关系，注意准确定位和错位发展。吴慧等利用云模型评价法构建了国际邮轮港口竞争力评价指标的定量测度法，通过对比欧洲的巴塞罗那港、科托尔港与我国的上海港和天津港，提出国内现有的邮轮港口需进一步准确定位港口功能、完善相关配套设施、提高服务水平和打造特色港口品牌等，以提升邮轮港口竞争力，缩小与欧洲一流港口的差距[150]。三是基于生态视角探讨邮轮母港的未来发展。例如，陈咏梅和赵莹以厦门邮轮母港为例，提出针对邮轮母港旅游未来生态发展的思路[151]。

3. 邮轮设计与修造研究

从邮轮产业链来看，邮轮设计和修造属于链条的上游环节。作为全球最具潜力的新兴邮轮市场，我国具有大力发展邮轮装备、邮轮旅游、邮轮配套服务，形成完整邮轮产业链的难得机遇。然而豪华邮轮的建造是造船业中的"明珠"，我国本土邮轮产业尚未形成完整的生态格局，在产业链上游目前尚不具备独立设计建造邮轮的能力，加上技术限制，我国自主进行豪华邮轮设计、制造与维修将面临各种困难。更何况邮轮旅游的不断发展使得世界邮轮船型日益趋向大型化，使我国邮轮修造业的发展难上加难。

在邮轮产业发展的早期，关于邮轮修造业相关的议题非常少。2017年以来，关于邮轮设计类的文章开始不断增加，研究内容包括邮轮船体技术、室内设计、软硬件系统等。以《船舶工程》等为代表的期刊，从2018年起开始大量刊登国内外豪华邮轮关键技术发展、探索与应用方面的文章。但关于邮轮修造业发展及具体规划的理论研究仍然相当匮乏。大型豪华邮轮结构设计包括邮轮总体设计技术、特殊及异构结构设计技术、邮轮美学设计技术、振动噪声预报与控制技术、重量控制技术、绿色设计技术等[152]。在每一个具体设计方面也存在着设计重点难点和盲点问题，例如进行总体设计时要考虑主尺度论证、型线与外观设计、系统设备量化估算、总布置设计、经济性分析、乘客需求等[153]。结构设计技术的关键在于特定结构设计水平的提升、薄板加工焊接变形的控制、振动和噪声的预防、结构细节的处理及结构与设施的协调等[154]。在邮轮基本功能组织与邮轮空间设置系统方面，则需要了解我国邮轮消费者文化形式、生理预期和行为习惯等个性化特征，从乘客饮食方式、娱乐需求、消费行为和审美需求等方面提供个性化设计的依据。

4. 邮轮产业政策和法律支撑研究

除了相关技术及硬件设施的资金投入之外，与邮轮产业发展相关的政策和法律问题以及邮轮人才培养是产业发展过程迫切需要解决的问题。尤其在法律方面，邮轮产业定性不清、制造业技术和融资困境、邮轮服务业的政策机制壁垒、邮轮税负负担和不合理的行政收费等问题已成为我国邮轮产业发展的桎梏[155]，因此亟须完善邮轮产业立法，通过法律、法规、规章等多头并进方式规范和促进邮轮产业发展，构建良好的邮轮产业营商环境。在宏观层面，张树民、程爵浩等认为需要政府制定政策体系、强化管理机制、培育引导市场主体、制定统一规划、引导乘客[156]；应建立促进邮轮产业发展的法律保障体系，同时从法律视角梳理邮轮旅游文化，为邮轮旅游立法和管理提供切实可行的指导路径[157]。在微观层面，则应结合实际提出解决问题的具体措施。例如，邮轮旅游在我国本土化的过程，旅行社代理异化成"包船游""切舱"模式，这种异化代理模式导致邮轮旅游乘客利益失衡及邮轮旅游纠纷执法困境的法律协调难题，亦需要以《中华人民共和国海商法》（以下简称《海商法》）立法修改的立法视角及行政管理的管理角度修正代理模式的缺陷，破解邮轮旅游执法困境。近两年大量出现的邮轮船票代理公司，导致邮轮船票直销模式与传统包船旅游模式的三方主体间的法律关系发生变化，邮轮船票代理合法合规性问题需要进一步探讨[158]。

在邮轮产业政策方面，虽然国家和地方政府出台了大量政策文件，但关于政策方面的专门文献较少。有学者提出针对特定区域的具体政策措施制定，如李小年和颜晨广围绕上海国际航运发展综合实验区以及上海国际邮轮旅游综合发展实验区的框架下试行税收优惠、通关便利、邮轮金融、外资准入、邮轮船供等政策[159]。刘焕庆和刘秉镰通过比较日本、韩国和我国的邮轮产业政策，从宏观调控邮轮港建设、给予相关优惠政策、细分市场开发新项目、积极开展旅游项目开发及组织建设等方面提出了促进邮轮产业发展的对策建议[160]。

（二）邮轮旅游的影响研究

相对于邮轮旅游产业发展相关文献的蓬勃发展，关于邮轮旅游的经济和环境影响的文献并不多，对社会文化影响的研究更少。在邮轮旅游的经济贡献方面，陈旭阳总结了国外邮轮经济对地区发展作用[161]；孙妍以三亚凤凰岛国际邮轮母港为例，从邮轮母港的发展极效应、投资乘数效应、区域产业与空间结构重组效应等角度探讨了邮轮母港发展对区域经济的带动效应[162]，随后，又基于产业关联理论，利用产业链投入产出表进行了邮轮经济产业关联度的测算[163]；姜宏等基于旅游卫星账户（TSA），构建了邮轮旅游卫星账户（CT-SA），确立了邮轮旅游经济贡献核算方法，并以上海为例，测算出2014年上海邮轮旅游总产出、增加值和就业人数[164]。在邮轮旅游的环境影响方面，谢芳等基于全生命周期评价角度提出邮轮环境污染的控制机理[165]；孙瑞红等通过评价邮轮污染规模范围、污染的跨国性、流动性、复杂性、多边性以及邮轮污染所带来的环境管理挑战，提出了由我国主导的邮轮污染多边治理模式[166]。可见，虽然国外针对邮轮旅游的经济和环境影响展开了大量的论述，国内针对经济影响尤其是环境污染的相关研究依然较少。

(三) 港口/目的地市场研究

开发邮轮港口或目的地市场是吸引邮轮公司停靠港口的重要一环,尤其对于邮轮母港具有重要的意义。叶欣梁和孙瑞红从消费能力、消费状况、旅游产品组合等方面讨论了上海邮轮旅游乘客的需求特性,提出上海邮轮旅游市场的产品、价格、分销渠道和促销等开发策略[167-168]。孙晓东和倪荣金则从岸上产品配合和资源配置角度提出旅游市场开发的策略,认为港口岸上产品配备与资源配置通常包括两类:一是依托当地丰富的自然资源与人文资源开发的观光类产品,另一类是乘客体验度较高的探险、运动、户外、挑战等活动类产品。而且不同类型岸上产品与旅游资源之间具有不同的对应关系,比如探险之旅与海滩、鱼类、自然、珊瑚、暗礁等词汇对应等[4]。宋立中等以中欧、西欧和北欧的内河游船业为例,探讨游船公司在细分市场经营策略的差异化问题,提出旅游产品主题化、组合化、多元化、线路设计周密化、服务设施个性化以及运河遗产和货运游船的适应性再利用等策略措施,对我国内河邮轮旅游的发展具有重要参考价值[169]。

总而言之,伴随居民消费结构升级,对港口和目的地,更需要顺应消费形势,通过打破传统产业边界,以融合发展的思路加快培育邮轮经济新业态新体系,才能更好满足人们的消费升级,支撑引领经济社会转型发展[170]。因而,需要深刻理解未来客户群,利用数字化新手段挖掘并满足年轻群体的个性化、定制化需求;尝试拥抱人工智能和物联网等新技术,全面改造自身的产品和服务;并且基于全域旅游等新理念重新考虑资源组织形式,通过合作共赢搭建旅游新生态;进一步打通产业链上下游,拥抱全球化[171]。

二、邮轮公司相关研究

与邮轮公司相关的研究包括邮轮管理研究、邮轮公司市场开发研究两个方面。

在邮轮管理研究方面,研究内容涉及邮轮航线规划与设计、收益管理、航位分配以及邮轮公司本身等。例如,在邮轮航线设计上,杨忠振和朱晓聪基于中产阶级的邮轮需求特点,借助复杂函数,提出了近海型邮轮航线设计思路[172]。孙晓东等借助北美地区的航线数据,采取文献分析和专家访谈法,提出邮轮航线设置的基本特征与规划要素,认为港口服务属性与岸上产品配备是邮轮航线规划的核心要素[173]。在邮轮收益管理方面，孙晓东和冯学钢基于北美市场，探讨了邮轮收益管理的舱位分配问题，在对邮轮收益管理的需求分布特征和存量分配问题研究的基础上，提出正态分布和伽玛分布能较好地拟合邮轮舱位总需求分布，在正态分布下，基于 EMSR-a 和 EMSR-b 两种舱位的分配算法优劣取决于实际的需求状况[174]；洪婷婷等比较了世界三大邮轮公司的总效率和分阶段效率，发现其销售效率高于运营效率，但运营效率对总效率的影响更大[175]；镇璐等提出一个有到港时间限制的邮轮航线和速度优化模型，以优化船舶在排放控制区内外的航线及速度，最小化总燃油成本[176]。

在邮轮公司市场开发研究方面，孙晓东和冯钢认为邮轮行业具有存量有限、易逝性产品、需提前预订和需求不确定性等传统收益管理行业特征，因而采用动态定价理论，基于北美市场的一般定价模式，提出基于需求学习的动态价格调整策略[177]。傅方圆和王子轩使用 BP 神经网络模型探讨邮轮动态定价问题，提出依据已有的订票数据，对潜在的市场进行准确预测以合理确定每一航次出发前每周预订的平均价格[178]。可见，原有的研究要么针对北美市场展开，要么仅仅提出理论模型。孙瑞红等针对我国市场邮轮定价的实际数据，借助 SCP 范式从市场结构、市场行为和市场绩效三个方面评价我国邮轮市场价格竞争的有效性，认为我国本土邮轮市场包船/切舱模式使得邮轮产品定价具有独特性，邮轮包价旅游品占据主导，旅游中间商成竞争主体，邮轮旅游销售市场不再是一个垄断市场而是一个垄断竞争市场，市场价格竞争激烈，再加上外部环境不确定性，最终导致邮轮市场处于"低价困境"[179]。

在邮轮法律与安全方面，2013 年中国籍邮轮"海娜号"被扣事件，引起了人们对邮轮公司跨国运营的法律思考[180]，因而，有学者提出提升海洋法治软实力、走法治强国道路是国家发展邮轮旅游等海洋经济、建设海洋强国的必经之路[181]。

三、邮轮乘客研究

伴随着居民消费升级，创新驱动发展、结构转型升级将成为我国邮轮市场的发展趋势，邮轮产品的"质"将成为邮轮市场健康、快速、可持续发展的基础，邮轮旅游营销策略不断提上议程[182]。

为了进一步促进我国邮轮旅游市场的开发，第一，需要了解邮轮市场的特征。孙晓东等对北美地区的邮轮乘客季度数据和月度数据进行分析，发现该地区邮轮市场不仅具有持续扩张的长期趋势，而且表现出更强的月度季节性特征[183]。第二，需要科学预测邮轮旅游需求规模。贾鹏等建立基于BP神经网络的邮轮旅游需求预测模型，以美国邮轮市场的统计数据进行模型训练和测试后，再用于我国邮轮市场规模的预测，预测精度达95%以上。第三，要深入了解我国邮轮旅游者的特点并进行市场细分。陈梅等根据乘客终身价值理论，测算邮轮旅游者的未来价值、消费偏好，建立并检验了邮轮旅游者未来价值评估模型，发现了对邮轮旅游者未来价值有显著影响的因素（如邮轮航线长度和基础设施或娱乐设施等消费偏好），识别了未来价值较高的邮轮旅游市场[184]。李霞、曲洪建基于百度指数系统收集了我国各地区邮轮旅游网络关注度的数据，发现邮轮旅游网络关注度时间差异大，空间特征明显，而且受人均GDP和网民数量的影响[185]。第四，需要掌握邮轮旅游满意度水平及影响满意度的因素。孙晓东和倪荣鑫以上海母港出发的国际邮轮为调查对象，综合测评国内乘客对船上指标的期望满意差距，发现邮轮上的网络服务、洗衣服务、船上购物、教育/学习/培训课程、食品（中餐）、康体会所、图书馆、美容沙龙、商务/会议中心等指标与乘客的期望满意差距较大[186]。同时，他们借助携程旅行网的乘客点评数据，采用词频、语义网络、情感以及满意度分析探讨我国乘客的邮轮产品形象感知、情感表达、满意度评价以及不同品牌邮轮的差异性感知，认为我国乘客对邮轮产品的形象感知具有"核心层—次核心层—过渡层—边缘层"的语义网络结构，乘客对邮轮旅游呈现积极的情感色彩，但对邮轮品牌的辨识度缺失[187]。可见，中文文献对我国邮轮乘客消费市场的研究较少。进一步了解中国邮轮消费者的满意度、行为、忠诚度和决策因素将成为未来研究的重点。

除了邮轮市场研究外，邮轮乘客研究中也出现了一些与法律相关的议题。如邮轮霸船问题的法律考量[188]或邮轮合同法律的适用研究[189-190]等问题。方懿认为邮轮旅游中会涉及三类民事法律关系，即邮轮公司与旅客之间存在海上旅游合同关系、旅行社与邮轮公司之间就船票销售存在委托代理合同关系、旅行社就自身提供的旅游服务同旅客之间存在旅游合同关系，每种法律关系有不同的司法管辖和法律司法，应针对具体问题预防和解决具体纠纷[191]。然而当前关于邮轮旅游参与者的法律关系研究还不够深入，尤其在国际邮轮旅游背景下，对乘客权益的保护还相当薄弱[181]，邮轮停靠港地方法院如何执法才具有合理性也值得商榷[180]。因此，应当将邮轮合同纳入《海商法》第五章增加有关邮轮合同的特别规定，理顺乘客与邮轮公司及旅行社之间的法律关系[189]。在具体邮轮旅游纠纷处理中，应理顺地方法院和海事法院之间的存在的明显错位现象,以纠纷是否受到海上特殊风险为典型的海事因素的影响为标准,并对航程变更纠纷和旅客人身损害纠纷的管辖复归提出具体的实施标准[192]。

四、已有研究成果的综述研究

邮轮综述是一种典型的无具体研究对象的研究,从2012年开始,国内出现了一系列综述性研究。这些综述研究大多以外文文献为基础,采用文献统计分析法、主题内容分析法等探讨国外邮轮旅游研究的主题、进展等。孙晓东和冯学钢是最早对我国邮轮旅游产业研究现状进行梳理的文章,认为当时对邮轮旅游产业的研究成果非常有限[193]。随后,有学者围绕外文文献中的邮轮产业发展及邮轮市场展开,例如,张言庆等从邮轮乘客基本特征和市场细分、邮轮旅游动机、邮轮旅游决策及影响因素、邮轮旅游体验质量和满意度等方面探讨了境外邮轮旅游市场现状[194]。杨建明基于国外英文期刊文献,围绕邮轮旅游者、邮轮旅游发展、影响及安全等探讨了国外邮轮旅游研究在理论、观点、方法及实践等方面取得的成就[195]。近两年,综述研究文献更多围绕邮轮旅游的环境影响、负效应及责任性研究等角度展开。如王洁和黄华针对国外邮轮环境影响的研究成果进行梳理,从邮轮旅游与海洋生态破坏、海洋环境污染、碳排放、目的地经济收益与环境代价、行业自律与国际防污法律以及环境影响的全流程控制等角度加以探讨,提出应重视我国三峡内河和南海地区邮轮环境影响及相关法律法规的研究,完善邮轮环境影响管理体制[196]。孙晓东和侯雅婷通过梳理国外邮轮旅游可持续性与责任性方面的成果,针对邮轮经济的有限性、邮轮旅游对自然环境破坏和社会—文化冲击等方面进行了总结,提出了负责任邮轮旅游的框架和行动框架[197]。最新一篇综述文章通过绘制相关的知识网络图,比较了国内外邮轮旅游研究的阶段性特征、演变趋势及背后的原因[198]。

五、中英文文献研究比较及总结

综上所述,国内外关于邮轮旅游的相关研究存在着诸多差异。英文文献以需求侧研究为主,研究主题更丰富,种类更多;而中文文献以供给侧研究为主,研究主题相对更少。从具体的主题来看,在邮轮公司研究中,企业社会责任、人力资源管理是英文文献关注的领域之一,在中文邮轮旅游的文献中却没有涉及；在邮轮旅游产业发展主题中，商业环境是中文文献的重点研究领域之一，而英文文献中却只在早期出现，后期研究非常少；从邮轮乘客来看，外文文献多方位多角度地探讨了乘客的行为，中文文献关于乘客行为的研究角度较少，如表1.1所示。

表1.1　按研究对象和研究议题划分的中外文文献数量分布情况表　　单位：篇

研究对象	研究议题	中文文献	英文文献
港口/目的地	·邮轮产业发展	27	56
	其中：产业及产业链	14	16
	邮轮港口	2	6
	邮轮影响	4	34
	·邮轮市场研究	3	3
	·政策和法律	4	4
	·社区居民态度	0	6
	小计	34	69
邮轮公司	·邮轮管理	3	14
	其中：收益管理	2	6
	港口选择/航线规划	1	0
	企业社会责任	0	3
	人力资源管理	0	5
	·邮轮市场研究	3	7
	·邮轮安全与法律	2	3
	小计	8	24
邮轮乘客	·邮轮市场研究	10	91
	其中：动机	1	6
	决策	0	11
	满意度	2	10
	忠诚度	0	27
	市场营销	3	—
	乘客体验	2	11
	乘客行为	2	26
	·乘客法律相关	3	—
	小计	13	92
无具体对象	·旅游综述	6	6
	·其他	1	—
	小计	7	6
	总计	62	188

中文文献与英文文献的研究差异与我国邮轮产业还处于产品生命周期的初级阶段的特征相适应，不确定的政府政策、法规和法律成为研究者在邮轮产业发展早期阶段感兴趣的领域。此外，我国作为邮轮产业发展的新兴市场，商业环境的不确定性给未来的产业研究带来巨大的潜力，这意味着研究者和行业都面临着产品创新和发展的重大机遇。对研究者而言，这些研究机会包括对希望扩大亚洲市场份额的邮轮公司的研究，对希望成为一个母港或访问港以进一步发展当地旅游业的沿海目的地的研究，对受到在线销售渠道挑战的旅行社的研究，以及对希望通过邮轮旅游的乘数效应刺激当地经济的政府和旅游部门的研究，更重要的是，包括对不断寻找新的旅游体验的我国游客的研究。在多维度的刺激下，邮轮旅游有很大的潜力成为我国游客的热门旅游模式之一。了解中国人的心理是提供独特的邮轮体验、达到高水平的客户满意度和重游意向的关键。此外，对我国邮轮发展的理解应该融入当地文化，并与全球商业环境相联系。因此，我国文化和政治环境等其他语境因素的影响也是值得研究的领域之一[63]。

第四节

中国邮轮旅游产业创新发展的理论基础

邮轮产业是一个具有很长产业链，覆盖面很广，涉及产品和服务等诸多方面内容的行业。邮轮产业的蓬勃发展离不开创新。本书以创新理论为基础，基于制度创新、组织创新和治理创新的视角探讨邮轮旅游产业的创新发展。因此，本节将概述创新理论，为后续邮轮旅游创新研究奠定理论基础。

一、产业创新和服务创新理论

（一）产业创新概念及分类

1912 年，约瑟夫·熊彼特（Joseph Alois Schumpeter，1939）首次提出了创新概念，更多从制造/生产的角度看待创新，认为创新是把一种新的生产要素和生产条件相"结合"，从而建立"新的生产函数"，涵盖了新产品、新组织形式或新市场的开拓。德鲁克（Peter Drucker，1993）从熊彼特的制造业视角出发，从企业家的角度来看待创新，认为创新是赋予产品创造财富能力的行为。Robertson更是采用消费者为导向的视角，将创新分为三大类——持续创新、动态持续创新和不连续创新[199]。

在创新理论研究中，研究者将创新按内容划分为产品创新、技术创新、市场创新、资源配置创新和组织创新等。如弗里曼和苏特的产业创新范围涵盖技术和技能创新、产品创新、流程创新、管理创新和营销创新。克莱顿·克里斯坦森提出了两种创新方式：维持性创新（sustaining innovations）和颠覆性创新（disruptive innovations）。其中，维持性创新主要是改善产品和服务的性能，颠覆性创新则是通过推出新产品或新服务来开创一个全新的市场[200]。

（二）服务创新概念及模型

服务创新的研究根源于熊彼特（1950）的创造性破坏命题：经济发展的动力是对新要素的不连续诉求。虽然熊彼特的创新理念对服务行业的服务创新仍然有效，但服务业以客户为中心，服务创新的核心是满足个人客户，不同于制造业的关注焦点。服务创新概念的界定往往基于研究者各自研究的需要，分别从技术创新、服务业本质或综合的角度对服务创新进行界定[201-203]。其中，Toivonen和Tuominen从技术视角将服务创新定义为：一项新服务或对现有服务的更新，该服务已付诸实施，并因这种服务更新为客户提供的附加价值而给开发该服务的组织提供了利益[5]，其中的更新中的"新"不是单纯针对开发者，而应适用于更广泛的背景。该视角将服务公司视为其他部门创新的被动接受者。Coomb和Miles认为服务创新与产品创新在本质和特征上有着根本的不同[204]。这一观点挑战了传统创新研究的理论基础，并为理解和分析服务创新提出了新的特定于服务的理论和概念[202]，扩展了创新的认识。综合视角的服务创新认为服务创新不限于技术创新，而是一种同时包括服务业和制造业的创新[204-205]。这种创新其实是一种新熊彼特服务创新观，认为经济发展是由新组合（创新）的出现驱动的，这些组合（创新）在经济上比以前的解决方案更可行[5,206]。综合视角的服务创新观同时批判了服务创新基于技术创新和局限于服务业内部的服务创新界定视角。认为企业不仅要在现有的服务中添加新的属性，重新整合流程，还要学习新的知识，获得创新的经验。可见，现有的创新研究认为创新和发明之间存在差异，发明要引入市场并实现商业化之后才能称之为创新[207]。

中外学者根据服务业创新的特征，提出了不同的创新模型。一是，den Hertog等提出的四维度服务创新模型包括新服务概念、新顾客界面、新服务传递系统和技术支持[208]。其中，新服务概念是指解决问题的新概念或新方法；新顾客界面鼓励乘客参与服务的生产和传递，实现服务提供者和服务接受者的互动创新，是服务创新的主要来源；新服务传递系统则从企业的角度，探讨为适应服务创新必需的组织安排，企业组织结构以及员工能力等；技术虽然不是服务创新的一个必要维度，但在很多服务创新中扮演着重要角色，大多数服务都可通过使用某些技术而变得更为高效，很多服务企业在引入技术（设备）的过程中和过程后都在进行其他创新活动。二是基于技术视角的服务创新模型。以 Barras 的逆产品周期模型的服务过程创新理论模型为典型[202]。他认为服务业的创新经历三个阶段——渐进创新、根本创新和产品创新，从而出现三个结果——服务效率提高、服务质量改善、新的服务产品出现。该方法是一种典型的基于技术视角的服务创新模型，忽视了服务业本身的特性及服务创新的多面性，其实质是制造业技术创新在服务部门的扩散理论。但该服务创新模型从客户的角度重新定义创新的价值，即将服务创新视为结果或改变[209-210]，包括服务质量提升和服务满意度提高。三是基于服务视角的服务创新模型。强调服务本身特性（如无形性和合作生产性）引发的创新形式，尤其强调创新过程中服务提供者和顾客间的合作生产这一突出特性。服务专业性轨道创新并不排斥技术对服务创新的贡献，但更加重视非技术形式的创新，如组织创新（服务生产组织的重构）、传递创新、结构创新、专门化创新[211]。基于服务视角的服务创新模型对服务创新的概念界定过于宽泛，忽略了制造业和服务业创新的共性。

综上所述，不管是技术同化视角、服务划界视角还是综合视角，对服务创新概念的理解及服务创新模型的构建都存在一定的差别。同化视角包含了创新的技术视角，并由新技术的发展所驱动，这些新技术可以促进显著不同产品的发展[204]。划界视角揭示的关键特征是变化、顾客、提供和企业[212]。企业与顾客二分法体现了价值创造中不同主体的传统观点；也就是说，服务创新出现在两个参与者之间的业务关系中。综合视角下的服务创新理论和方法与服务逻辑背道而驰[210]。特别是，服务创新定义中的关键特征被视为变化、客户、产品、过程、存在、更多和价值[212]。熊彼特（1934）影响了综合视角，但在某些方面，他对服务创新的概念化偏离了最初的理念，认为开发新产品的过程应该与产品的商业化过程和结果的评估过程相区别，综合观点认为服务创新既是开发过程也是结果。因此，有学者提出，划界视角有助于理解特定行业的创新，如卫生保健、零售业和旅游业[212]。旅游领域的服务创新研究，应该基于划界视角的服务创新概念,建立相关的理论模型并结合具体的细分领域进行分析。

二、旅游创新研究

旅游创新研究起源于20世纪90年代,在旅游领域的研究中起步相对较晚,是一个相对较新的研究概念。Sundbo首次将创新系统理论运用到服务业并提出"服务创新系统"概念[213]。随后,国内外进行了大量的旅游创新研究,研究成果颇丰。大多数学者对旅游业创新的关注主要集中在创新概念、创新要素、创新机制和创新政策等领域,需要针对旅游创新的基础、过程、影响和政策进行更多正式量化和定性研究。目前的研究按两种思路展开:一种思路遵循旅游产业创新的内容展开,围绕旅游产业创新特征、创新机制、创新管理三个方向展开旅游创新研究[214]。另一种则按服务创新的路径展开,探讨了旅游业从技术创新路径到服务创新路径再到旅游本体创新路径的演变[215]。

(一) 旅游产业创新相关研究

旅游产业创新的内容主要包括旅游产业创新特征、创新机制、创新管理三个方面。

1. 旅游产业创新特征

创新类别和创新方式是研究者研究旅游产业创新特征常用的两个角度。旅游产业创新类别的研究大多数基于熊彼特(1934)的创新理论。在旅游产业创新方式上,研究者提出主题乐园、大型歌舞实景演出以及非物质文化遗产旅游等类型,其中,主题乐园以文化"核心象征"提炼为主,非物质文化遗产则以民俗文化"氛围"展示为主[214]。

2. 旅游产业的创新机制

围绕旅游产业创新构成要素、系统功能与运行机制,分别从宏观、中观和微观层面加以探讨实现创新的结构模式。从旅游产业创新发展的具体途径来看,宏观层面应侧重于系统化的发展,中观层面则应考虑规模化发展,微观层面侧重要素化发展等。胡林和朱竑等从不同层面研究了我国文化旅游产品创新的途径与策略[216-217]。

3. 旅游产业创新管理

在旅游产业创新管理方面,国外学者主要围绕文化商品与旅游、文化旅游与政府管理、旅游业与文化遗产管理等展开[218]。国内学者多围绕遗产旅游管理机制、模式创新和民族广告文化旅游以及文化旅游地管理制度、利益补偿制度等内容。近几年,伴随着可持续发展理念的深入,学者开始从系统观角度研究文化旅游产业的创新问题,例如,Imon 使用案例研究探讨了遗产中被保护的内容和遗产作为旅游资源的可持续利用之间的联系,认为环境、人与经济之间的共生关系和旅游业的多部门性质使可持续发展目标几乎不可能实现[219],杨春宇从多理论视角下探讨了文化旅游产业创新系统的理论研究[214]。

梳理上述研究成果可以发现,与旅游产业相关的创新研究较少,鲜见与邮轮旅游产业相关的创新研究。邮轮旅游产业创新系统演化机制及其规律性研究成果不多;理论研究与构建尚处于借鉴阶段,而且研究成果没有注意到邮轮旅游产业的独特性;同时,当前旅游产业的创新研究以定性为主,定量研究较少。因此,本书拟从旅游产业创新管理的角度,应用熊彼特创新理论基本思想及由之发展起来的制度创新理论、当代可持续发展的治理创新思想共同构成邮轮产业持续创新的理论研究基础,总结邮轮旅游产业的创新特征和类型,提出制度创新和治理创新的机制,以及可采取的创新管理思想,并在此基础上,提出邮轮旅游产业的创新模式和创新路径。

(二) 旅游服务创新相关研究

旅游业是服务行业,旅游创新研究更多基于服务创新角度。不仅包括创新的各种类别,如产品、过程、管理、营销和制度等。还包括创新的重要决定因素,如企业家精神的作用、技术的推动、地域产业集群的存在以及知识的表征等[220]。因此,Hjalager 提出了五种旅游创新的类型,即:产品创新、经典过程创新、信息处理过程创新、管理创新和制度创新[221]。

1. 旅游服务创新概念

目前对旅游创新的界定研究主要从三个方面加以考虑:一是技术驱动旅游创新[222-223]。早期关于旅游创新的研究主要从技术角度着手,认为旅游创新是新技术在旅游业的运用,是在资源有限情况下运用新技术发展旅游业[224-228],尤其是针对信息技术提升旅游产品和服务质量的研究。技术主导型的旅游创新源于熊彼特的技术创新理念,可用于测量评价创新活动结果。第二,旅游创新是一种服务创新,但与传统服务创新又有所区别[228]。旅游创新概念是从管理学视角提出的,它从满足旅游市场需求、提高竞争力的战略思维入手,认为旅游创新是提供乘客可以感觉到的新理念、新流程或新产品[229],以降低经营成本、提供多样化产品,提高旅游企业的利润率。第三,旅游创新是一种乘客和旅游企业共同参与的创新[220]。从服务业发展视角,认为旅游创新就是旅游服务改进;或者从游客感知视角,认为旅游创新是给旅游者提供新的体验感知,根据游客在旅游过程中整体的旅游感知和记忆评价旅游创新。

可见,旅游业的创新不仅是技术、服务的创新,还包括乘客、员工和企业家本身对旅游创新活动的要求及其对创新活动的重要影响,因此,旅游创新的界定使得旅游创新研究热点从原来的技术创新、服务创新向旅游创新转移。

2. 旅游服务创新影响因素

Sundbo 等认为酒店、餐馆和交通公司是旅游企业中创新性最强的企业,其中酒店业的创新研究是旅游企业创新影响因素研究的主要对象[227]。中外学者提出旅游服务创新的主要影响因素包括以下几个方面。

第一,制度角度的创新,如运营方式的变化等[225,227]。例如,Ottenbacher 和 Gnoth 认为酒店行业创新的成功取决于:市场选择、战略人力资源管理(SHRM)、员工培训、市场反应、授权、基于行为的评估、市场协同、员工承诺和有形质量[229]。

第二,组织角度的创新,如旅游企业规模[224-225,227,230]。Sundbo 等认为旅游企业的创新行为与其规模有关:企业规模越大,创新能力越强[227]。López-Fernández 等认为大型企业、企业集团或连锁酒店以及组织变革对酒店业经营企业的创新决策都具有正向影响;缺乏合格的人才可以减缓酒店创新的进程,但不能阻止它[225]。Andrea 等确定了旅游创新的三个重要维度:人力、财务和组织结构[231]。

第三,治理创新,包括利益相关者如员工和顾客的参与以及管理者的创新意识[224-226,229]。Orfila-Sintes 和 Mattsson 认为酒店创新受到几个方面因素的影响,其中,酒店维度正向影响创新决策;顾客需求对酒店创新行为有正向影响,增加了酒店创新的机会;管理者缺乏经验(1年以下)对创新有负面影响;受过高等教育的员工是创新的积极决定因素[224]。

第四,技术(如ICT技术)在旅游创新过程中起着关键性作用[227,232]。认为创新性的酒店使用专业的管理工具,积极看待信息技术(ICT)的使用[227]。Aldebert 等亦提出软件、互联网和数据库是旅游业创新发展的主要技术,在旅游业创新进展中起重要作用[223]。Romero 和 Tejada 从全球价值链的角度考察了在线旅游中介对酒店行业中小企业创新的影响,认为可通过促进信息和通信技术以及质量标准的引入来促进创新[232]。

3. 旅游服务创新与旅游企业绩效

早期的研究认为旅游业技术创新的目标是提供更优质的服务、市场营销推广和旅游产品更新等，技术创新（产品创新）能够提高服务质量和服务效率，给乘客带来新价值，提高服务满意度，增加回头客，从而提升旅游企业绩效。尤其是信息技术（ICT）的发展，为旅游创新产生了广泛而快速的影响。新技术不仅可以提高旅游产品质量和生产率，还可以通过增强旅游企业组织的灵活性，改变旅游企业员工的构成，促成旅游组织的创新[221]。Nielsen和Liburd认为ICT可以改善乘客间的沟通、增强景区景观吸引力及可获得性，给旅游企业带来更多的效益[233]。王君正和吴贵生以创新理论和服务质量研究为基础，构建了创新影响服务企业绩效的模型，发现创新活动对于旅游企业绩效的直接影响作用大于其间接途径对绩效的影响[234]。酒店是旅游创新最多的主体，酒店旅游企业的创新触发机制取决于员工、企业特征和外部环境之间动态化的交互影响，不同的触发机制将产生不同的创新活动，从而提升经营绩效[235]。虽然酒店服务质量改善类的创新是维持酒店竞争力和生存力的关键因素，但酒店引进创新技术（如节能环保技术、信息技术）并未显著降低酒店成本。

然而，微观层面的旅游服务创新理论研究无法充分展现旅游产业综合性的特点，缺乏对旅游产业发展提出有效的对策。近两年，学者们对旅游业的创新研究开始转向内容更宽泛的旅游创新，提出包括创新驱动因素、产出和业务绩效的酒店和旅游市场创新研究框架。Meira等认为创新会对员工绩效和酒店组织绩效造成影响，其中沟通、流程、领导和策略等创新因素直接影响员工的绩效，而领导因素则直接影响酒店组织的绩效[236]。

综上所述，学者们从微观层面围绕不同主体（旅游者、旅游从业人员、旅游供应商、旅游代理商等）对旅游服务创新的重要性、创新类型、影响因素、驱动因素、创新模式和策略等方面进行了大量的研究。但对于旅游产业发展过程中的制度创新、组织创新和治理创新的研究还不够丰富。伴随新技术出现以及全域旅游概念提出和实践的发展，亟须从多个层面加强旅游业的创新研究，并且需要进一步深入探讨旅游创新的产生机理、发展模式、运行机制、价值共创方式、创新绩效等。

三、邮轮旅游领域的创新研究

邮轮业的创新既包括产品创新，诸如冠达邮轮引进第一艘有电有灯的豪华客轮；也包括服务创新，如泰德·阿里森（Ted Arison）让每个人都能享受到并负担得起远洋度假，而不仅仅是那些最富裕的人[237]；还包括制度创新，如邮轮产业不同环节或同一环节企业间的兼并和联盟式发展，包括邮轮公司的兼并与联盟、邮轮中间商的联盟发展等。

（一）邮轮公司的创新研究

1. 邮轮公司的技术创新

从邮轮公司来说，为了给客户提供更低成本的优质服务，邮轮规划师和设计师一直在不断寻求开发新的设计，从邮轮的环保、节能技术和替代能源技术等方面不断优化邮轮上公共空间和客舱的设计，促进了新技术的发展[238]。人工智能、机器人等新技术的发展，学者们开始关注人工智能和机器人在服务领域应用的研究，进而关注旅游领域的人工智能和服务机器人技术应用。目前对旅游领域人工智能和机器人服务的研究刚起步，研究成果也更多围绕服务机器人在酒店业的应用。最新的邮轮旅游创新，则针对邮轮乘客的个性化体验，比如嘉年华邮轮公司引入邮轮体验接入网络装置这一新技术，可以根据客人的位置、邮轮历史以及客人提供的信息，帮助乘客在旅程中实现更多的个人接触或更多的人际互动，进而丰富邮轮乘客的个性化体验[237]。

2. 邮轮公司的制度创新

欧美邮轮市场是一种典型的寡头垄断市场。这一寡头垄断市场的形成是邮轮公司在全球范围内不断进行兼并与联盟的结果。可以说全球三大邮轮公司的发展历史就是一部兼并与联盟历史。邮轮公司的兼并与联盟本身就是一种不同于企业和市场的制度创新。

（二）邮轮港口或目的地的创新研究

为了提供更好的邮轮停靠服务，邮轮港口或目的地也在努力地进行产业创新和服务创新。不管是邮轮公司还是邮轮港口或目的地，创新是否被接纳决定了创新收益的高低。创新接纳与否取决于与邮轮旅游相关的消费者。对于大多数消费者而言，邮轮旅游是一种新兴的事物，邮轮公司或港口目的地要推广邮轮旅游，就需要了解特定消费市场的消费者特征，进而确定在该特定市场进行邮轮产业推广的措施，这也是一种服务创新的过程。

总之，虽然在邮轮旅游实践中存在大量的创新，但对邮轮旅游或邮轮产业的创新研究却非常少。这可能是因为邮轮旅游本身是作为旅游行业的一个细分领域，或者是因为邮轮产业本身是一个覆盖面广的行业，是酒店行业、休闲娱乐业和交通运输业的融合。而且，邮轮旅游的创新发展离不开邮轮停靠港口/目的地相关行业的创新发展。邮轮旅游业的多产业覆盖决定了邮轮旅游创新研究离不开技术创新对邮轮旅游的贡献，但更要提供一个不限于技术创新的划界视角，要考虑到邮轮旅游作为旅游服务业的本质，从服务的无形本质、客户整合的需要、组织知识和非技术因素的贡献等角度加以探讨。因而，在理论上，邮轮旅游行业的创新研究既需要产业创新的理论基础，也需要服务创新的理论基础。

由此可见，邮轮旅游创新不仅是技术、服务的创新，还是乘客、员工和旅游企业等多主体共同参与的邮轮企业价值链过程的创新[215]。因此，本书关于邮轮旅游的创新研究主要借鉴划界视角的服务创新理论。研究主题是邮轮旅游业的创新，核心是邮轮旅游企业的创新[239]，从新的服务理念、新的客户互动，新的价值体系/业务伙伴，新的收入模式或新的组织或技术服务交付系统等角度加以探讨。例如，以邮轮公司为研究对象，探讨邮轮公司的组织创新、产品创新和服务创新，包括引入新技术和新服务理念、推出新产品、形成新组织形式、开拓新市场。从这一角度看邮轮旅游创新是邮轮旅游产品和服务的改进，是邮轮旅游企业借助新的技术（如机器人、人工智能和服务自动化技术），提供乘客可以感觉到的新理念、新流程或新产品，其目的在于改进邮轮旅游产品和服务的质量、降低经营成本，提升邮轮旅游业的绩效。比如，以邮轮产业链为研究对象，从制度创新视角探讨邮轮旅游创新，即探讨邮轮产业链不同环节或同一环节不同企业间的联盟式发展方式。再如，以港口/目的地为研究对象，从产业集聚和利益相关者视角，探讨港口/目的地产业组织创新、资源重新配置创新、治理创新等。邮轮旅游创新还包括：邮轮旅游产业集聚特征使然的集聚式的组织创新；资源配置创新，尤其是可持续发展理念下，通过新技术的使用，促使邮轮公司能够形成环境友好的发展模式，以协调利益相关者之间的利益冲突；以邮轮乘客为研究对象，探讨消费者的消费升级变化对邮轮公司或港口目的地产品或服务创新的影响，等等。

第五节

本书主要研究内容

本书基于创新理论，考虑邮轮产业发展过程中涉及的利益相关者，以邮轮旅游消费者、邮轮公司、港口目的地等利益相关者为研究对象，通过文献对比分析、借鉴国外理论与实践以及理论分析与实证建模相结合等多种方式，围绕以下内容展开论述。

第一章绪论。本章主要探讨研究背景和意义，评述国内外邮轮旅游研究的研究进展以及各个阶段的主要研究内容。还提出了本研究的理论基础，即产业创新和服务创新理论，探讨其在旅游乃至邮轮旅游领域的创新研究情况，为后续研究奠定理论基础。

第二章国际邮轮旅游产业发展模式、路径及趋势。本章围绕国际邮轮旅游产业发展现状，探讨了邮轮产业的布局、邮轮需求增长、产业发展的经济影响、产业带动效应等问题，同时提出国际邮轮旅游产业发展路径及未来的发展趋势，如邮轮旅游产业的负效应和可持续发展、科技进步和公共卫生事件的影响等，以期为中国邮轮旅游产业的发展提供理论和实践借鉴。

第三章中国邮轮旅游产业发展现状、机遇与挑战。本章从不同角度探讨中国邮轮旅游产业现状及发展趋势。首先将中国邮轮旅游产业分为三个发展阶段，即国际邮轮到港服务阶段、到港服务和公民出境服务并举以及邮轮旅游发展成熟阶段，并探讨了不同阶段的发展特点。其次，围绕邮轮产业链上、中、下三个环节，探讨了不同环节的发展现状。最后从政策、消费、人口结构变迁等角度探讨了中国邮轮产业发展的机遇，提出影响中国邮轮旅游产业进一步增长面临的挑战。

第四章新消费背景下邮轮旅游者消费行为探析。本章基于国外邮轮旅游消费研究的现状及变化趋势，通过文献分析、问卷调查、访谈等方法探讨影响国内邮轮旅游消费的因素，同时还结合中国居民消费升级现状，探讨新消费收入模式导致消费结构变化对邮轮旅游消费可能造成的影响及对策。以便为后续邮轮产业的创新发展提供广泛的市场背景。

第五章中国邮轮旅游产业联盟式发展模式与路径。结合邮轮行业国际市场发展特点、邮轮公司的行为以及中国邮轮市场发展变异，基于战略联盟视角探讨邮轮旅游产业内各企业实现创新性发展的模式及路径。本章分别从纵向和横向两个维度加以阐述，探讨了邮轮产业链不同环节的企业间参与纵向战略联盟的形成、进化与稳定进化对策。阐述了邮轮产业链同一环节内企业参与横向战略联盟的进化博弈过程，影响企业参与横向战略联盟合作进化的因素，以及横向战略联盟稳定进化的对策。

第六章中国邮轮旅游产业集聚发展思路与对策。本章通过分析邮轮旅游产业的集聚本质,探讨了影响邮轮产业集聚的产业要素,在此基础上,以厦门和福建为例,应用产业集聚度的区位熵分析邮轮港口和目的地邮轮配套产业的集聚度,并提出促进中国邮轮港口或目的地邮轮旅游产业集聚发展的思路和对策。

第七章中国邮轮旅游产业可持续发展利益冲突与协调。本章基于利益相关者理论探讨中国邮轮旅游产业发展过程利益冲突与协调问题。首先分析了邮轮旅游产业发展对当地经济、文化和环境可能造成的负面影响,其次基于不同利益相关者的利益诉求及其相互间存在的冲突和矛盾角度探讨了造成负面影响的可能原因,并提出了解决对策,即为了减少负面影响以实现可持续和负责任的发展,邮轮旅游管理中要实施利益相关者共同参与治理的经济型治理模式,以形成邮轮旅游产业发展的内部制衡和约束,一方面促进各利益相关者的利益形成和有效保护,另一方面促进邮轮旅游行业内企业社会责任的实现。

第八章民营企业在中国邮轮旅游产业创新发展中的作用。中国邮轮产业链不同环节的建设与发展离不开大量的民营企业的贡献。本章将民营企业作为邮轮产业链建设的重要利益相关者之一,以环海峡旅游圈为例,从民营企业参与邮轮产业链建设的视角,探讨了民营企业参与邮轮产业链建设的现状,面临的挑战与机遇,以及参与邮轮旅游产业建设的思路。

第二章

国际邮轮旅游产业发展模式、路径及趋势

在欧美国家，邮轮产业发展历史悠久，已经有100多年的历史，但邮轮的发展历程几经波折。19世纪初，邮轮在飞机技术还未成熟时登陆历史舞台，许多人登上邮轮漂洋过海，在海上享受闲暇时光，饱览胜景，也因此衍生出"邮轮"这一词汇。根据邮轮不同的规格、功能，邮轮分别划分为运载邮件的小型邮轮、运载游客的中型邮轮和大型载货邮轮。但是由于飞机的诞生，人们逐渐意识到无论是运送加急邮件还是载客载货，飞机都优于邮轮，邮轮产业的市场份额被航空业抢占，属于邮轮的时代也渐行渐远。而现代的邮轮（如世界上最大的邮轮公司生产的歌诗达大西洋号邮轮）更多的是专门为了世界各地游客欣赏沿途风景且提供一系列消磨时光的娱乐活动而设计的，为更好地服务于富人们，一系列包括吃住行、游购娱在内的服务在邮轮上应有尽有，因此西方发达国家邮轮度假产业蒸蒸日上。

第一节 国际邮轮旅游产业发展现状

一、邮轮旅游的起源及发展

Papathanassis 将邮轮旅游定义为：它是一种社会经济系统，由人与组织以及地理实体间的互动而产生，旨在创造能够带来休闲体验的海上运输[60]。

"邮轮"一词最初指的是蒸汽时代大西洋上可以载客的承担邮件运输业务的轮船，主要是在欧洲同北美等地之间运载跨洋邮件与移民，当时，船员们通过在船上搭建简易的酒吧来打发漫长而又枯燥的海上航行时间。1922～1923年，冠达邮轮公司（Cunard Line）从纽约港起航，开启了正式的环球航行，

航线覆盖大量现在依然存在的访问港[30]。20世纪50年代末，航空公司开始了喷气式飞机飞跃大西洋的商业性服务，船运公司面对新兴的强大对手开始转型，出现了以休闲娱乐为主要目的的邮轮旅游产品。

1959年，歌诗达公司推出世界上第一艘专为旅游娱乐而设计的海上邮轮Franca C.，它为游客提供美国和加勒比海地区为期7天和14天的邮轮旅游服务。而冬天则加上Anna C.号往来厄瓦格雷兹港和巴拿马群岛之间，提供为期3天或4天的短途邮轮旅游服务。1968年，第一艘航海专用的邮轮Franca C.启动了"航空加航海"的旅游模式，彻底改变了传统的度假理念，促使时间有限的旅客有机会到遥远的国度享受短期邮轮旅行。这个时期邮轮旅游被认为是一种专属于富裕阶层的活动，以吸引"新婚夫妇"或"濒死的人"而闻名[3]。

到了20世纪70年代，现代邮轮行业在北美开始蓬勃发展，但现代邮轮业务正式开展的标志是1996年美国的挪威加勒比公司的首艘完全以休闲度假为主要功能的"向日号"邮轮的下水。现代邮轮不仅仅是一种长途越洋运送旅游者出行游玩交通工具，更是一种包含交通、住宿、餐饮、健身、购物于一体的休闲度假旅游产品。

当前，邮轮旅游仍然被认为是全球旅游业中快速增长和充满活力的细分行业之一。这种增长不仅体现在每年乘坐邮轮的乘客数量的增加，还体现在新引入的目的地数量的增长[240]和部署的船只数量和大小（CLIA，2016）的变化。从2004年至今，全球邮轮旅游爆炸式增长116%，从2004年的1310万人次增加到2018年的2850万人次（CLIA，2019）。邮轮船舶大型化趋势明显，长度超过320米、载客量超过5000人甚至6000人的船舶数量不断增加。邮轮大型化促使邮轮船载能力大幅度上升。根据《2019中国邮轮产业发展报告》（邮轮白皮书）的数据显示，邮轮运力增长使邮轮床铺大幅度上升，邮轮床铺数从2000年的21.7万床位增加到2018年的55.4万床位。同时，单位邮轮的承载能力大幅度上升，每艘邮轮的平均床位数从2000年的916床位/艘上升到2018年的1620床位/艘，如表2.1所示。

表2.1　　2000～2020年全球邮轮投放数量及床位数

年份	邮轮数量（艘）	床位（千床）	邮轮环比增长率（%）	床位年均增长率（%）	平均床位（床）
2000	237	217	—	—	915.61
2001	242	232	2.11	6.91	958.68
2002	222	238	-8.26	2.59	1072.07

续表

年份	邮轮数量（艘）	床位（千床）	邮轮环比增长率（%）	床位年均增长率（%）	平均床位（床）
2003	245	270	10.36	13.45	1102.04
2004	248	286	1.22	5.93	1153.23
2005	255	301	2.82	5.24	1180.39
2006	282	324	10.59	7.64	1148.94
2007	294	316	4.26	−2.47	1074.83
2008	294	372	0.00	17.72	1265.31
2009	277	373	−5.78	0.27	1346.57
2010	281	397	1.44	6.43	1412.81
2011	270	404	−3.91	1.76	1496.30
2012	284	426	5.19	5.45	1500.00
2013	292	443	2.82	3.99	1517.12
2014	296	455	1.37	2.71	1537.16
2015	300	483	1.35	6.15	1610.00
2016	315	497	5.00	2.90	1577.78
2017	329	525	4.44	5.63	1595.74
2018	342	554	3.95	5.52	1619.88
2019	355	598	3.80	7.94	1684.51
2020	363	628	2.25	5.02	1730.03

资料来源：中国交通运输协会邮轮游艇分会等编.2018 中国邮轮发展报告［M］.北京：旅游教育出版社，2019：113.

邮轮旅游的快速增长取决于多个方面因素：一是亚洲市场的开发和新的邮轮目的地的形成，邮轮航线日益增多；二是不同国家和地区的经济增长，消费者可支配收入和休闲时间增加；三是邮轮旅行社的增长、科技进步和邮轮公司日益强大的营销和广告策略[61]。

二、国际邮轮产业发展布局变化

国际邮轮行业是寡头垄断行业[241]，截至 2016 年，邮轮市场的大部分由三家邮轮公司嘉年华集团（Carnival）、加勒比国际邮轮公司（Royal Caribbean International）和挪威邮轮公司（Norwegian Cruise Lines）共享，其各自的市场份额分别为41.8%、21.8%和8.2%[242]。

邮轮产业发展布局的变化取决于全球邮轮公司在全球部署的变化。根据《2018中国邮轮发展报告》的统计数据，在过去十几年间，全球邮轮运力部署保持较高的增长态势。全球邮轮投放数量从2000年的237艘增加2014年的296艘，到2018年达到342艘，年均增长率2.15%，预计2020年将达到628艘。邮轮公司在全球不同地区的运力部署不断变化，开始逐步增加部署其在新市场的势力。2009年以前，邮轮公司的运力部署主要在欧洲，现在主要在亚洲和澳大利亚/太平洋市场。虽然加勒比海地区的邮轮运力部署在不断下降，但加勒比海地区仍是全球第一大邮轮旅游目的地，2017年的邮轮运力部署占全球邮轮市场份额的51.2%。地中海及其毗邻海域成为近代邮轮发展史上最具活力的地区之一，其邮轮市场邮轮运力投放从2003年的11.5%增加到2017年的15.8%。亚洲邮轮市场的邮轮运力投入则从2006年的0.9%增长到2017年的10.4%，其中，中国邮轮市场运力投放份额占到6%。

三、国际邮轮需求增长快速

过去几十年间，邮轮产业增长快速。1980～2009年，全球邮轮乘客数量达到17.6亿人次，1990～2009年年均增长率达到7.2%[244]。2001年的全球邮轮需求量为990万人次，2017年全球邮轮需求量已经上升到2670万人次[1]，是2001年3倍左右，其经济规模也达到了全球的高度。

2018年邮轮客流量达到了2850万人次，预计2019年将会达到3000万人次。其中，北美仍然是最大的邮轮客源市场，但增速明显减缓，2017年北美的邮轮需求达1301.8万人次，占全球市场份额的49%，欧洲的邮轮需求达到26%，除欧美以外的其他地区的邮轮需求在全球所占的份额不高，其中亚洲、澳大利亚/太平洋、南美和其他地区的邮轮市场份额分别为15%、5.4%和3.2%[1]。从增长速度来看，欧洲邮轮需求的快速增长期集中在2011年以前，2011年以来的增长明显减缓，甚至在2014年出现了轻微的负增长。欧美以外其他地区邮轮需求增长非常快，2014年比2004年增长了208.8%。如表2.2所示。

表 2.2　　　　　　　2004～2018 年国际邮轮需求量　　　　　单位：百万人次

区域	2004年	2009年	2010年	2011年	2012年	2013年	2014年	2015年	2016年	2017年	2018年
北美①	9.14	10.40	11.00	11.44	11.64	11.82	12.16	12.30	12.40	13.02	14.24
欧洲②	2.87	5.04	5.67	6.15	6.23	6.40	6.39	6.52	6.79	6.94	7.17
全球其他地区	1.13	2.36	2.43	2.91	3.03	3.08	3.79	4.24	5.96	6.76	7.11
其中：亚洲	—	—	—	—	—	—	—	1.60	3.77	4.05	4.24
总计	13.14	17.80	19.10	20.50	20.90	21.30	22.34	23.06	25.20	26.70	28.50

注：①含加勒比海地区；②指欧洲 27 国和俄国、中欧、东欧；2015 年分项数据为推测数据。
资料来源：汪泓．中国邮轮产业发展报告（2018）[M]．北京：社会科学出版社，2018.

2012～2014 年，亚洲市场在全球市场的份额增长了两倍[244]。根据国际邮轮协会 2014 年的报告，亚洲市场作为新兴的市场，将是增长最快的地区。根据《中国邮轮产业发展报告（2019）》（邮轮绿皮书）的数据显示，截至 2018 年，亚太地区游客量占据全球邮轮市场的份额增长到 15.1%，成为全球仅次于加勒比海的第二大邮轮市场。

四、邮轮产业发展对欧美经济贡献显著

根据国际邮轮协会（CLIA）的数据显示，欧美邮轮产业总产值对各国 GDP 的贡献显著。尤其是北美邮轮产业的发展对美国经济产生了巨大的影响，其对相关产业的直接和间接投入及所提供的就业岗位逐年递增。这可以根据美国商业研究与经济顾问公司（BREA，2014，2015）提供的 2010～2014 年北美邮轮产业研究报告的数据统计得以说明。2014 年，北美邮轮航线及乘客和船员在美国的商品和服务的直接消费支出 210 亿美元，比 2013 年增长了 4.6%，比 2010 年增长了 16.4%。邮轮航线的消费支出为 156.3 亿美元，所占比重高达 74%，比 2013 年增长了 3.6%。如表 2.3 所示。

表 2.3　　2010~2014 年北美邮轮产业在美国的运营统计数据

项目	2010 年	2011 年	2012 年	2013 年	2014 年	比上一年度增长（%）			
						2011 年	2012 年	2013 年	2014 年
运力（百万人）	—	—	—	—	—				
全球乘客	14.82	16.32	16.95	17.61	—	10.1	3.8	3.9	—
来自美国的乘客	10.09	10.45	10.67	10.71	11.33	3.5	2.2	0.3	5.8
在美国登船乘客	9.69	9.84	10.09	9.96	11.06	1.5	2.5	-1.3	11.0
行业支出（10 亿美元）	16.82	17.59	18.29	18.72	19.59	4.6	4.0	2.4	4.6
邮轮航线	13.4	14.07	14.63	15.09	15.63	5.0	4.0	3.1	3.6
产品和服务	11.54	12.15	12.66	13.13	13.65	5.3	4.2	3.7	4.0
资本消费（净利息）	1.86	1.92	1.97	1.96	1.98	3.4	2.5	-0.4	1.1
乘客和船员	3.41	3.52	3.66	3.63	3.96	3.2	4.0	-0.7	8.9
邮轮航线支付的税费（10 亿美元）	1.2	1.29	1.34	1.38	1.43	7.9	3.8	3.2	3.1
美国基础消费总计（10 亿美元）	18.02	18.88	19.63	20.10	21.02	4.8	4.0	2.4	4.6

资料来源：BREA. The Contribution of the North American Cruise Industry to the U. S. Economy [R]. 2014；BREA. The Contribution of the International Cruise Industry to the U. S. Economy in 2014 [R]. 2015.

除了直接的经济影响外，2014 年，邮轮航线以及船员和乘客的消费创造了 373738 个工作岗位，比 2013 年增长 3%，其总的工资和薪金达到 194.3 亿美元，比 2013 年增长 6.3%；其中，与邮轮产业相关的直接就业工人达到 152272 个，邮轮产业相关工人的工资和薪金达到 70.2 亿美元。此外，邮轮航线以及船员、乘客的消费创造了 460.9 亿美元的总产出，比 2013 年的增长 4.5%。邮轮产业消费从 2013 年的 107.1 亿美元增加到 2013 年的 113.3 亿美元[243]。

从邮轮产业对经济的贡献来看，2014 年全球邮轮产业的产出高达 557.7 亿美元，而欧美邮轮产业对经济的直接贡献占全球邮轮产业的比例仍高达 85.4%。其中，2014 年北美在邮轮产业的直接消费支出为 264 亿美元，直接经济贡献占全球的比例为 47.3%，创造了 207664 个工作岗位。2014 年欧洲在邮轮产业的直接消费支出高达 212.5 亿美元，直接经济贡献占全球的比例为

37.7%，创造了169831个工作岗位，直接支付员工工资59.3亿美元。如表2.4所示。

表 2.4　　2014 年全球和区域市场邮轮行业的直接经济贡献

种类	全球	区域市场			
		美国	北美其他地区	欧洲（EU+3）	全球其他地区
产出（10亿美元）	55.77	21.02	5.38	21.25	8.12
占全球比重（%）	—	37.7	9.6	38.1	14.6
收入（10亿美元）	16.85	7.02	1.10	5.93	2.79
占全球比重（%）	—	41.7	6.5	35.2	16.6
就业（人）	448685	152272	55372	169831	71210
占全球比重	—	33.9	12.3	37.9	15.9

资料来源：BREA. The Global Economic Contribution of Cruise Tourism 2014 [R]. CLIA, 2015.

根据 CLIA（2018）统计，到了 2017 年，欧洲邮轮产业总产值为 5009 亿美元，占欧盟 GDP 的 3.3%，给 3949 万人提供了工作岗位，美国邮轮产业的总产值为 4937 亿美元，约占美国 GDP 的 2.5%，创造了 4006 万个工作岗位。从邮轮产业活动的支出贡献来看，2018 年美国接待邮轮旅客规模为 1309 万人次，对美国经济产生了 527 亿美元的贡献，人均贡献为 4026 美元。欧洲接待邮轮旅客规模超过 696 万人次，对欧洲经济产生了 479 亿欧元的贡献，人均贡献达到 6882 欧元[244]。如果同时考虑直接、间接和衍生的贡献，邮轮旅游为全球经济贡献了大约 1260 亿美元的商品和服务总产出[1]。这个产出总共需要 1021681 个全职当量（FTE）工作，从事这些工作的工人的工资为 411 亿美元（CLIA，2017）。

五、欧美邮轮产业结构差异显著

欧洲和北美的邮轮产出数量虽然相差不大，但邮轮产业结构相差却不小。北美的邮轮产出主要来源于邮轮航线消费、税收与薪酬、旅客与船员消费。例如美国由于集聚众多的邮轮公司总部，邮轮旅客规模显著高于欧洲，相应的个人及政府服务、住宿餐饮娱乐等经济贡献及占比显著高于欧洲[244]。欧洲的邮轮产出主要来源于船舶建造与维修，其主要原因在于北美上游端延伸的邮轮制造与维修业集中在意大利、德国、芬兰以及法国等欧洲国家。欧洲集聚了全球80%以上的邮轮制造业和90%的船用主辅机、核心零部件生产。目前全球邮轮建造最大的四家企业为：意大利的芬坎蒂尼集团、芬兰的阿克尔集团、法国的大西洋船厂和德国的迈尔船厂，他们生产了世界上80%的豪华邮轮。

从欧美邮轮产业发展历程及其对经济的贡献来看，邮轮产业结构不同，产业链长短不一样、产业体系完全与否导致邮轮产业发展对相关行业的集聚带动作用明显不同。比如欧洲，由于拥有邮轮制造业，邮轮产业带动了制造业、交通运输业、金融保险服务等产业[244]。美国，属于邮轮公司总部聚集地，邮轮产业发展涉及行业众多，几乎涵盖美国所有行业。按照美国邮轮产业带动相关产业的产值大小，各行业排序为：①专业服务及政府服务；②制造业；③运输业；④金融、保险、不动产、租赁；⑤农业、矿业、城市管理服务业、建筑业；⑥批发及零售贸易；⑦信息服务业。与邮轮产业发展最为密切的行业有七个：易耗品生产业、专业及技术服务业、旅游服务业、耐用品生产业、金融服务业、航空运输业、批发贸易业[245]。巴拿马、巴哈马、马耳他等小国家则集中了邮轮的注册登记、销售代理等经纪服务业[246]。

第二节

国际邮轮旅游产业发展路径

从国际较为发达的邮轮母港国家的邮轮经济发展来看，其邮轮产业采取了一种集聚发展的方式。这种发展方式与其地理集中程度密不可分，即作为邮轮母港的每个港口均存在一定程度的产业集聚要素及产业延伸的条件。不管是美国的迈阿密、地中海的巴塞罗那还是新加坡的邮轮码头、中国香港的启德码头，通常都可同时停靠多艘邮轮，更关键的是邮轮母港周边大多聚集了各种有特色的购物、宾馆、餐饮设施。而且，这些邮轮港口的产业延伸范围广泛，如迈阿密毗邻美国南部的多个风景区，同时紧靠加勒比海、墨西哥湾风景区，巴塞罗那则可将产业延伸至地中海诸国旅游资源和相关产业，新加坡虽小，但港口的产业可延伸至该岛所有相关产业，中国香港则延伸至全港、珠江三角洲相关产业，如表2.5所示。

表 2.5　　　　世界各大母港邮轮产业要素集聚及产业延伸情况

母港城市	产业集聚要素	产业延伸
迈阿密	可同时停泊20艘邮轮，有世界最大的全年航行船队，几分钟车程内集聚大型购物、宾馆、餐饮设施	毗邻美国南部的多个风景区紧靠加勒比海、墨西哥湾风景区
新加坡	可同时停泊8艘邮轮，集聚亚洲前列的购物、餐饮、宾馆设施，被誉为"全球最有效率的邮轮码头经营者"	延伸至该岛所有相关产业
中国香港	海运大厦可同时停靠2艘邮轮、启德码头可同时停靠2艘大型、4艘小型邮轮，集聚高档的购物、餐饮、宾馆设施，号称"购物天堂"	延伸至全港、珠江三角洲相关产业
巴塞罗那	可同时停泊9艘邮轮，集聚宾馆、餐饮设施、交通便利	地中海诸国旅游资源和相关产业

资料来源：根据中国邮轮网（http：//www.ccyia.com/）及各港口网站的相关资料整理。

具体来说，不同邮轮母港为了吸引邮轮停靠，无不充分利用当地独特资源，兴建港口及设施，发展相关配套企业，从而吸引国际邮轮公司入驻，并开辟了大量的邮轮航线。

一、充分利用当地独特的资源

世界邮轮经济发达的国家和地区都具有独特的资源，并且被当地的政府或企业充分利用。

（一）具有较为优越的港口水深及岸线资源

纵观世界各地有名的邮轮母港，其港口拥有的水深及岸线资源排名不一定靠前，但均可满足大型邮轮运行的需求，即具有大型邮轮停靠的水深和多艘邮轮停靠的岸线。例如，享有"世界邮轮之都"美称的美国迈阿密港，其水深达到12.8米，其海岸线达2000米长；欧洲的巴塞罗那港口，其水深达到13.72米；新加坡邮轮中心水深14米；香港国际邮轮中心最大水深11米（见表2.6）。

表 2.6　　　　　　　世界主要邮轮母港及其最大水深情况

母港	水深（米）	母港	水深（米）	母港	水深（米）
迈阿密	12.8	纽约	12.2	鹿特丹	21.5
洛杉矶	13.7	长滩	12.8	巴塞罗那	13.72
圣地亚哥	12.1	温哥华	18	斯德哥尔摩	10
波士顿	10.67	伦敦	4.6	香港	11
西雅图	21	阿姆斯特丹	15	新加坡	14
旧金山	12.2	哥本哈根	10	巴生港	13.4

资料来源：陈剑宇. 厦门邮轮旅游发展条件分析及其产品开发研究［D］. 福建师范大学，2010；各港口网站资料。

（二）邮轮母港有相对应的旅游区域并具备辐射效应

邮轮母港一般都会有一个与之相对应的邮轮旅游区域，对应的港口城市要么是著名的旅游区或接近旅游区，要么有丰富的文化内涵，且该区域具备一定的辐射效应。

美国的迈阿密（和纽约）邮轮母港对应的是加勒比邮轮旅游区域，一方面，母港周边就拥有天然的海边浴场，舒适宜人，距邮轮出入口仅10分钟路程；另一方面，迈阿密毗邻美国南部的诸个旅游区，紧靠加勒比海、墨西哥风景区。

西班牙的巴塞罗那母港对应的是地中海邮轮旅游区域。作为欧洲第一大邮轮目的地港口，巴塞罗那港口位于欧洲南部和地中海的西岸，地理位置优越，由于可通达地中海诸国，附近的旅游资源丰富，也是世界著名的旅游城市。

新加坡的港湾城新加坡邮轮中心位于综合性海滨开发项目之内，周围聚集了无数的旅游目的地。邮轮中心对面即是圣淘沙岛，坐落着圣淘沙名胜世界综合度假村、主题公园、野生动物保护区、园林和探险乐园。

中国香港启德码头顶层设有全港最大空中花园——启德邮轮码头公园。公园占地2.3万平方米，设施包括中央草坪、水景花园、喷泉广场，以及能饱览香港岛及九龙半岛美景的观景平台。码头邻近的景点包括宁谧雅致的志莲净苑、南莲园池、九龙城美食区及驰名中外的鲤鱼门海鲜美食村。

二、兴建港口及设施

港口是邮轮产业发展的关键要素之一。北美和欧洲是世界邮轮港口聚集度最高的区域，尤其是北美地区，凭借良好的区位优势和自然环境，成为世界上邮轮港口最为集中，邮轮产业最发达的地区。纵观全世界各地的邮轮母港，不管是政府投资还是政府和企业共同合作投资，均须经历一个兴建港口及设施的过程。

美国的迈阿密港口，属于政府和企业共同合作投资兴建港口和码头设施。自20世纪90年代起开放与邮轮公司合作建设新码头，码头发展迅速，现已拥有12个超级邮轮码头大厦，可同时停泊20艘邮轮。迈阿密邮轮母港的设施均十分贴近邮轮人流和物流的个性化需求。其中两座邮轮客运枢纽站拥有世界上最先进的管理设施系统，能够同时为8400名游客出行提供服务。邮轮码头拥有舒适的休息大厅、多个商务会议大厅、全封闭并加装中央空调的游客上船通道，以及完善的订票系统、安全系统、登轮查验系统和行李管理操作系统等；码头大厦拥有能够容纳733辆汽车的车库，先进的信息化服务能够高效率指挥码头内部的交通，为游客出行提供近乎完美的服务。

西班牙的巴塞罗那邮轮码头（Moll de Barcelona）是世界邮轮游客和邮轮公司最青睐地目的港口之一。根据《皇家国际邮轮》杂志（*Lloyd's Cruise International*）的统计资料，巴塞罗那是欧洲第一大邮轮目的地港口，世界排名第四。邮轮母港设有7个邮轮码头，6个客运码头，可同时停泊9艘邮轮。机场有国际航班接驳，港口设备完善，有专门为邮轮而设的设施。

新加坡邮轮中心拥有的地区渡轮码头（RFT）有六个泊位，国际客运码头（IPT）有两个深水港泊位，提供超过25条国际客运邮轮线路。该中心于1992年6月18日正式开业，是该地区第一个专用的邮轮码头。

中国香港国际邮轮中心共有4个泊位，其中海运大厦2个，启德码头2个。尤其是其中的启德邮轮码头，能同时容纳两艘排水量达22万吨的超级邮轮，也可以停泊世上最大型的邮轮。虽然只有三层楼高，但拥有完善的配套、高效率而舒适的乘客设施及服务，邮轮乘客不管是在候船区、入境及出境大堂都能流畅地完成所有程序。

世界主要邮轮母港设施及邮轮停泊情况如表2.7所示。

表 2.7　　　　　世界主要邮轮母港设施及邮轮停泊情况

母港	邮轮码头（泊位）数量（个）	同时停泊邮轮数量（艘）	母港	邮轮码头（泊位）数量（个）	同时停泊邮轮数量（艘）
迈阿密	12	20	香港	2	2 艘大型邮轮或 4 艘小型邮轮
巴塞罗那	7	9	新加坡	2	4

资料来源：根据中国邮轮网（http://www.ccyia.com）相关资料整理。

通观国外成熟邮轮接待港口，不同港口需要提供的服务及具备的条件并不一样，尤其是作为邮轮母港，其邮轮旅游接待涉及的港口要素包括：先进的邮轮港口设施、四通八达的立体交通体系、完善的服务业体系、丰富的旅游资源和产品以及发达的金融服务体系等，如表 2.8 所示。

表 2.8　　　　　　邮轮港口类型、所需具备条件

港口类型	描述	投资	例子
母港	乘客在他们巡航开始或结束时分别在此登船或下船	需要在服务和设施方面大量投资，例如：行李处理服务；全面的出入境及海关服务；增加环境和船舶维修设施；提供长途运输网络和长期停车设施；提供足够的住宿给登船前和下船后的乘客和船员	奥克兰（新西兰） 曼谷（泰国） 迈阿密（美国） 埃弗格莱兹（美国） 里约热内卢（巴西） 南安普顿（英国） 悉尼（澳大利亚）
访问港	港口是行程的一部分；旅客在港口停留的时间只限于他们停留期间	在最基本的层面上，停靠港只需要在服务和设施上进行最低限度的投资，以容纳邮轮及其乘客	温哥华（加拿大） 阿卡普尔科（墨西哥） 卑尔根（挪威） 科克（爱尔兰） 达尔文（澳大利亚） 圣彼得堡（俄罗斯） 苏瓦（斐济）
混合港	同时充当母港和停靠港	需要与母港相同水平的投资	陶兰加（新西兰） 阿姆斯特丹（荷兰） 曼谷（泰国） 奥克兰（新西兰） 新加坡（新加坡） 悉尼（澳大利亚）

资料来源：London & Lohmann (2014)[244]；McCalla (1998)；McCarthy & Romein (2012)[249]。

三、发展相关配套行业或企业

国际邮轮旅游发达地区的邮轮产业经济的发展都离不开相关配套行业的发展（与邮轮旅游关系最为密切的产业包括：批发零售业、交通运输及通信业、住宿及餐饮业、娱乐休闲业等），尤其重视邮轮码头相关配套服务流程的规范化和优化。

在迈阿密邮轮母港，虽然商店、游客、行李和船舶均为独立管理，但处处体现顾客至上的服务理念。一是服务力求便捷。邮轮码头将第三层楼设计与船体位于同一高度，便于游客上下船。客运枢纽站的业务流程设置相当规范，邮轮游客只需买票、验票、候船、登船，行李则由码头的行李处理设备送到各自的座位。同样，行李处理系统也会在邮轮游客回到目的港以后将其行李送到指定的位置，甚至可以直接传到飞机上或酒店。而且因为邮轮码头长期接待国际邮轮，进关边检程序便捷。二是服务形式多种多样，服务范围无微不至，如私人汽车看管、汽车出租、搬运车预约、公共汽车查询、自动银行和问询处等均有提供。除此之外，迈阿密邮轮码头位于市中心海滩的黄金地段，距机场仅有15分钟车程，离市中心最近的大型购物、宾馆、餐饮区仅有几分钟车程。

作为欧洲地中海的主要邮轮母港城市，西班牙的巴塞罗那不仅旅游资源丰富，其住宿、购物、餐饮、交通的便利均在地中海各城市中领先。巴塞罗那作为世界著名的旅游城市，酒店众多，服务精良，邮轮码头地处市中心，游客乘坐公交车或出租车进出都十分方便。

作为亚洲地区邮轮产业发展最快、邮轮市场发展最成熟的国家，新加坡邮轮港口交通特别便利，购物、餐饮、宾馆业均为亚洲前列。新加坡邮轮中心距离市中心仅数分钟距离，并具备靠近樟宜国际机场的优越位置。新加坡邮轮中心毗邻新加坡最大的购物中心之一——怡丰城。同时，港湾城新加坡邮轮中心属于全球第一批符合国际船舶和港口设施保安规则标准（2004年4月1日起）并通过ISO9001认证（2005年4月起）的客运码头。世界级的邮轮码头新加坡国际客运码头（IPT）自1997年以来先后19次荣获效率奖项。

中国香港最早的邮轮港口海运大厦设置在市中心，有四通八达的交通枢纽。新建设的启德码头，位于旧启德机场，拥有便利的通关设施（每小时可通关3000人），全天24小时停泊和离泊。

四、拥有数量庞大的邮轮公司和密集的邮轮航线

邮轮港口重要程度的显性指标是港口所在地邮轮公司的数量和能级、邮轮航线密度、邮轮停靠数量和出发与到达的游客数量等。根据美国商业研究和经济顾问公司（BREA）2014 年的数据显示，从港口所在地邮轮公司的数量和能级来看，截至 2013 年底，北美邮轮产业远洋船队的船数已达到 178 艘，组合运输能级达到 338505 个舱位，分别比 2010 年增长了 5.3% 和 10%。从邮轮运输的乘客数量来看，2013 年，北美邮轮产业在全球范围内运输了 1760 万的乘客，比 2012 年增长了 3.99%，与 2010 年相比，增长高达 18.8%。其中，有 996 万的邮轮乘客在美国的港口登船，在北美邮轮产业全球登船数中占 57%，而仅仅佛罗里达的港口就办理了 615 万乘客的登船，比 2012 年增长了 2 个百分点[248]。

第三节　国际邮轮旅游产业发展趋势

尽管全球经济动荡，但伴随区域性的经济发展，消费者可支配收入和休闲时间增加，同时科技进步带来巨大容量的现代邮轮和新型的船上游玩项目，以及邮轮公司日益强大的营销和广告，邮轮旅游仍然经历 116% 的爆炸式增长，从 2004 年的 1310 万人次增加到 2018 年的 2850 万人次（CLIA，2019），成为休闲行业中增长最快的部分。然而，国际邮轮产业的发展正在悄悄发生变化，引起了业界的普遍关注，这些变化体现为：全球邮轮旅游市场结构的变化，邮轮可持续发展问题，以及技术水平的发展和突发的公共卫生事件促使邮轮行业的设施改造提上日程。

一、邮轮旅游市场结构发生变化

邮轮旅游产业的市场结构包括客源地市场结构、目的地市场结构两个方面。

（一）客源地市场结构

虽然目前北美与欧洲是世界邮轮旅游的消费主体，但随着亚太地区经济发

展水平不断提升，国际邮轮产业将发展重点转向亚洲和中国内地，亚太地区的邮轮业增长速度明显高于世界平均值。根据《中国邮轮产业发展报告（2019）》的数据显示，亚太地区游客量占据全球邮轮市场的份额从2013年的8%增长到2018年的15.1%，成为全球仅次于加勒比海的第二大邮轮市场。根据CLIA（2019）的报告，2018年，美国、中国和德国成为全球三大邮轮客源国，占全球邮轮旅客的比例分别为11.9%、2.4%和2.19%。

邮轮旅游在亚洲呈现出惊人的增长，并逐渐受到亚洲游客的欢迎。根据CLIA（2019）的报告，2012~2018年，亚洲邮轮乘客从77.5万人增加到近424万人，平均年增长率为32.7%。其中，中国大陆邮轮客源占亚洲市场的半壁江山，比重高达50%以上，而中国台湾以9.3%的份额成为亚洲第二大邮轮客源市场，中国香港占5.9%，位列第五（新加坡和日本分别位列第三和第四），印度市场份额在2018年有了较大幅度的增长，达到5.2%，位列第六。

（二）邮轮旅游目的地市场结构

在过去几十年，世界最成熟的邮轮旅游目的地包括北美东南部的加勒比、百慕大、巴哈马地区，西海岸北部的阿拉斯加地区；欧洲南部的地中海、北部的波罗的海以及大西洋沿岸及岛屿[148]，2018年，加勒比海、亚太地区、地中海、北欧及西欧、澳大利亚、阿拉斯加等区域占据了全球邮轮市场85%的份额，是邮轮市场主要集中地[249]。

加勒比海和地中海仍然是世界上最受欢迎的两个邮轮目的地。其中，2018年，加勒比海游客量占到全球38.4%，依然是全球邮轮市场最集聚的区域，而亚洲（9.2%）、大洋洲和太平洋（6.1%）是全球增长最快的邮轮目的地（CLIA，2019）。尤其在亚洲，政府之间的共同努力和坚定的协作，私人投资者、邮轮运营商、航空公司、旅行社，在港口等领域开发、设计和生产的新船，以及稳定的客运量，目的地的营销、创新性产品和服务的开发，确定了亚洲邮轮产业在未来的蓬勃发展和繁荣[29,86,250-251]。从部署的船只数量来看，亚洲自2013年以来每年增长81%；从环球巡航来看，纽约、南安普顿、埃弗格莱兹港和蒂尔伯里港是主要的登船和上岸港（CLIA，2018）。

二、开始关注邮轮旅游产业的负效应和可持续发展问题

虽然邮轮旅游对地区经济影响很大，但其带来的社会和环境影响也十分巨

大，尤其是邮轮产业发展带来的社会、经济和环境问题[64,70]。伴随全球各地邮轮产业的快速发展，其可持续发展问题成为全球发展的一个重要议题。邮轮旅游在一定程度上被认为是不可持续的，其原因有三。

一是邮轮旅游的生态威胁，包括游客过量对自然和文化景点的破坏，邮轮停泊时船锚对脆弱的海洋生态系统的破坏，邮轮非法倾倒到海洋里的垃圾和排放的污染物，以及与邮轮港口建设相关的疏浚和建设对近海的影响[24]，甚至对自然栖息地的破坏[79,82,252]。2017年，英国电视台的一项关于邮轮排放量的调查显示，邮轮每天的排放量相当于100万辆汽车的排放量，而甲板上的空气质量可能与全球污染最严重的城市一样糟糕。

二是邮轮旅游的收入分配。邮轮旅游对当地经济的贡献不大，尤其是对当地人民的收入贡献不大。跟团游客的大量收入归旅游团销售企业或邮轮度假公司所有，这些企业中相当部分属于外国企业，导致大量邮轮旅游活动的利润被汇回邮轮公司所在地[240]。邮轮旅游收入中属于当地人的比例相对较少，而且往往集中在邮轮附近或全包酒店经营的少数旅行社、商店或餐馆[16]。

三是邮轮旅游目的的承载能力。邮轮旅游人数众多，邮轮在港口停靠时，大量的邮轮游客涌入停靠港口，可能超过当地的游客承载能力，从而导致最初吸引游客的环境和文化特征恶化[68]。

邮轮公司已经意识到邮轮对环境的影响，并开始更认真地对待环境责任。例如，为了降低巡航成本，进而降低巡航票价，邮轮公司已经投入巨资，并仍在不断加大投入以改善其邮轮的垃圾处理系统、燃油效率、后备动力系统、推进力和总体安全[242]。例如皇家加勒比邮轮通过对邮轮主体的精心配置、独特的引擎设计和节能装置，实现了海上游轮量子号的低功耗，而且通过安装具有运动传感器的LED灯，降低能耗[238]。但关于邮轮旅游仍有一些可持续发展问题需要更多的关注。

三、科技进步对邮轮服务及相关设施的影响巨大

伴随科技的进步，邮轮服务及相关设施也得到了进一步的改进和提升。邮轮的设计师和规划师也在不断寻求开发新的设计，从而为邮轮乘客提供更低成本的优质服务。

为了满足邮轮乘客在船上活动的偏好，邮轮公司对新邮轮和改造的邮轮配备了更有趣、更先进的娱乐设备。早在2014年，皇家加勒比公司就海洋量子

号上引入了"跳伞和冲浪"模拟器,随后还推出了增强 Wi-Fi,增加了新一代 WOWband 腕带,游客甚至还能体验一把 VR 就餐。加勒比公司还在海洋量子号船舱内配备"虚拟阳台"80 英寸屏幕,实时播放全景画面,确保每个内部舱室可以看到海景[238]。

伴随人工智能技术的崛起并渗透进旅游领域,在邮轮旅游中推广使用人工智能和服务机器人成为一种趋势,各邮轮公司在新邮轮建造和旧邮轮改造中纷纷加入人工智能技术。如皇家加勒比公司旗下的海洋量子号和海洋赞礼号邮轮中开设了仿生酒吧(Bionic Bar),由机器人调酒师负责调酒,订单通过平板输入。地中海辉煌号的百度共享 Wi-Fi 翻译机,以及歌诗达邮轮的 3DLED 投影风扇、人工智能语音中心、智能音箱、人脸识别技术以及 VR 航拍体验特色娱乐服务等。皇家加勒比邮轮公司在新泽西和迈阿密的美国港口扩大了对 IDEMIA 公司的 3D Face 高速 3D 人脸捕捉系统的使用,此前该系统已进行了成功的试验。

邮轮的人工智能化发展,其目的在于提升服务品质并实现降本增效。然而,人工智能技术和服务机器人在邮轮旅游的推广方面对邮轮旅游会造成哪些影响呢?首先,可考虑邮轮旅游使用人工智能提高运营效率、提升游客体验并实现降本增效的可行性。其次,可通过构建人工智能或服务机器人接受度量表,测量旅游消费者和从业人员对人工智能的接受度。最后,还需考虑人工智能和服务机器人的引进对邮轮旅游就业的影响问题。例如,由于邮轮旅游的季节性特征,邮轮产业在吸引和维护高品质的人力资源方面正面临不可避免的挑战,可探讨人工智能和服务机器人的引进对邮轮行业缓解人力资源困境等问题。

四、开始重视安全与危机管理,以应对公共卫生事件影响

邮轮本身就是一种大型聚集性的旅游产品,尤其是现代大型邮轮,载客量大,船上人员数量多、来源广、流动性强、聚集度高。邮轮旅行时间长,加上船舱高度的密闭性,船上医疗条件又十分有限,导致邮轮对突发公共卫生事件的防控难度较大,成为风险极高的场所。从早期的诸如病毒、流感,到 2003 年的 SARS 病毒,2015 年的中东呼吸系统综合征 MERS,均对邮轮运营产生了一定的影响。尤其是 2019 年底开始的新型冠状肺炎病毒,钻石公主号、至尊公主号、红宝石公主号、阿塔尼亚号、赞丹号等多艘邮轮在短短几个月时间内

数度拉响疫情警报,让邮轮的公共卫生风险防控成为公众视野中的热点。突发公共卫生事件对邮轮制造企业、邮轮公司、旅游中间商,乃至港口所在城市等邮轮旅游产业链的不同环节造成了不同程度的影响。

从邮轮制造企业来看,邮轮停运将使得邮轮船厂订单减少,同时邮轮公司将延长订单移交时间,导致邮轮制造业及相关的产业链受损,部分船厂破产,工人失业。从邮轮公司来看,由于邮轮本身的特性,对突发公共卫生事件的防控难度较大,疫情期间邮轮公司不得不纷纷取消邮轮航班,造成了邮轮公司的船票收入、船上消费、岸上消费等各种损失。此外,邮轮上市公司的股票也会因为疫情受到影响,导致股票收益下降。从港口目的地来看,由于担心邮轮携带病毒会对当地造成影响,部分邮轮港口会拒绝邮轮停靠、拒绝部分游客入境,甚至直接取消邮轮运营。进而,邮轮运营或者停靠减少,邮轮港口尤其是邮轮专用港口不仅将暂时失去邮轮停泊费、游客服务费等收入来源,还要支付昂贵的维护费用,与邮轮停靠密切相关的港口区域内的免税店、邮轮港口广告业务、邮轮船供、周边酒店住宿餐饮等相关服务设施也纷纷失去收入来源,邮轮中游的代理商尤其是旅行社邮轮业务纷纷出现业务停摆、退订剧增、人员变动、人心浮动等各种窘境。另外,港口邮轮翻修订单被迫取消。

从邮轮市场需求来看,邮轮公共卫生事件会对邮轮游客的心理造成一定的负面影响。2020年2月发生的"钻石公主号"事件,使得人们对邮轮产生了"恐怖邮轮""海上牢笼""邮轮噩梦"等负面形象,人们对邮轮旅游的安全感降低,短期内邮轮销售难度加大,邮轮运营的恢复工作也相对较难,这将对邮轮旅游业的发展十分不利。

公共安全事件的出现使得邮轮旅游产业不得不开始重视邮轮的应急管理、危机管理及安全措施提升等问题。然而,邮轮作为一种跨国、跨地区的旅游产品,不仅产业链长,还涉及船东、船旗地、运营港口、乘客来源地等不同主体,导致邮轮的运营模式相对复杂,救助责任的划分变得十分困难。一旦出现新冠肺炎一样的公共卫生事件,就可能出现染疫邮轮无人接管的遭遇,从而出现危机治理权矛盾与制度空白。疫情考验下,建立并完善应急响应机制显得至关重要。尤其对邮轮出发港和访问港来说,新型冠状肺炎疫情这一重大公共卫生事件要求疫情发生第一时间启动源头管控机制,形成从口岸排查、邮轮防控到岸上处置的一套完整的防控体系和规范的处置方案。这需要地方政府、口岸联检单位、卫生健康部门和港口部门等多部门多方合作。

因此,邮轮业通过增加新的多边合作机制、改革海洋法体系等,以进一步强化突发公共卫生事件的应急管理体系，强化国际邮轮公司开展邮轮运营疫情防控风险评估，减轻突发公共卫生事件对邮轮旅游的影响。例如，2020年6月30日，欧盟发布了一套指导邮轮公司在新冠病毒流行期间巡航的建议方案。2020年7月6日，诺唯真邮轮和皇家加勒比邮轮宣布建立合作伙伴关系，为邮轮业制订详细的健康和安全规程，两家公司共同创建的"健康航行小组"将制订安全恢复邮轮运营的协议。MSC地中海邮轮成立了一个新的健康与安全工作组，通过制订新的操作规程以支持地中海邮轮最终恢复服务。全球最大的邮轮公司皇家嘉年华邮轮集团，拟与世界旅行与旅游理事会合作举办虚拟峰会，召集全球领先的科学家和卫生专家探讨应对全球新冠病毒疫情大流行的见解和最佳实践。

第四节　国际邮轮产业发展对中国的启示

一、邮轮产业发展离不开企业自身的努力与行业的抱团

20世纪70年代末到80年代初，是北美邮轮快速发展的十几年。当时邮轮行业之所以从一个没落的、被航空业取代的海上运输业发展为一个旅游业发展最快速的部门，得益于行业的抱团和企业的努力进取，具体原因主要有五个方面[3]：第一，行业协会的成立。邮轮行业协会CLIA的成立，为发展、推广邮轮的概念做出了努力。第二，与分销渠道紧密合作。邮轮公司与其分销渠道"旅行社"的合作更紧密，相当多的旅行社开始专门从事邮轮服务业务，促成了专门为邮轮服务的旅行社组成的全国旅行社协会（NACOA）的成立。第三，该行业改变了包装和提供产品的方式。邮轮公司开始用全包机票来包装和推广邮轮产品，不仅便利了邮轮公司的价格促销和预订，还使得邮轮公司可以更加灵活的重新布置船只和出发港口的位置，使船舶更接近其主要航行区域，缩短航行时间，成功开发了持续2~5天的微型巡游产品。第四，重新定位目标细分市场。邮轮公司将邮轮产品重新定位到新的细分市场，开辟了专门吸引年轻人和未成年子女的家庭"欢乐船"，完全背离了邮轮公司原本呈现的古板形象。第五，该行业还瞄准了细分市场中的特定利基市场。即针对特定群体如家庭或单身人士基于特定的运动、爱好或主题开展的游船活动。例如，挪威邮轮公司（Norwegian Cruise Lines）提供"浮动爵士音乐节"，而皇家维京邮轮公司（Royal Viking Cruises）

通过华盛顿特区乔治敦大学外交学院提供课程。甚至为了迎合越来越多的单身人士的出游意愿,邮轮公司将原来的双人舱改造成单人舱。

因此,为了促进中国邮轮旅游的发展,尤其是疫情后邮轮旅游复苏,邮轮行业内的企业应守望相助、共克难关。第一,企业自身要强化专业度和业务知识,分析市场需求变化,推出更符合市场需求的产品。疫后更要采取自救措施,尽量降低经济损失,确保现金流,努力摸索走出困境的方法。第二,产业链内的企业间需要抱团,加强与邮轮公司的密切联系,完善邮轮旅游的安全保障,确保游客的安全和健康。第三,强化客户管理,对邮轮旅客进行跟踪调研,深入了解后疫情时代消费者的旅游心态,采取一定的激励措施鼓励消费者恢复邮轮旅游消费信心。

二、国家的政策支持必不可少

从欧美邮轮经济的发展可以发现,为了吸引更多的产业要素落地,提升各国/各地区邮轮旅游的市场竞争力,欧美各国政府出台了大量的产业扶持政策,尤其是邮轮产业发展初期。因此,为进一步推进我国邮轮产业链的延伸拓展,促进邮轮经济的持续健康发展,加大政策扶持力度必不可少。尤其是新冠肺炎疫情对当前中国邮轮旅游市场造成了极大冲击。更需要政府出台相关的政策,刺激市场复苏,推动本土邮轮品牌的发展。

具体来说,政府可从邮轮全产业链发展的视角,结合产业链不同环节的发展需求,有针对性地进行政策扶持。第一,推进船舶制造业的高质量发展。重点推进本土邮轮船舶制造及配套主机、零部件生产,壮大邮轮维修保养业务。第二,促进中资邮轮企业竞争力提升。积极扶持中资邮轮船队建设,鼓励做大做强船队规模,拓展航线业务。第三,提升邮轮船供本土采购比例。鼓励做大做强邮轮船供业务,支持四大邮轮港口集群的母港依托自贸区、自贸港等政策优势,建设邮轮物资供应全球采购综合保障中心。第四,推动邮轮产业向价值链中高端发展。通过稳步拓展邮轮注册登记、金融保险、信息增值等航运服务业,进一步推动邮轮总部经济的建设,提升中国邮轮产业链不同环节的价值增值能力[244]。

三、关注邮轮旅游产业发展可能造成的负面效应

邮轮旅游是一种资源依赖性很强的产业。邮轮旅游的发展过程可能会产生

各种负面效应,如海洋污染、环境恶化、资源挤压、物价上涨、经济漏损以及文化冲击等,从而可能对空气质量、对海洋生态、当地社区乃至对游客、船员和当地居民带来不利影响。

因此,中国在大力发展邮轮旅游的发展过程,必须清醒地认识到邮轮经济背后的负外部性问题,正确处理好邮轮经济发展与环境资源保护、社会文化传承、游客与居民协调互动之间的关系。具体来说,第一,在沿海港口区域,要处理好邮轮旅游经济效益最大化与环境影响最小化的矛盾。有针对性地采取监控与治理措施,预防邮轮排放的气体、液体和固体污染物以及游客不当行为对自然资源、海洋生态、气候变化、空气质量和人员健康的不利影响。例如对邮轮停靠过程中的碳排放与碳足迹、空气质量与海洋生态进行监测评价等。第二,在邮轮停靠港或目的地所在城市或所在区域,要处理好邮轮游客体验与社区发展及社区居民生活质量的关系。针对居民态度及其利益诉求,重点关注本地民众对邮轮旅游发展的风险感知、对港口基础设施建设的态度,并且要让居民真正参与邮轮旅游发展的决策过程。第三,在邮轮停靠港或目的地所在区域,还要处理好邮轮港口规划建设成本与邮轮经济效益的关系。邮轮港口建设需要大量的投入,需要进一步思考这种投入是否能够真正的吸引邮轮停靠,从而给所在地区带来真正的经济效益。尤其是一些新兴的邮轮区域,即使能够吸引邮轮停靠,邮轮经济的辐射范围可能十分有限。因而需要进行邮轮经济效益的测评,以避免一窝蜂上马太多的项目。第四,在组建邮轮公司进行邮轮运营时,还要注意邮轮突发事件带来的风险。由于邮轮航线通常是跨国跨区域运行的,邮轮风险管控难度较大。因而,港口和邮轮船舶都要基于可能出现的公共安全事件、公共卫生事件、自然灾害、重大事故风险等,进行风险因素识别、指标体系构建,以便开展预警监测[197]。

第三章

中国邮轮旅游产业发展现状、机遇与挑战

根据国际邮轮协会（CLIA，2019）的统计，全球邮轮旅游市场的游客量从 2004 年的 1314 万人次迅速增长到 2018 年的 2850 万人次，累计增长 116%，邮轮旅游成为全球旅游业中增长速度最快的一种旅游方式。当前全球邮轮市场最集聚的区域仍在加勒比海，2018 年到港游客量占据全球 38.4%[249]。但随着欧美邮轮市场的逐渐饱和以及亚太地区经济发展水平不断提升，邮轮市场重心逐渐向东移动，以中国为代表的亚太地区邮轮市场需求和规模迅速扩大，亚洲和大洋洲邮轮市场规模增长速度远远高于欧美邮轮市场。中国邮轮市场在全球邮轮市场中更是显示出独有的高速增长趋势，中国已经成为全球最活跃的邮轮旅游市场之一。

第一节 中国邮轮旅游的发展历程

中国邮轮旅游起步较晚，若以 2006 年国家旅游局主办的首届中国邮轮产业发展大会为起点，截至 2019 年，中国邮轮刚走过 13 个年头。13 年的发展历程并不长，但邮轮旅游产业已经经历了一个周期性的调整。在中国，邮轮旅游仍是一种新型的高端海洋旅游产品。随着中国经济的高速发展，中国邮轮旅游市场愈来愈受到世界邮轮公司的重视，并呈现出强劲的发展势头。中国主要沿海经济发达城市的人均地区生产总值已达到中等发达国家水平，具备了发展邮轮旅游产业的经济基础，经济的长期高增长为邮轮经济的发展注入了强大动力。邮轮旅游产业已经成为现代旅游业中最为活跃、发展最为迅猛的产业之一，被视为"漂浮在黄金水道上的黄金产业"，其强大的拉动能力和吸附能力已成为拉动城市经济的增长点。Gui 和 Russo 认为，一个地区邮轮旅游产业的

生命周期通常经历四个阶段,即开始、成长、成熟和衰退[253]。本节认为中国邮轮旅游产业的发展已经历了前两个阶段,开始迈向第三个阶段,即成熟期。分地区来看,部分地区的邮轮旅游产业已进入成熟期,但还有相当一些地区处于开始阶段和成长阶段。

一、国际邮轮到港服务阶段（2006～2010年）

21世纪的头10年,是以邮轮到港服务为主体的起步发展阶段。在此阶段,国际邮轮接待规模持续扩大,受2008年北京奥运会和2010年上海世博会等一系列国际性大型活动的推动,中国的影响力在国际社会上进一步增强,成为大多数国际游客访问亚洲时的必停站,国外大型邮轮公司陆续增加其在中国港口的挂靠。例如,歌诗达邮轮公司、皇家加勒比邮轮公司、丽星邮轮公司相继开辟了由中国港口出发的东北亚和东南亚新航线,在该区域相继投放了新的邮轮;水晶邮轮公司的"水晶交响号"开始巡游我国香港和内地。在此期间,我国沿海各大港口邮轮码头项目陆续投产使用,港口对国际游客的接待能力和服务水平进一步提高。国内游客邮轮消费需求处于萌发状态,个人市场起步。

在这一阶段,访问中国的邮轮不断增加,国际邮轮游客出入境旅游得到快速发展。据中国交通运输协会邮轮游艇分会（CCYIA）统计,2010年中国大陆全年共接待国际邮轮294航次,同比增长13.5%;其中以我国沿海城市为出发港的国际邮轮客班轮,全年79航次,同比增长97.5%;访问我国沿海城市的国际邮轮,全年215航次。另外,2010年邮轮出入境旅客合计48.08万人次,同比增长39.8%,其中母港旅客22.20万人次,同比增长115.5%,访问港旅客25.88万人次,同比增长7.5%。

二、到港服务和公民出境服务并举阶段（2011～2017年）

由于宏观政策利好和消费者消费水平的不断升级,邮轮旅游在2011～2017年发展迅猛。国际大型豪华邮轮来华数量继续增加,接待档次不断提高,同时,随着国际邮轮旅游品牌的树立和出入境审批政策的便捷,越来越多中国人改变旅游方式,选择豪华邮轮到境外特别是亚太地区旅游,形成邮轮出境第一次热潮,邮轮环球旅游开始起步。

2014年,交通运输部出台《关于促进我国邮轮运输业持续健康发展的指导意见》后,我国邮轮产业出现井喷式的发展态势;2015年,在国家"一带一路"倡议和旅游"515战略"的共同推动下,中国邮轮产业更是进入发展的黄金时期,各港口接待的国际邮轮数量和国际游客数量均持续增长,尤其是上海港,成为全球排名前八位的世界级邮轮母港,2017年更是跃升为全球第四大邮轮母港,邮轮产业的发展对城市经济的拉动效应持续凸显。

根据中国交通运输协会邮轮游艇分会(CCYIA)统计,2017年全年我国10大邮轮港口(包括上海、天津、三亚、厦门、青岛、舟山、大连、广州、海口、深圳)共接待邮轮1181艘次,同比增长16.9%,比2010年增长约3倍,邮轮旅客出入境495.4万人次,同比增长8.5%,比2010年增长约9.3倍。

从各港口接待邮轮数量的情况来看,上海港接待国际邮轮数量增长快速,从2010年的107艘次增长到2014年的290艘次,年均增长率约为22%,2017年达512艘次的规模(上海的港口包括上海吴淞口国际邮轮港和上海港国际客运中心)。天津港、广州港、深圳港的国际邮轮接待数量均超过百艘次。厦门港的接待数量2010年达到顶峰,随后各年波动明显,2015年重新进入"井喷"状态,2017年接待数量达77艘次。

从各港口接待出入境游客情况来看,各港口接待出入境游客均获得一定的增长。尤其是上海港,作为中国当前最大的邮轮母港,2017年接待的出入境游客人数占到中国港口接待出入境游客总人数的60.1%。其接待的出入境游客从2010年的26.2万人次迅速攀升到2017年的297.8万人次,增长了10倍。天津港、广州港和深圳港的接待人数也持续攀升。如表3.1所示。

表3.1 2016年、2017年中国部分港口接待邮轮量和出入境游客量统计

邮轮港口	2016年接待邮轮量(艘次)	2017年接待邮轮量(艘次)	同比增长(%)	2016年接待游客量(万人次)	2017年接待游客量(万人次)	同比增长(%)
上海	509	512	0.6	289.4	297.8	2.9
天津	142	175	23.2	71.4	94.2	31.9
三亚	25	12	-52.0	9.6	4.0	-58.3
厦门	79	77	-2.5	19.0	16.2	-14.8
青岛	52	63	21.2	8.9	10.9	22.9

续表

邮轮港口	2016年接待邮轮量（艘次）	2017年接待邮轮量（艘次）	同比增长（%）	2016年接待游客量（万人次）	2017年接待游客量（万人次）	同比增长（%）
舟山	13	15	15.4	1.7	3.1	80.0
大连	27	31	14.8	6.4	6.9	7.8
广州	104	122	17.3	32.5	40.1	23.4
海口	41	33	-19.5	6.4	2.6	-60.0
深圳	14	109	678.6	4.4	18.9	329.5
烟台	4	0	-100.0	0.5	0.0	-100.0
总计	1010	1181	16.9	456.7	495.4	8.5

注：上海的资料包括上海吴淞口国际邮轮港和上海港国际客运中心。
资料来源：汪泓.中国邮轮产业发展报告（2018）[M].北京：社会科学文献出版社，2018.

三、中国邮轮旅游发展成熟阶段（2018年以来）

2018年以后，中国邮轮旅游进入成熟发展阶段，由"高速度增长"转向"高质量、高品位发展"。在此阶段，区域型、近洋型的邮轮市场逐步走向成熟，环球型邮轮市场开始规模发展，中国自有的邮轮船队也开始运营。中国邮轮旅游的增长速度虽然开始减缓，进入调整期，但游客规模已跃居世界第二，仅次于美国（CLIA，2018）。

《中国邮轮产业发展报告（2019）》的资料显示，2018年，我国13个邮轮港口（上海、天津、厦门、广州、深圳、海口、青岛、大连、三亚、连云港、温州、威海、舟山）共接待邮轮976艘次，是2008年（346艘次）的2.8倍，但比上年下降17.36%。在接待邮轮类别中，接待母港邮轮898艘次，是2008年母港邮轮艘次（28艘次）的30多倍；接待访问港邮轮78艘次，与2008年相比则呈现逐年下降的趋势。在邮轮游客接待量方面，邮轮出入境旅客合计488.69万人次，是2008年（48.70万人次）的10倍，但比上年下降1.36%，其中母港旅客471.39万人次，访问港旅客17.30万人次。如图3.1所示。

从分港口来看，2018年，上海邮轮市场规模位居全国第一，上海吴淞口国际邮轮港共接待邮轮375艘次，包括365艘次母港邮轮和10艘次访问港邮

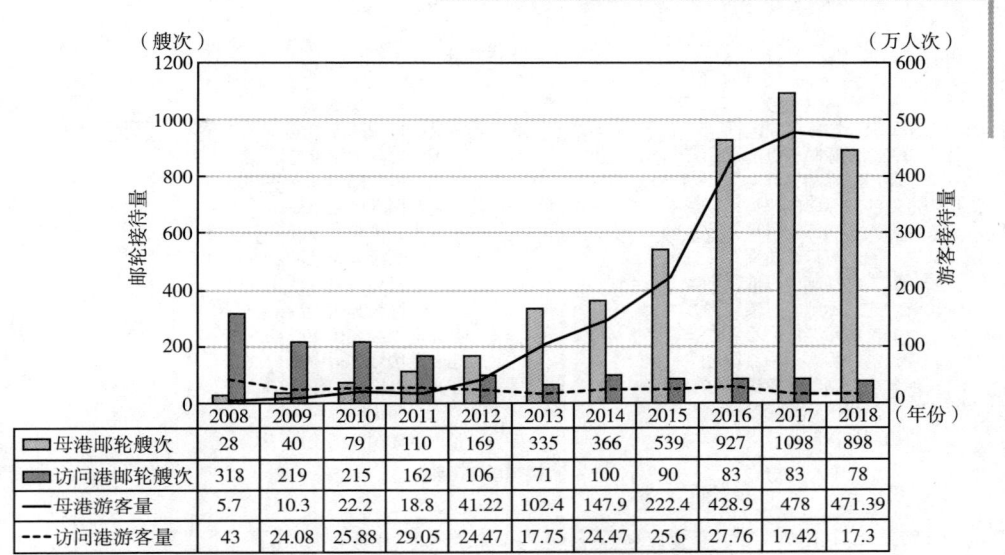

图 3.1　中国邮轮母港和访问港邮轮艘次和游客量

资料来源：汪泓. 中国邮轮产业发展报告（2019）[M]. 北京：社会科学文献出版社，2019.

轮；接待出入境游客总量 271.56 万人次，包括 267.22 万人次母港旅客和 4.33 万人次访问港旅客。天津国际邮轮母港共接待邮轮 116 艘次，包括 99 艘次母港邮轮和 17 艘次访问港邮轮；接待出入境游客总量 68.3 万人次，包括 64.4 万人次母港旅客和 3.9 万人次访问港旅客。广州港南沙国际邮轮码头共接待邮轮 94 艘次，接待出入境游客总量 48.12 万人次（2018 全年广州接待邮轮均为母港邮轮）。如图 3.2 所示。

邮轮旅游方兴未艾，中国邮轮旅游市场作为亚太地区增长最快的新兴市场，未来仍将是全球最有潜力的邮轮旅游市场。根据《中国邮轮产业发展报告（2015）》预测，到 2020 年，中国邮轮旅游将达 450 万人次，邮轮经济年产值达 510 亿元，到 2030 年将达 800 万~1000 万人次，市场经济年产值达 1000 亿元左右。实际发展中，中国邮轮旅游游客于 2016 年就已达到 456.66 万人次，虽然 2018 年有所回落，尤其受到 2019 年底开始的新冠肺炎疫情影响，未来几年邮轮旅游发展将受限，但并不会改变中国邮轮旅游市场在全球的地位。政府之间的共同努力和坚定的协作，私人投资者、邮轮运营商、航空公司、旅行社在港口等领域开发、设计和生产的新船，以及稳定的客运量、目的地的营销、创新性产品和服务的开发，中国邮轮产业在未来的发展必将是蓬勃的、繁荣的。

中国邮轮旅游产业的创新与发展

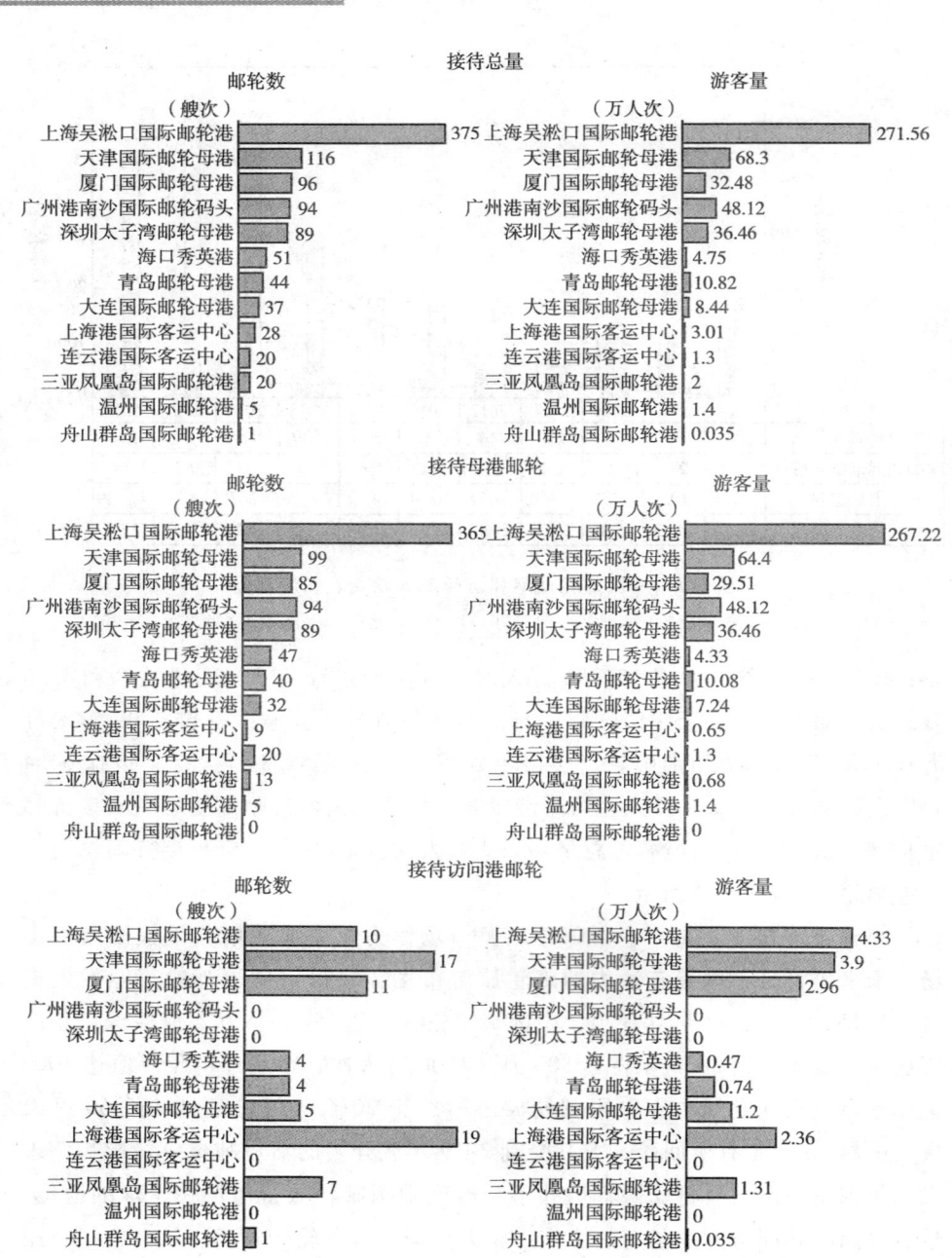

图 3.2　2018 年国内主要邮轮港口邮轮接待情况

注：广州南沙国际邮轮母港暂未开港，故采用 2018 年广州港南沙国际邮轮码头相关统计数据。

资料来源：汪泓. 中国邮轮产业发展报告（2019）[M]. 北京：社会科学文献出版社，2019.

第二节

中国邮轮旅游产业不同环节发展现状

邮轮产业的变大变强离不开产业链上每一环节的发展。中国邮轮旅游市场日益发展壮大,需要邮轮产业链不同环节的配套发展。从产业链的视角来看,除了要争取邮轮运营这一核心环节外,还应重视邮轮修造业、邮轮港口建设以及邮轮配套产业的发展。

一、中国邮轮修造业发展现状

邮轮建造和翻修属于邮轮产业链的上游。随着消费水平的提高和消费观念的改变,全球豪华邮轮市场快速增长,对豪华邮轮的需求也日益增加。目前,全球大型邮轮的年供给能力仅为8~9艘,订单却排到了2026年[254],邮轮修造市场潜力巨大。然而作为造船界"皇冠上最耀眼的明珠",豪华邮轮的发展是一个国家综合科技水平与制造实力的反映,其设计理念、建造工艺和运营管理跟其他主流船型存在巨大差别。其中,邮轮建造业的风险高、技术要求高、属于高垄断、高集聚但同时具有高附加值的特殊行业;邮轮翻修在技术方面的要求比较高,对材料要求也高,尤其对项目管理能力具有很高的要求。当前,邮轮设计建造及配套行业仍然由欧洲最大的三家邮轮建造公司所垄断。

作为全球最具潜力的新兴邮轮市场,中国邮轮市场规模更是不断扩大,对邮轮建造和翻修的需求不断增加。从中国邮轮修造的发展历程来看,依旧步履蹒跚,且还需投入巨大的财力、物力和人力的支持,但发展前景将十分喜人。中国豪华邮轮设计建造的宗旨是在全生命周期内实现安全、高效、经济与环保,因此亟须豪华邮轮关键技术的发展、探索与应用研究。

(一)国产邮轮建造政策频出,推动邮轮建造市场砥砺前行

中国邮轮全产业链式发展必须掌握豪华邮轮的制造技术、大力发展邮轮修造业。为了促进国产邮轮建造技术的发展,2015年以来,国家和地方政府出台了大量的激励政策,如表3.2所示。例如,2015年国务院发布的"中国制造2025"战略,就明确提出要突破豪华邮轮建造技术;2015年9月,工信部、

国家发改委、交通运输部、国家旅游局等六部门联合发布了《关于促进旅游装备制造业发展的实施意见》中,"加快实现自主设计和建造"成为第一重点任务。

表 3.2　　　　　　　　　　邮轮制造相关政策汇总

发文机构	年份	文件名称
国务院	2015 年	《中国制造 2025》
	2016 年	《国家创新驱动发展战略纲要》
	2016 年	《中华人民共和国国民经济和社会发展第十三个五年规划纲要》
	2017 年	《全面深化中国（上海）自由贸易试验区改革开放方案》
	2016 年	《"十三五"旅游业发展规划》
	2016 年	《国务院关于促进海运业健康发展的若干意见》
	2015 年	《国务院办公厅关于进一步促进旅游投资和消费的若干意见》
	2015 年	《国务院关于推进国际产能和装备制造合作的指导意见》
国家发改委	2016 年	《全国海洋经济发展"十三五"规划》
	2016 年	《关于印发促进消费带动转型升级行动方案的通知》
交通运输部	2016 年	《综合运输服务"十三五"发展规划》
	2017 年	《深入推进水运供给侧结构性改革行动方案（2017~2020 年）》
工业和信息化部	2016 年	《船舶工业深化结构调整加快转型升级行动计划（2016~2020 年）》
	2015 年	《关于促进旅游装备制造业发展的实施意见》
上海市	2016 年	《上海促进高端装备制造业发展"十三五"规划》
	2016 年	《"中国制造 2025"上海行动纲要》
	2016 年	《"十三五"时期上海国际航运中心建设规划》
	2016 年	《上海市人民政府关于推进供给侧结构性改革的意见》
	2016 年	《上海市制造业转型升级"十三五"规划》
	2018 年	《上海市深化服务贸易创新发展试点实施方案》
	2016 年	《上海市服务业发展"十三五"规划》
天津市	2016 年	《天津市人民政府办公厅关于加快落实国家自由贸易区战略的实施意见》
	2016 年	《天津市国民经济和社会发展第十三个五年规划纲要》
	2016 年	《天津市建设北方国际航运核心区实施方案》
青岛市	2016 年	《青岛市国家级旅游业改革创新先行区实施方案》
	2016 年	《青岛市国民经济和社会发展第十三个五年规划纲要》
厦门市	2016 年	《厦门市综合交通运输"十三五"发展规划》

资料来源：汪泓. 中国邮轮产业发展报告（2017）[M]. 北京：社会科学文献出版社, 2017.

(二) 邮轮建造业发展步履蹒跚，但终现曙光

在 2016 年以前，中国造船业对邮轮建造进行了各种尝试，也曾努力参与邮轮的修造项目，但项目终因各种原因搁浅。从 2016 年起，中国船舶工业集团、招商局集团开始涉入邮轮制造行业，中国邮轮建造业开始蹒跚起步。中国邮轮建造一开始就采取全产业链方式，涉及邮轮设计建造及配套产业建设，旨在建立研发、设计、制造、营运、配套、服务等一体化的大型邮轮产业链，加快打造国际高端水准的邮轮科技产业园。

(1) 中船集团以上海为基地，开始着手大型邮轮设计建造及相关配套产业集群建设。

2017 年 2 月，中国船舶工业集团与美国嘉年华集团、意大利芬坎蒂尼集团签署了中国首艘国产大型邮轮建造备忘录协议（MOA），标志着我国向首艘国产大型邮轮迈出了实质性的一步。2018 年 11 月，中国船舶工业集团与美国嘉年华集团、意大利芬坎蒂尼集团正式签订 2 + 4 艘 13.5 万总吨 Vista 级大型邮轮建造合同。随后，中国船舶工业集团与 ABB 集团于 2019 年 3 月在外高桥造船厂正式签订首个大型邮轮项目采购合同，ABB 集团为外高桥造船承建的中国首艘国产豪华邮轮提供一体化解决方案。该解决方案包括 2 套 Azipod 吊舱式全回转推进系统及全套中压配电系统，内含 5 台主发电机、中压配电板、配电变压器等。

(2) 招商局集团携手国内邮轮企业，开始国产自主建造邮轮的探索之路。

2018 年 3 月，招商局工业集团自主建造的首艘极地探险邮轮正式开工。2018 年 10 月，招商局集团与海门市政府签署三个项目落地协议，包括邮轮制造基地项目协议、邮轮配套产业园项目协议、国际邮轮城合作协议等。2019 年 5 月，招商局邮轮制造有限公司与上海世天邮轮产业发展有限公司签订了 1 + 1 + 2 艘邮轮建造合同，开始自主设计、自主建造邮轮的破冰之旅。2019 年 3 月，招商局工业集团极地探险邮轮 1 号船下水，3 号船首张钢板顺利点火切割后正式开工建造。

(三) 邮轮翻修业务不断扩大，翻修业不断壮大

全球邮轮翻修升级市场是一个非常具有盈利前景的市场。根据国际邮轮协会（CLIA）统计，每艘邮轮平均三年要进行一次坞修，平均周期 14 天；豪华邮轮每隔 5～8 年则进行一次翻新及改造。2018 年全球邮轮坞修时间总计 1500

天，坞修期间运营商日支出 200 万美元左右，全球邮轮坞修翻新市场年产值超过 30 亿美元[251]。全球邮轮翻修业务主要集中在迈阿密、欧洲、巴哈马以及新加坡等地区，尤其是德国及新加坡在国际豪华邮轮翻新、修理市场占有重要地位。

伴随进入中国港口的邮轮不断增加，邮轮翻新业务开始逐步发展壮大。其中，上海华润大东船务工程有限公司率先进入中国邮轮翻修市场。迄今为止，年维修船舶达 300 艘左右，其中 98% 的业务来自国外船东，技术储备丰富，积累了丰富的商船维修与改装经验。

舟山中远海运重工有限公司把公司经营重点放在豪华邮轮翻修上，该公司成立了专门的管理团队，从生产管理到所有设备设施的配套准备，方面都根据豪华邮轮特点进行专业安排。目前在豪华邮轮进坞安全风险掌控、舱房设施升级及外板油漆翻新等方面已经积累了一定的经验。2018 年 9 月，被德国途易集团收购的天海邮轮"新世纪号"就在舟山中远海运重工集团进行了初步改造后再到西班牙加的斯进行再次改造。

中船集艾则是中船集团为推进发展邮轮及高技术船舶内装业务而设立的混合所有制平台企业。中船集艾与德国 R&M 船舶技术有限公司成立戎美邮轮科技发展（上海）有限公司，开始致力于增强邮轮本土内装设计、施工和供应链管理等方面的综合技术能力。2019 年 4 月，中船集艾邮轮科技发展（上海）有限公司与 UEI 邮轮投资有限公司签署了"塞班之星"邮轮全船翻修总包合同，成为本土企业首次承接并在国内实施的邮轮全船翻修总包工程。

（四）中国邮轮制造配套产业发展仍陷于困境，但潜力无限

在船舶市场持续低迷的形势下，大型邮轮市场却非常活跃，成为当前世界造船业唯一供不应求的产品，中国进军邮轮配套产业的步伐也在不断加快。2019 年 9 月，中船集团所属中船邮轮与上海市宝山区委、区政府签订共建邮轮运营和配套产业链的备忘录。

作为国际造船业公认的高技术、高附加值、高可靠性的邮轮，除了在研发设计、建造工艺、生产管理方面对船厂的要求极为苛刻之外，物资配套也是阻碍其他国家尝试邮轮建造的一个重要因素。建造一艘邮轮需涉及 100 家战略性供应商、500~600 家专业供应商以及 900 多家普通供应商[254]。在欧洲，如意大利芬坎蒂尼、德国迈尔船厂、法国大西洋船厂的邮轮配套产品本土化率分别达到 84%、80%、81%，欧洲本土化率更是达到 99%、98%、94%，仅有少数来自亚洲或其他地方[255]。固定的配套产业、成熟的配套产品成为欧洲船厂长期引领邮轮建造的核心竞争力。

中国邮轮设计与建造的最大难处便在于供应商、资源、技术、系统的整合。在2017年中国国际海事会展高级海事论坛特别设置的"豪华邮轮专场"上，来自政府、银行、船舶与航运相关企业、船级社、高校、科研院所和媒体等与会专家都纷纷表示豪华邮轮建造作为一个庞大复杂的系统工程，需要成百上千家配套供应商协作。然而，配套产业资源的严重匮乏以及整合配套资源的能力不足成为中国邮轮建造的巨大掣肘[254]。中国从2011年起已经成为世界第一造船大国并连续多年保持该地位，但在船舶配套产品市场仍无明显建树，船舶配套国产化率低。据工信部统计，我国高技术船舶和海工装备配套设备本土化率不足30%，与日本（90%）、韩国（85%）以及德国、挪威等欧洲造船强国（100%）存在明显差距。甚至有专家指出，邮轮产业所面临的缺口包括设计（高级酒店内装设计、内部公共区域设计）、建造技术（总包管理、项目管理、材料供应、工艺技术）以及运营（人才、管理、国内配套供应商）等几乎所有的环节[254]。

中国邮轮产业的可持续发展，离不开中国邮轮修造业的可持续发展。中国在进军邮轮修造市场过程中，一方面必须打破大部分邮轮配套产品依赖进口的现状；另一方面，需要解决豪华邮轮建造系统中成百上千家配套供应商的协作问题，以实现资源、技术、系统的整合。

二、中国邮轮港口发展现状

港口城市吸引邮轮公司的重要性已经被广泛讨论。一部分强调港口城市对邮轮公司具有积极的影响，主要针对邮轮公司的货币回报和目的地营销方面；另一部分则强调了消极影响，即由于大规模的邮轮旅游，对港口城市所在的海洋和沿海地区造成了各种潜在威胁。本节探讨中国港口发展及布局，阐述不同港口城市对邮轮公司可能存在的吸引力。

（一）中国邮轮港口发展数量居全球第二

截至2018年，中国大陆已建成大连、天津、烟台、青岛、上海吴淞口、上海国客、舟山、温州、厦门、深圳、广州、海口、三亚、防城港、北海15家现代邮轮港口，在全球停靠港总数中排名第2[170]。其中邮轮专用港口，通过货运码头改造的邮轮港口7家,另有珠海、秦皇岛等正在规划建设邮轮港口。2018年共接待邮轮976艘次,接待出入境游客量488.67万人次。依据接待游客量排名,中国十大邮轮港口分别为上海吴淞口国际邮轮港、天津国际邮轮母港、广州港国际邮轮母港、深圳招商蛇口邮轮母港、厦门国际邮轮中心、青岛邮轮母港、大连国际邮轮中心、海口秀英港、上海港国际客运中心、三亚凤凰岛国际邮轮港。其中,上海港、天津港、广州港、深圳港和厦门港五大港口共接待出入境游客量达到456.92万人次,占全国比重高达93.5%,如表3.3所示。可见邮轮客源市场是一个高度集聚的市场。

表3.3　　　　　　2018年全国邮轮港口邮轮接待情况

排名	港口	接待总量		其中:接待母港邮轮	
		游客量（万人次）	邮轮数（艘次）	游客量（万人次）	邮轮数（艘次）
1	上海吴淞口国际邮轮母港	271.56	375	267.22	365
2	天津国际邮轮母港	68.30	116	64.40	99
3	广州港国际邮轮母港	48.12	94	48.12	94
4	深圳招商蛇口邮轮母港	36.46	89	36.46	89
5	厦门国际邮轮中心	32.48	96	29.51	85
6	青岛邮轮母港	10.82	44	10.08	40
7	大连国际邮轮中心	8.44	37	7.24	32
8	海口秀英港	4.75	51	4.33	47
9	上海港国际客运中心	3.01	28	0.65	9
10	三亚凤凰岛国际邮轮港	2.00	20	0.68	13
11	温州国际邮轮港	1.40	5	1.40	5
12	连云港国际客运中心	1.30	20	1.30	20
13	舟山群岛国际邮轮港	0.035	1	0	0
	总计	488.67	976	471.42	898

资料来源:汪泓.中国邮轮产业发展报告(2019)[M].北京:社会科学文献出版社,2019:35.

在邮轮港口的不同发展阶段具有不同的经营重点。中国不同区域邮轮港口发展阶段性特征明显。部分港口经过多年的发展已进入成熟阶段。但一些新兴的港口却仍处于开发阶段。不同阶段的港口经营重点应有所不同。成熟阶段主要考虑港口资源优势重组的问题。新兴开发阶段却更关注如何按照最新发展趋势进行投资,以生产出满足新兴邮轮市场需求的港口目的地。从港口投资情况来看，我国大陆地区已有天津（1个）、上海（2个）、厦门（1个）和三亚（1个）四个城市拥有邮轮母港，其中天津、上海、厦门的邮轮港口都由政府投资运营，而三亚的港口完全由民营企业——三亚凤凰岛国际邮轮有限公司投资，如表3.4所示。

表3.4 　　　中国邮轮港口发展阶段、码头性质及经营重点

港口	基础设施开发阶段	经营重点（商业或邮轮）	港口性质*
上海吴淞口国际邮轮母港	成熟	商业	专用码头
天津国际邮轮母港	成熟	商业	专用码头
广州港国际邮轮母港	成长	商业	货改码头
深圳招商蛇口邮轮母港	成长	商业	专用码头
厦门国际邮轮中心	成熟	商业	专用码头
青岛邮轮母港	成长	商业	专用码头
大连国际邮轮中心	成长	商业	货改码头
海口秀英港	起步	邮轮	货改码头
上海港国际客运中心	成熟	商业	专用码头
三亚凤凰岛国际邮轮港	起步	邮轮	专用码头
温州国际邮轮港	起步	邮轮	货改码头
连云港国际客运中心	成长	邮轮	专用码头
舟山群岛国际邮轮港	起步	邮轮	专用码头

资料来源：课题组参考London和Lohmann（2014）[246]，McCarthy和Romein（2012）[247]的观点整理。其中*来自于丁金学，樊一江（2018）。

（二）中国邮轮港口发展仍需要解决的问题

停靠港不仅要满足港口建设、配套设施、航道等硬性条件，同时还需要具有舒适的旅游环境、丰富的旅游资源、较高的知名度等软条件。中国现有的港口群经过10多年的快速增长建设，仍存在一定的局限性，面临着巨大的挑战，如基础设施的限制、缺乏合格的人才、海事传统和专业知识不足乃至环境可持续性问题等[31,62]。

1. 不同港口群邮轮母港之间的竞争日益激烈

邮轮行业提供的产品是邮轮和行程的组合，它既是一艘作为到达目的地的船舶，又是一条包括沿途停靠港的旅行路线[256]。因而，邮轮港口为了实现港口和当地社区的最大化经济利益，一方面，每个邮轮港口都试图成为一个邮轮

航线的起点或终点,以吸引国内港口交通;另一方面,每个港口都试图成为巡航路线的访问港,从而吸引邮轮游客到岸旅行。虽然国家层面出台了相关的邮轮始发港规划布局方案,但邮轮港口的实际发展却以市场为主导,当前的邮轮港口发展已经偏离原来的规划方案。

而且,伴随着周边地区或省份邮轮港口的建设和周边国家邮轮旅游的兴起,邮轮服务中个别目的地的重要性降低,同时可能出现新的目的地,导致原来邮轮港口中的流量份额进一步变化[88]。在这个过程中,原有一些港口的重要性可能进一步降低,可能导致邮轮港口的使用率下降,造成大量的资源闲置。

2. 邮轮港口基础设施扩充和改造的压力大

港口基础设施投资在吸引邮轮访问并将邮轮停靠带来的经济效益推广到港口城市方面起着至关重要的作用[16,259]。然而,由于邮轮港口码头相关附属设施不够完善,港口各要素缺乏科学的整合,观光、购物、餐饮、娱乐、休闲、保险在内的产业关联不够紧密,造成资源配置效率低下,甚至制约了服务质量的提升[135]。

中国不同港口为了成为邮轮母港以实现港口和当地社区的最大化经济利益,都进行了大量的投资。但这种投资具有很大的重复性,而且密度很高。如何形成特色,在覆盖范围内吸引邮轮旅游者参观,是不同港口所要考虑的重点问题之一。

此外,大多数港口的目标是吸引母港业务,以获得更高的利润,对当地经济形成更高的经济影响。由于船只规模持续加大,每次访问的平均乘客人数不断增加,给港口当局扩大基础设施以容纳新的更大的邮轮带来了压力。

3. 港口辐射能力有待提升

港口能否吸引众多的乘客也是港口生存的必备条件之一。有些港口可能基于纯粹的猜测或过于乐观的预测而建立邮轮码头。然后,由于港口的辐射能力有限,虽然港口采取的大量的举措来吸引邮轮船只将之作为停靠港,但可能只吸引很少的船只停靠,或者没有吸引到船只停靠,那么这个港口有可能还没开始运作就开始衰败[246]。港口的辐射能力还取决于港口到腹地的交通便利性,但大多数港口与内陆城市之间的交通有待进一步改善,港口城市内部的交通也需要进一步完善。

尤其在国内邮轮港口竞争激烈的情况下,如果一个港口没有充足的理由(优美的自然环境、丰富的旅游资源、完善的基础设施、完美的服务等)促使其作为潜在的母港或目的地加以推广，那么，邮轮公司就有可能将他们的船只转移到更受欢迎的其他地方甚至转移到国外重新配置。例如美国亚拉巴马州的莫比尔（Mobile）港就是一个典型的例子。由于与更受欢迎的新奥尔良港毗邻，加上从莫比尔出发的西加勒比地区的邮轮受到可航行范围的限制，尤其是莫比尔对邮轮乘客缺乏足够的吸引力[246]，导致曾经兴起的莫比尔港口遭到邮轮公司遗弃。

4. 港口服务软环境有待提升

（1）港口软环境服务品质提升及邮轮乘客的安全问题。港口能否吸引邮轮乘客可能也跟港口是否规范、乘客安全是否受到保护相关。例如，在墨西哥的里维埃拉，曾经就因为邮轮乘客安全受到威胁采购而导致大规模的停靠被取消。又比如牙买加和马提尼克岛的港口，因为出租车行业不受监管导致乘客的大量投诉，最终邮轮公司不再停靠这些港口[246]。因此，港口的服务软环境亟须得到提高。

（2）高品质的国际邮轮停靠港的建设需要大量具有国际性和复合性的人才。目前，天津、上海等地高校已建立了邮轮人才的培训中心。但大多数城市如青岛、厦门等高校未能及时设立培养邮轮人才的专业，未能形成完善的人才供应体系，制约了港口服务质量的提升。

综上所述，我国当前港口城市邮轮旅游竞争实力悬殊，为避免盲目竞争带来的资源浪费，应考虑城市间邮轮旅游的竞合关系，注意准确定位和错位发展。

三、中国邮轮配套产业发展现状

不管作为邮轮母港还是停靠港，要发展邮轮旅游，不仅要满足港口建设、配套设施、航道等硬性条件，还需要具有舒适的旅游环境、丰富的旅游资源、较高的知名度以及相关的配套服务业发展等软条件。其中，邮轮配套服务业提供了"邮轮抵达之前→抵达→停靠→离开邮轮码头"这一过程发生的系列辅助（服务交易）活动所牵涉的产业[138]。比如，邮轮抵达之前，发生的辅助活动有邮轮公司在当地办事机构的日常运作、销售、服务，以及拟登船乘客到达时的交通运输、住宿、餐饮、购物与观光等的安排；抵达时，发生的辅助活动有当地港口公司的引航，乘客上岸时的关检与港口服务，以及辞别邮轮的乘客所引发的交通、就餐、住宿、观光与购物等的安排；停靠期间，发生的辅助活动有邮轮泊位、邮轮补给、废物处理、邮轮的维护，以及邮轮乘客与船员上岸观光时的餐饮、景点门票、交通与购物等；离开时，发生的辅助活动有乘客上邮轮时的关检与港口服务、邮轮出港时的引航等。

虽然邮轮配套产业涉及种类繁多，作为区域邮轮产业发展的核心，完善的邮轮船供和丰富的邮轮岸上旅游套餐服务（即短途旅行）是吸引邮轮停靠并促使港口成为母港或停靠港口的重点，因此，本节主要围绕短途旅资源和邮轮船供探讨邮轮港口产业发展现状。

（一）短途旅行

访问港或停靠港的短途旅游是连接邮轮公司、港口和当地社区之间关系的重要方式。邮轮航线吸引力很大程度上取决于岸上产品的供给情况，而全面提升港口岸上产品的质量、数量是打造优质邮轮旅游目的地的关键。国际邮轮公司作为邮轮旅游的主体，在选择挂靠港时，首要考虑的因素是岸上产品是否具有独特吸引力、岸上活动类型是否多样化[4]。因此，特定的地方特色能够提高巡航路线中某一停靠港的重要性。作为港口城市，要想在邮轮公司的行程中确立一个持久的存在感，必须大力发展并宣传港口城市短途旅游的特色。

当前，我国邮轮旅游产业还处于重视母港航线开发阶段，忽视作为邮轮目的地的岸上旅游产品开发工作[4]。为形成有特色的短途旅游，各港口城市在邮轮港的开发上对港口区域进行整体性规划时，要结合本区域的区位特色优势，采取配套综合开发模式，将旅游、商业、贸易、办公、居住、酒店、会展、休闲、娱乐和购物多种商业形态与周边土地空间和城市资源进行对接，对城市滨水地区和水岸中心区形成多元化开发，通过对码头的整合开发、复合利用，使码头成为滨水地区的有机组成部分，与城市融为一体，最终形成一体化的整合开发格局。

1. 岸上产品设计将日趋多样化

当前邮轮港口城市大多具有丰富的旅游资源，岸上旅游产品也多以观光游为主，体验性、文化性产品相对不足。然而，伴随收入提高和生活品位上升，国内游客开始从观光游向体验游转变。因此，未来港口城市应针对自身的特色人文资源和自然资源，加快探险类、家庭类等岸上旅游体验项目的设计，实现岸上产品的多样化。

2. 岸上资源实现复合型整合

设计岸上短途产品时应结合当地特色资源、开发设计出与国际邮轮相匹配的产品。按孙晓东和倪荣鑫（2018）的观点，不同类型岸上产品具有不同的特色，其资源配置具有一定的规律性[4]。因此，因地制宜地整合当地特色的人文自然资源是岸上产品配备的关键。不同类型岸上产品之间项目可各有侧重但不完全分离，可采取人文之旅与冒险体验、挑战之旅与观光旅游相结合等方式开发复合型的产品组合。

3. 根据细分目标市场重新分类定位

短途旅行应结合不同港口城市游客主体的类型，分门别类定位港口城市服务主体，再针对不同类型的游客提供合适的邮轮岸上产品。例如，当前国内邮轮乘客以老年群体为主，则可开发向老年群体提供观光类和美食类旅游产品。伴随着市场推广，家庭、新婚乃至学生群体将不断增加，这时就可以进一步开发面向家庭、新婚乃至学生群体的产品。比如，可开发向新婚旅游市场提供多日之旅的浪漫岸上游、旅拍以及西式教堂参观等；可开发面向学生群体的动植物观赏类、探险类旅游产品等。

（二）邮轮船供

邮轮船供是指为了维持船舶在航行和停泊期间船员和旅客必需品的供应，以保障船舶航行的一项专门活动。狭义上，邮轮船供指贯穿整个旅游航行的物品，包括船上船员和旅客生活所需的食品、淡水、酒类、药品、酒店用品等；广义上，除包括上述供应品外，还包括船舶航行所需的燃油和为保证船舶安全航行的船舶物件等。邮轮公司在港口城市及其周边地区采购邮轮上所需物资带来的相关消费，将极大地带动所在城市及地区的经济发展。

邮轮船供是邮轮运营的前提和至关重要的环节，却是中国邮轮旅游产业发展的一个薄弱环节。根据上海邮轮中心（2018）的资料显示，虽然上海吴淞口国际邮轮港已连续多年蝉联亚洲第一、世界第四，但目前除了歌诗达以上海为主要采购地外，一般在国内各港口出发和停靠的国际邮轮，较少选择中国内地的港口采购船供物品，而采取从釜山、香港等地进行船供物品的分拨与配送，同时越南也正在一些国际邮轮巨头的扶持下，加速建设亚洲邮轮船供中心。

中国无法为国际邮轮提供大量船上物资的最主要原因在于政策壁垒。邮轮船供品种繁多，比如一些船上日常使用的物品（如清洁剂、消毒液等）可能被归为危化物品而无法在境内港口登上邮轮；境外认为是通用船供物品的药品、艺术品、免税商品等在境内被视为特殊船供品，需走一般贸易货物申报通道才可能登上外籍邮轮。而且邮轮本身就是一个全球采购的行业，境外邮轮公司可能在境外采购船供,借助境内的港口登上邮轮,但目前转口船供的中转手续较为烦琐。

邮轮船供采购数量庞大,尤其是邮轮船型越来越大,对船供需求也日益庞大。因而,提供船供服务的母港需要专业从事船供业务的大型物流企业、保税仓库以及物流网络。目前,上海已参照美国迈阿密的邮轮船供体系,通过与各大国际邮轮公司各作,建立了具备集中采购、集中监管、集中配送、集中结算等功能的上海国际邮轮船供物资配送中心。但是国内大多数港口城市一些从事船供的物流、仓储企业规模普遍偏小、专业性差,没有专业的保税仓库,无法匹配国际邮轮巨头的需求。

从国内船供市场本身来看,邮轮船供仍存在政策性的市场垄断。根据《国务院办公厅关于进一步做好国际航行船舶港口供应工作的补充通知》的规定,外轮船供实行专营,经营出口、转口船供的企业需要申领专门的牌照,还需经过工商、检验检疫、交通运输管理部门以及海关的审批和资质认证。即使在上海,虽然大大小小的船供企业有400~500多家,但这些船供企业均无法直接与外轮接触,而需要通过取得牌照的企业进行邮轮船供服务,这无疑增加了邮轮船供业的成本。而上海目前合法的船供企业也只有4家,即外轮供应公司、中远供应公司、上港集团的供应公司、吴淞口邮轮码头公司。

邮轮本身就是一个五星级酒店,对船供产品的质量要求很高,但传统的食品安全问题,使得国外邮轮公司较少考虑在中国实现船供。除了必须当地供应的食物如乳制品、蔬菜外,国外邮轮公司一般不会选择在中国配备部署船供物资。就整个邮轮业而言,总共采购1万种物资,但涉及中国的可能只有1500多种,只占15%。对于国内企业而言,船供企业供应外籍邮轮的产品也可以直接用于出口。出口可以享受出口退税补贴,但用于船供却无法直接享受出口退税补贴,这也是原因之一。

正是由于政策壁垒、食品安全、行业垄断等问题,许多国外邮轮公司除了必须当地供应的食物外,都不会在中国内地港口采购更多的邮轮船供物资。

第三节

中国邮轮旅游产业发展面临的机遇与挑战

早在20世纪80年代,加勒比海地区邮轮产业快速发展的初期阶段,Lawton和Bulter就提出国家的立法、外部经济因素、区域政治发展以及市场的变化都会引起邮轮行业的动态变化,也会影响邮轮港口的选择[8]。国家和地方政策利好、居民消费升级、人口结构变迁导致的市场变化给中国邮轮产业的发展带来前所未有的机遇。同时,邮轮产业对当地环境和文化的影响、邮轮港口竞争的加大及港口管理能力的提升、邮轮旅游本身存在的风险及安全保障亦可能成为阻碍邮轮旅游进一步增长的因素。因此,本节围绕中国邮轮旅游产业面临的机遇和挑战进行阐述。

一、中国邮轮旅游产业发展面临的机遇

(一)国家和地方政策利好消息不断

邮轮产业的快速发展离不开国家法律和相关产业政策的支持。近年来,我国不管是国家层面还是地方层面,都出台了大量的法律、法规及指导意见引导邮轮产业及配套产业的健康发展。

1. 国家层面的政策法规

国家层面出台的政策以指导性为主。从最早的国家发改委 2008 年发布的《关于促进我国邮轮业发展的指导意见》到最新的交通运输部 2019 年发布的《关于促进我国邮轮经济发展的若干意见》和《关于推进海南三亚等邮轮港口海上游航线试点的意见》等。每个阶段的政策法规侧重点不同,反映了邮轮产业不同阶段的发展重点。从早期的邮轮挂靠业务开展、邮轮市场培育、邮轮法律法规完善,到中期的邮轮码头基础设施建设、邮轮港口布局,以及最新邮轮配套产业建设、邮轮制造业发展以及邮轮人才培育等,涉及邮轮产业链建设的方方面面。详细内容参见表 3.5。

表 3.5 近年来国家层面出台的邮轮经济扶持政策及重点方向

序号	发布时间	文件部门	文件名称	重点方向
1	2008 年 6 月	国家发改委	《关于促进我国邮轮业发展的指导意见》	①以邮轮挂靠为切入点开展相关业务 ②强化政策引导服务和扶持 ③适度改善码头基础设施 ④加强邮轮市场培育 ⑤完善邮轮相关法律法规
2	2014 年 3 月	交通运输部	《关于促进我国邮轮运输业持续健康发展的指导意见》	①推动邮轮市场培育 ②扩大邮轮客源市场 ③推动中资邮轮企业发展

续表

序号	发布时间	文件部门	文件名称	重点方向
3	2014年12月	国务院	《关于促进旅游业改革发展的若干意见》	①支持邮轮游艇等旅游装备制造国产化 ②积极发展邮轮游艇旅游
4	2015年8月	国务院办公厅	《关于进一步促进旅游投资和消费的若干意见》	①推动邮轮研发设计及配套体系建设 ②优化邮轮港口布局，到2020年在全国范围内建成10个邮轮始发港
5	2018年9月	交通运输部等中央部门	《关于促进我国邮轮经济发展的若干意见》	①强化邮轮市场培育 ②推动邮轮自主设计建造 ③建设本土邮轮船队 ④提升港口服务能级 ⑤优化邮轮港口服务 ⑥推动邮轮船供业发展 ⑦强化邮轮人才支撑
6	2019年4月	交通运输部	《关于推进海南三亚等邮轮港口海上游航线试点的意见》	①推动五星红旗邮轮发展 ②先期在海南三亚、海口邮轮港口开展中资方便旗邮轮无目的地航线试点

资料来源：根据社会科学文献出版社2014~2019年每年出版的《中国邮轮产业发展报告》整理。

得益于中国的政策红利，中国邮轮产业正向产业链形式快速发展，并以港口为基地，从南到北建立了一系列的邮轮产业基地，同时以产业链的形式快速发展。然而中国邮轮产业格局中，上游设计建造邮轮能力还在培养中，中游邮轮经营仍然以国外邮轮品牌主导，并向产业链下游输出邮轮产品，国内旅游企业主要集中从事邮轮船票和邮轮产品的销售服务，包船和切舱是其经销邮轮产品的主要模式[179]。

2. 地方层面的政策法规

大量学者认为，邮轮旅游具有广泛的经济效应，不管是邮轮停靠港还是始发港、母港，邮轮旅游带来的游客、船员消费乃至邮轮公司本身的消费或消耗，均能直接刺激当地经济的发展。而为发展邮轮旅游进行的邮轮产业链的建设，更能间接拉动当地经济增长。为了分享邮轮旅游产业发展这块大蛋糕，各个与邮轮旅游相关的港口城市纷纷制定了吸引邮轮公司停靠以及促进邮轮配套产业、邮轮港口发展的政策意见。尤其是2017年以来，大量针对邮轮航次、邮轮港企业、邮轮代理服务公司和邮轮旅行社的支持政策纷纷出台，如表3.6所示。

表 3.6　　　　　　　地方政府出台的邮轮经济政策意见

序号	发布时间	地区	出台部门	政策名称	重点方向	安排资金
1	2017年2月	海南	省旅游委省财政厅	《海南省鼓励邮轮旅游产业发展财政奖励实施办法（试行）》	①邮轮航次补贴 ②邮轮港企业补贴 ③邮轮代理服务公司奖励 ④邮轮旅行社奖励	—
2	2017年9月	三亚	市政府	《三亚市鼓励邮轮旅游产业发展财政奖励实施办法》	①邮轮航次补贴 ②邮轮港经营企业奖励	—
3	2017年12月	威海	市港航管理局、市财政局、市旅游发展委	《发展国际邮轮旅游产业财政奖励意见》	①组建邮轮公司奖励 ②开通航线年度奖励 ③邮轮港口（码头）经营奖励 ④邮轮代理服务公司奖励 ⑤对旅行社的旅游招徕奖励	—
4	2018年2月	上海宝山	宝山区政府	《关于加快宝山邮轮经济发展的实施意见》	①打造邮轮企业总部基地 ②打造世界一流邮轮母港 ③推动邮轮建造及配套产业 ④优化邮轮经济营商环境	2018年起每年1亿元，三年不少于3亿元
5	2018年2月	大连	市政府办公厅	《关于加快邮轮旅游发展实验区建设的实施意见》	①推动邮轮市场培育 ②推动本土邮轮公司发展 ③建立邮轮制造维修基地 ④打造邮轮物料船供中心 ⑤提升邮轮口岸服务 ⑥推动邮轮旅游产品创新	—
6	2018年5月	海口	市政府办公厅	《海口市鼓励邮轮产业发展财政补贴实施办法》	①组建或新迁邮轮公司奖励 ②邮轮运营航次补贴 ③邮轮港口经营企业补贴 ④旅行社招徕奖励	—
7	2018年5月	厦门	自贸区管委会	《关于促进厦门自贸试验区邮轮船供服务业发展的暂行办法》	①邮轮船供本地采购奖励 ②邮轮国际货柜转运奖励	—

续表

序号	发布时间	地区	出台部门	政策名称	重点方向	安排资金
8	2018年9月	广州南沙	区政府办公室	《广州南沙新区（自贸片区）促进邮轮产业发展扶持办法》	①邮轮公司落户奖励 ②邮轮公司及组织办公用房补贴 ③邮轮服务平台补贴 ④邮轮航线补贴 ⑤交通接驳扶持 ⑥市场推广补贴 ⑦邮轮保险补贴 ⑧邮轮岸电服务补贴 ⑨组织游客补贴	—
9	2018年10月	上海	市政府办公厅	《关于促进本市邮轮经济深化发展的若干意见》	①建设国际一流邮轮港口 ②加快邮轮旅游目的地建设 ③推动邮轮市场规范发展 ④亚太邮轮企业总部基地 ⑤中国邮轮旅游发展示范区 ⑥亚洲邮轮船供分拨中心 ⑦本土邮轮船队发展 ⑧长三角邮轮经济一体化 ⑨强化邮轮人才体系	—
10	2018年10月	温州	市财政局、市旅游局	《温州市国际邮轮产业培育方案》	①邮轮航次奖励 ②招徕邮轮旅客奖励	2018年安排700万元，2019年安排1200万元，2020年安排1200万元
11	2018年10月	厦门	市旅游委、港口管理局、市财政局	《关于进一步促进邮轮旅游业发展的扶持意见》	①邮轮航次补贴 ②邮轮包船企业补贴	—

续表

序号	发布时间	地区	出台部门	政策名称	重点方向	安排资金
12	2018年11月	天津	市政府办公厅	《天津市邮轮旅游发展三年行动方案（2018—2020年）》	①推动京津冀邮轮协同发展 ②打造国际邮轮旅游目的地 ③推动邮轮母港及配套建设 ④建设国际邮轮城 ⑤丰富邮轮旅游产品 ⑥强化邮轮宣传推广 ⑦推动邮轮修造 ⑧建设邮轮船供中心	连续三年安排旅游发展专项资金500万元，支持邮轮母港改造提升服务设施和开展宣传推广
13	2018年11月	青岛	市旅游委、市财政局市北区政府	《青岛市扶持邮轮旅游发展政策实施细则》	①邮轮航次补贴 ②常态化运营扶持 ③办公场地补贴 ④邮轮会展补贴 ⑤支持自主设计建造	—
14	2019年4月	福建	省发改委等十部门	《关于促进邮轮经济发展的实施方案》	①完善邮轮港口规划布局 ②打造海丝区域性邮轮母港 ③打造国际邮轮旅游目的地 ④推动始发港和访问港建设 ⑤培育本土邮轮企业 ⑥推动邮轮船供发展 ⑦建设邮轮建造及配套基地 ⑧加强邮轮旅游市场推广 ⑨强化邮轮人才支撑	—
15	2019年5月	广州	市政府	《关于加快广州国际邮轮产业发展若干措施》	①推动邮轮母港建设 ②建立船供配送中心 ③推动邮轮设计建造产业链 ④完善邮轮母港配套 ⑤推动邮轮与相关产业联动 ⑥建立邮轮人才体系 ⑦强化邮轮宣传推广 ⑧推动免签和免税购物	2020年起连续三年，每年安排2000万元支持邮轮产业发展

资料来源：汪泓.中国邮轮产业发展报告（2019）[M].北京：社会科学文献出版社，2019.

可见，地方层面的政策以提升邮轮港口服务质量、强化港口设施建设、减少邮轮公司停靠成本进而吸引邮轮公司到达港口为主。尤其是一些新兴的港口城市，如温州、天津、广州等，均投入大量的财政资金支持邮轮产业的发展。

（二）经济增长为邮轮旅游的发展奠定基础

截至2018年，中国人均GDP已经达到9769美元，中国发展邮轮经济潜力巨大。在2018年各省份（不含港澳台地区）人均地区生产总值排名中，除北京、上海人均2万多美元，天津、江苏、浙江、福建、广东、山东、内蒙古、湖北这几个省份的人均GDP均在1万美元以上，重庆、陕西、辽宁、吉林、宁夏、湖南、海南、河南、新疆、四川、安徽、河北、青海、江西、山西、黑龙江、西藏、广西、贵州、云南、甘肃人均地区生产总值依次以0.9万美元左右往下降，甘肃4736美元排名最后。如表3.7所示。

表3.7　　　　2018年全国各省份人均地区生产总值及排名

省份	人均地区生产总值（美元）	排名	省份	人均地区生产总值（美元）	排名
北京	21270	1	海南	7852	17
上海	20399	2	河南	7579	18
天津	18242	3	新疆	7477	19
江苏	17405	4	四川	7387	20
浙江	14907	5	安徽	7210	21
福建	14142	6	河北	7219	22
广东	13059	7	青海	7207	23
山东	11526	8	江西	7168	24
内蒙古	10322	9	山西	6850	25
湖北	10067	10	黑龙江	6540	26
重庆	9964	11	西藏	6558	27
陕西	9593	12	广西	6270	28
辽宁	8766	13	贵州	6233	29
吉林	8404	14	云南	5612	30
宁夏	8175	15	甘肃	4736	31
湖南	8002	16			

资料来源：各省（区、市）2018年国民经济和社会发展统计公报，中国统计信息网；2018年人民币平均汇率为1美元兑6.6174元人民币。本表不含港澳台地区数据。

其中，八大邮轮母港所在的上海、天津、大连、宁波、厦门等港口城市的人均 GDP 超过 1 万美元，如表 3.8 所示。

表 3.8　　　　　　　2018 年母港所在城市的人均 GDP 及排名

城市	人均 GDP（美元）	排名	城市	人均 GDP（美元）	排名
上海	20399	3	大连	16563	8
天津	18242	5	海口	9974	10
广州	23500	2	三亚	11636	9
深圳	28653	1	舟山	17001	7
厦门	17832	6	温州	9823	11
青岛	19419	4	连云港	9264	12

资料来源：各地 2018 年国民经济和社会发展统计公报，中国统计信息网；2018 年人民币平均汇率为 1 美元兑 6.6174 元人民币。

（三）居民消费升级刺激邮轮产业进一步发展

在 2017 年中国国际海事会展高级海事论坛特别设置的"豪华邮轮专场"上，嘉年华集团中华区主席预测中国市场将在 2026 年以不到十年的时间达到 1000 万。伴随着居民消费升级，创新驱动发展、结构转型升级将成为中国邮轮市场的发展趋势。邮轮产品的"质"将成为邮轮市场健康、快速、可持续发展的基础[258]。

人均可支配收入是较好反映居民消费能力的指标之一。从 2008 年以来，我国居民人均可支配收入不断提高，如表 3.9 所示。其中按常住地区分的城镇居民人均可支配收入从 2008 年的 15781 元上升到 2018 年的 39251 元，年均增长率达 9.5%；农村居民人均可支配收入从 4761 元上升到 14617 元，年均增长率达 11.9%。2018 年全年居民人均消费支出 19853 元，比上年实际增长 6.2%，农村居民人均消费支出 12124 元，比上年实际增长 8.4%。

表 3.9　　　　　　　中国居民人均可支配收入变化形势

年份	城镇居民		农村居民	
	人均可支配收入（元）	增长率（%）	人均可支配收入（元）	增长率（%）
2008	15781	14.5	4761	15.0
2009	17175	8.8	5153	8.2
2010	19109	11.3	5919	14.9

续表

年份	城镇居民		农村居民	
	人均可支配收入（元）	增长率（%）	人均可支配收入（元）	增长率（%）
2011	21810	14.1	6977	17.9
2012	24565	12.6	7917	13.5
2013	26467	7.7	9430	19.1
2014	28844	9.0	10489	11.2
2015	31195	8.2	11422	8.9
2016	33616	7.8	12363	8.2
2017	36396	8.3	13432	8.6
2018	39251	7.8	14617	8.8

资料来源：国家统计局统计公报。

人均可支配收入的不断提高促进了以休闲旅游为特征的邮轮旅游发展。随着中国经济持续快速发展，人民生活水平不断提高，中国中等收入家庭阶层不断扩大，国民休闲旅游意识增强，会有越来越多的消费者选择放松身心、体验生活的休闲度假类旅游产品。旅游市场结构正逐步从观光游向休闲度假游过渡，邮轮旅游将成为越来越多中国人的出游方式。

（四）出入境旅客量不断增长

从表3.10可看出，2008年以来，我国的出境旅游人数不断攀升，从2008年的4584万人次提升到2018年的14972万人次，年均增长12.6%。同时邮轮旅客量也不断增长，从2008年的24万人次上涨到2018年248万人次。中国邮轮旅游行业已经成为世界第二大的邮轮输出国，进一步提升了中国居民在境外的人均消费水平（位于全球第一）。

表3.10　2008~2018年我国出境游旅客量与邮轮旅客量情况

年份	出境游人数（万人次）	增长率（%）	邮轮旅客量（万人次）	增长率（%）	邮轮旅客量占出境游人数的比例（%）
2008	4584	11.90	24	—	0.52
2009	4766	4.00	17	-29.2	0.36
2010	5739	20.40	24	41.2	0.42
2011	7025	22.40	24	0.0	0.34

续表

年份	出境游人数（万人次）	增长率（％）	邮轮旅客量（万人次）	增长率（％）	邮轮旅客量占出境游人数的比例（％）
2012	8318	18.40	33	37.5	0.40
2013	9819	18.00	60	81.8	0.61
2014	10728	8.98	86	43.3	0.80
2015	11689	9.00	124	44.2	1.06
2016	12203	4.30	226	82.3	1.85
2017	13051	6.98	248	9.7	1.90
2018	14972	14.70	—	—	—

资料来源：中国邮轮产业发展报告（2018～2019）。

（五）邮轮母港停靠邮轮数量增加，邮轮航线日益丰富

邮轮产业方面，随着国家政策的颁布和实施，国际资金的注入，国内邮轮母港的逐步发展和建立，邮轮出行已经成为人们旅游出行的重要选择之一，邮轮旅游市场潜力不断增长。从图3.3也可以发现，从2006年开始起步，国内几个重要的邮轮母港以及新建邮轮港口的邮轮安排艘次不断增长，到2017年，超过了1100艘次。旅客人数每年也都保持着快速的增长率。

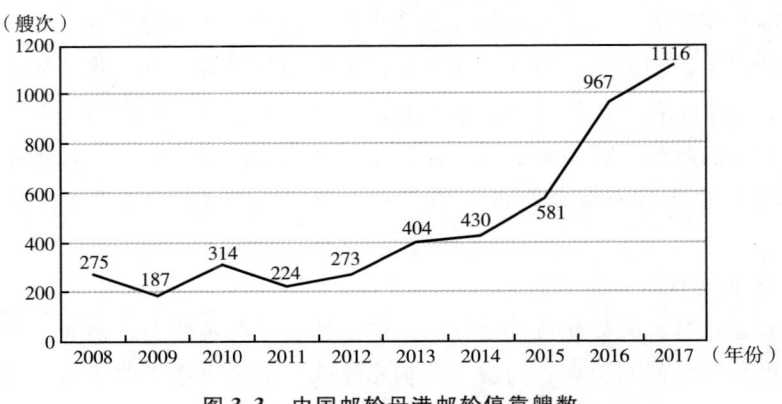

图3.3 中国邮轮母港邮轮停靠艘数

二、中国邮轮旅游产业发展面临的挑战

中国邮轮旅游的加速增长亦带来了一系列的社会、经济和环境问题。基础

设施的限制、邮轮人才缺乏、海事传统和专业知识不足以及环境可持续发展问题使中国邮轮旅游产业的发展面临诸多挑战。

(一) 对环境造成的不利影响

从可持续发展的角度来看,邮轮排放及不当的废物处理方法会造成的环境和空气污染。邮轮港口建设、邮轮航行、补给物资运输、游客涌入等,可能造成空气污染、水污染、固体废弃物污染等对环境和生态系统造成威胁。特别在排放方面,邮轮使用的燃料、制冷剂、船上焚烧接收设备等,包含二氧化碳、硫氧化物、氮氧化物、颗粒物和挥发性有机物等大气污染物的排放,将造成严重的空气污染,有学者提出,邮轮每天产生的颗粒物相当于100万辆汽车,甲板上的空气质量可能与世界上污染最严重的城市一样糟糕[80,259]。目前仍然缺乏严格的法律和标准来规范邮轮旅游,缺乏全面的管理和评估策略来减轻邮轮旅游对环境的负面影响。此外,能源效率和废物处理方面的技术应用仍需进一步提高。

(二) 对部分港口地区的经济贡献有限

从经济角度出发,当前国内邮轮旅游市场仍被三大国际邮轮公司所占据,国内一些港口收入主要来自港口服务、物料供应、船票代理等方面,邮轮旅游发展在港口使用费、码头设施的建设和维护、邮轮收益分配等方面对当地经济的公平性产生诸多问题。另外,从邮轮产业全球价值链来看,我国尽管已经建立了自己的本土化的邮轮公司,也开始逐步进入修造业,但中国邮轮产业仍处于低附加值的环节,还不够成熟,还处于前期摸索阶段。可见,邮轮旅游产业对某些目的地港口城市经济的贡献可能是微不足道的,这主要表现为三个方面。

1. 停靠港口不可持续的基础设施

随着邮轮日益大型化或巨型化,对港口造成了各种压力。例如,要在港口码头提供足够的便利设施;为载客车辆和物流车辆提供或供应通道;当地劳动力市场要有充足的供应能力;当地地面运输要有充足的能力;能提供环境监管和安全服务等[260]。单纯从容纳日益巨型化的邮轮角度看,港口目的地必须决定是建造新的邮轮基础设施,还是重新规划设计现有的基础设施。这些新的基础设施往往建在棕色地带(或待重新开发的地带),这些棕色地带可能不再适合其他开发,但占据了主要的滨水区域地[247]。所有这些考虑必须纳入邮轮基础设施的规模过程，以实现港口目的地社区的可持续发展。但对于一些港口城市，为了从邮轮旅游产业的发展大蛋糕中分享一杯，政府可能没有结合市场需求和城市总体规划改进港口总体规划，而是急于建设港口等基础设施，并将其标榜为"东部首个""亚洲最大""中国最大"等，存在投资性的冲动，造成邮轮港口资源闲置，邮轮靠泊量水平较低以及港口的功能定位不清晰等，不仅对人力、物力、财力等资源造成损耗和浪费，而且盲目性的重复建设导致同质化的恶性竞争。

2. 邮轮港口地区岸上旅游产生价值的流向不明确

对于目的地管理者和港口当局而言，海岸游览被认为是一个关键的价值来源，但是目的地管理者和港口当局并不能假定岸上旅行产生的货币价值和非货币价值会自动流向目的地[261]。比如在邮轮访问港，邮轮运营商销售的岸上短途旅行产品，当地的旅游运营商只能收取往返的费用和游客在岸上游览费用的25%和50%[262]。相对于陆上游客，邮轮乘客在访问港的停留时间更短，花费更少[263]。

3. 邮轮旅游收入的大部分可能从港口地区经济漏出

由于邮轮旅游的非本地就业以及邮轮公司购买其他地方生产的商品/服务，可能会导致国内资金流往国外，并不能真正促进当地经济发展。此外，尽管世界各地的港口都坚持每名乘客在港口的支出达到100美元，但是由非邮轮行业支持的独立研究人员得出的乘客支出数据显示，邮轮行业支持的报告中的邮轮乘客支出不断被夸大，实际港口乘客支出的数字要低得多[264]。

因此，邮轮经济对目的地港口和城市的经济贡献到底多大、体现为哪些方面，这些问题需要开展独立研究得出乘客的支出数据，以便与邮轮行业所报告的数据进行比较确认。特别是港口中使用费、码头设施的建设和维护、分配给当地的邮轮收益是否公平等诸多涉及邮轮经济贡献的问题，都还有待进行独立研究。

（三）各相关主体的管理策略和能力仍不够完善

这里的相关主体包括目的地、邮轮公司等。例如，伴随邮轮容量越来越大，在目的地港口，大型邮轮大量游客上下船造成的过度拥挤，急需良好的目的地管理能力。又如，邮轮安全管理问题，包括自然灾害、恶劣和极端的天气条件、技术问题导致的邮轮悲剧以及船上疾病或流行病问题出现时，如何妥善处理好这些问题，需要邮轮公司的各种应急管理能力。还有邮轮的方便旗问题。由于邮轮必须根据邮轮拥有人所在国以外的国家的海商法进行注册，对方便旗的实践必须要有严格的规定。

（四）对停靠港或目的地港口的文化冲击

在邮轮旅游发展的过程中，地方社区在规划发展时不可避免地会挖掘和保护当地的特色文化艺术等，并结合国内邮轮旅游产业的特点和当地文化传统不断推陈出新，从而发扬地方社区民族特色文化。但是，游客往往带着猎奇心理，难以深入理解发现当地的特色文化所蕴含的丰富价值。

另一方面，在经济利益的诱惑下，当地特色文化经过改造包装可能会丧失个性和特性，失去原有的真实面貌，逐渐庸俗化、过度商业化和同质化。此外，文化传统的多样性也会被削弱，只有受到旅游者欢迎和接受的文化传统才会被优先考虑，并得到妥善保存，而其他具有相同文化价值的文化传统将逐渐被遗忘，甚至被抛弃。这样，只有小部分文化传统能够在日益商业化的社会中生存下来。

（五）邮轮可能出现的安全风险及其冲击

现代邮轮日益大型化，大型邮轮暗含的风险不容忽视。邮轮的风险可能包括自然灾害、邮轮本身故障或操作不当导致的安全事故风险等。但更重要的是，如何防范或减少与船上传染性疾病暴发有关的风险，是邮轮产业未来发展的一个重要挑战。第一，邮轮是一个相对封闭的聚集性场所，邮轮游客饮食通常为自助餐，娱乐活动中的酒吧、游戏场及健身房等，不但人员密集，而且属于狭小密闭空间，非常容易引起广泛的飞沫传播和接触传播。第二，邮轮上一般会设计大量的门，并相应存在大量的门把手。同时，为了防止滑倒，走廊、电梯、楼梯内也会设计大量扶手，这些都可能成为邮轮上接触传播的途径。第三，由于邮轮一般采用中央空调系统和通风系统，整艘邮轮的空气是相互连通的，邮轮马桶负压系统也是相通的，带有病毒的气溶胶，也很有可能通过这些途径传播。第四，邮轮乘客上的老年人居多，是传染病毒的易感人群。

当一些传染性很强的病毒如诺如病毒、新冠病毒等，可能通过人际接触、接触受污染的物体表面或吸入悬浮微粒而传播。一旦隐性传播者（最初无症状的感染者）携带病毒登船，就有可能导致邮轮上暴发出疫情。一旦疫情暴发，不仅影响威胁邮轮其他乘客的安全，还可能遭遇港口清关延误或拒绝入港，从而导致巨额的费用支出（如退款、赔偿以及无法下船而产生的费用）。

一旦善后措施处理不好，还可能影响到邮轮公司的声誉。如2020年钻石公主号因船上乘客携带传染性极强的新冠病毒，日本横滨拒绝乘客下船，该邮轮所在的美国公主邮轮公司不得不对所有未下船的乘客进行全额退款，对被感染顾客进行赔偿，而且还得承担乘客在邮轮上被隔离期间的所有费用。

一旦暴发大型公共卫生事件，就有可能对依靠邮轮发展经济的港口目的地造成巨大冲击。2019年底暴发的新冠肺炎疫情就对中国邮轮经济造成了极大的影响。从邮轮市场规模来看，不管是接待邮轮数量、接待邮轮游客量都出现了下降的趋势。由于邮轮公司取消邮轮航次，2019年中国13个邮轮港口接待邮轮804艘，同比下降17.6%，接待出入境邮轮游客量为413.4万人次，同比下降15.3%，其中接待母港邮轮728艘次，同比下降12%，接待母港出入境游客量为395.6万人次，同比下降15%。2020年布局中国市场的母港邮轮仅为14艘[265]。从邮轮经济对中国经济的贡献来看，邮轮公司停止运营会导致邮轮港口经济效益下滑、邮轮维修业务发展受挫、邮轮市场需求增长停滞、本土邮轮品牌发展停止不前。

因此，如何确保邮轮乘客数量以保持邮轮快速增长是当代邮轮行业需要解决的问题。在这个过程中，如何进一步增加邮轮旅游的吸引力，如何满足目的地社区的多样化需求，如何抑制邮轮旅游可能出现的安全与风险问题，如何保护脆弱的生态系统和敏感的自然区域，都是当代邮轮行业的长期挑战。

第四章

新消费背景下邮轮旅游者消费行为探析

长期以来,观光旅游一直占据中国居民旅游消费市场的主导地位,并且中国大多数居民对邮轮旅游文化和理念缺乏认知,对邮轮产品的选择更侧重于旅游目的地而不是邮轮品牌和服务。伴随中国居民消费结构不断升级,新中产阶层日益成为消费主力,高收入、高学历的中青年人群已是旅游市场的消费主体,其旅游消费观念逐渐从"价格导向"转向"综合价值导向"[171],尤其是全域旅游等新概念的推出,消费者对邮轮这一休闲度假式旅游的需求也日益增长。虽然已有学者从人口及社会统计特征、人均消费、邮轮产品预订特征、结伴方式、巡航时间等方面分析了邮轮旅游消费的影响因素[266],但多以欧美游客为对象,缺少对中国消费者的研究。那么,中国消费者的收入增长引发的消费者需求变化,对邮轮旅游产业的影响如何呢?例如,收入增长伴随的消费升级是否提高了国民在邮轮旅游产业的消费水平,进而对当地经济产生重要的影响?消费升级促使邮轮旅游消费特征呈现何种变化趋势?邮轮旅游产业应如何发展以适应这种变化?本章首先分析国外邮轮旅游消费研究的现状及变化趋势,然后借助问卷调查分析影响国内邮轮旅游消费的因素,再结合中国居民消费升级现状,探讨居民收入增加导致的消费升级对邮轮旅游消费可能造成的影响及对策。

第一节 国外邮轮旅游消费研究概况

作为一种以休闲度假为显著特征的旅游消费模式,邮轮旅游产业的发展需要日益完善的旅游消费市场。作为全球邮轮旅游的主要客源市场,欧美发达国家的邮轮乘客在全球邮轮旅游客源总数中始终占据很高的比例。从邮轮旅游消费者研究来看,也可以发现邮轮消费者研究早期以邮轮旅游产业发达的北美地区为主，随着邮轮旅游向新兴市场拓展，消费者研究也逐渐拓展到新兴市场。从研究内容来看，1997年以前的早期研究主要围绕邮轮游客的人口统计学特征展开，邮轮消费者动机、决策等行为的研究内容较少。1997年以后，邮轮消费者行为研究内容逐渐增加，出现了邮轮乘客行为特征、邮轮乘客旅游动机、决策和邮轮旅游体验的研究。2008年以后，邮轮旅游消费者行为的研究成为国外邮轮旅游研究的重点，尤其以满意度、忠诚度、乘客体验、动机和决策占绝大多数比重。本节将围绕邮轮游客特征、邮轮旅游者消费动机、行为特征及旅游满意度和忠诚度，分析国际邮轮旅游者行前、行中和行后的行为，为中国邮轮旅游消费研究奠定基础。

一、邮轮游客特征

在邮轮旅游产业发展初期，学界主要关注邮轮游客特征的分析。研究者主要围绕欧美国家邮轮游客，从以下几个方面展开游客特征分析：

第一，邮轮游客的人口统计学特征及市场细分。不管是Field和Marti等人早期针对美国阿拉斯加和罗德岛等地区的研究还是后期针对加勒比海地区的大量研究均显示，大部分乘客年龄较大，收入较高，已婚夫妇占多数[12-13]，而且受过良好的教育[12,267]。但不同区域的游客特征也可能不尽相同，有些地区以周边居民为主[13]，有些地区游客以中年人和受雇者为主[267]。通过对邮轮游客的特征分析，研究者对邮轮旅游市场进行了细分。例如，Hobson根据收入高低将邮轮客户市场划分为4个：大众市场（来自中低收入阶层，日均消费为125~200美元）、中端市场（中高收入阶层，日均花费为200~350美元）、豪华市场（以上层阶层为主，日均消费为350美元以上）和特殊群体市场（小型邮轮为主，主要由一些具有特殊爱好如探险、潜水的旅游者组成）[3]。Thurau等根据游客对生态旅游的偏好，将巴拿马地区的观光游船游客划分为文化发现者、探险行动者、传统旅游者和自然探索旅游者[47]。

第二，邮轮游客的行为特征。包括一般性的旅游行为以及不同邮轮旅游者的行为差异。如，Hobson采用社会阶层结构方法，探讨了不同社会阶层游客的邮轮旅游特征[3]，Jaakson实地观察墨西哥芝华塔尼欧的邮轮游客的活动模式[268]，发现大多数邮轮乘客以单次体验旅游为主[13]。而且，研究发现不同的旅游者可能对邮轮设施的偏好不同。例如，男性、X 一代①和初次旅游者对邮轮景观舱、船舱舒适度和岸上游览具有选择偏好[269]。初次旅游者与多次旅游者也存在行为差异，重复旅游者在品牌选择、价格敏感性、邮轮旅游时间、邮轮舱位类型以及预订周期上不同于初次旅游者[270]。

第三，邮轮游客与其他类型游客的对比分析。例如，Morrison 等从人口统计学特征、旅行计划、参与活动方式、旅游体验和一般旅行态度等方面对比分析邮轮旅游者和陆上度假胜地旅游者（包括沙滩旅游者、赌场旅游者、滑雪旅游者、夏季乡村旅游者）的人口统计学特征，发现邮轮度假者比陆上旅游者花更多的时间计划他们的旅程，而且更可能参与旅行社组织的团队旅游，更喜欢参与游泳、潜水、健身和增氧运动等活动项目[271]。Seidl 等通过比较哥斯达黎加的邮轮游客和普通游客，发现邮轮旅游者年龄较大，但较不富有，在港口花的时间和金钱也比普遍游客少[20]。Diedrich 以伯利兹市的邮轮游客和过夜游客为对象，通过对比分析，发现二者在旅游动机、活动和环境关注程度方面存在差别[68]。Larsen 和 Wolff 认为相对于陆地游客，邮轮游客重游目的地的意愿更低[97]。

二、邮轮旅游者行前消费决策及影响因素

各种因素都可能影响邮轮旅游者"行前"的消费决策，其中动力或动机是旅游者行为中最关键的变量[108]，是旅游者决定是否采取一项旅游活动的重要前提，成为旅游市场研究的重要内容之一。但是在实际旅游决策过程中，也有很多其他因素可能阻碍邮轮旅游。

（一）邮轮旅游消费动机研究

根据 Crompton 和 McKay（1997）的观点，旅游动机是一种内部因素的积极过程，是激发和引导个体行为的重要变量。Lee 等（2017）亦认为旅游动机是个体为满足旅游需求而激活的心理状态[272]。邮轮旅游是一种高端的休闲旅游消费活动。为何消费者会选择邮轮旅游活动？其选择邮轮旅游的动机是否不同于普通旅游？理论界对此进行了广泛研究，其主要关注点包括旅游动机的类型、不同人群邮轮动机的差异、影响旅游动机形成的因素等，如表 4.1 所示。

---

① "X 一代"指出生于 20 世纪 60 年代中期至 70 年代末的一代人，由美国《时代》杂志于 1990 年提出。

表 4.1　　　　　　　　邮轮游客旅游动机研究情况

文献	游客类型	动机维度或动机项目
Qu 和 Ping（1999）	中国香港	逃避刻板生活、获得社交机会、欣赏美丽自然风光
Teye 和 Leclerc（2003）	北美	白种人和少数民族群体的邮轮度假动机差异。白人的邮轮度假动机包括社交动机、文化探索、亲情、天气、暂时逃避、舒适、放松、特殊享受；少数民族裔的邮轮度假动机包括放松、文化探索、娱乐机会、舒适、亲情、天气、恢复7个维度
Andriotis 和 Agiomirgianakis（2010）	希腊，克里特岛	5个维度的动机：探索、逃离、社交和购物、时间和成本、娱乐和新奇。其中探索和逃离是最主要的动机
Teye 和 Paris（2010）	北美，佛罗里达州/加勒比海	便利动机（邮轮设施和服务）、探索动机（多个目的地和多种文化）、逃避和放松动机、社会动机、气候因素动机
Jones（2011）	北美	逃避刺激
Elliot 和 Choi（2011）	美国	不同世代旅游动机的差异，包括更新联系、家庭联系
Hung 和 Petrick（2011a）	佛罗里达州，美国	自尊和社会认知、逃避/放松、学习/探索和刺激、人际关系
Hung 和 Petrick（2011b）	佛罗里达州，美国	逃避/放松、探讨和自我评价、社会认知和自尊、社会化/关系、新奇/兴奋、学习和发现，其中逃避和放松是最主要的动机
Guo 等（2014）	中国	内在动机：放松、社交、家庭联系、社会认同；外在动机：娱乐和岸上观光等
Fan 和 Hsu（2014）	中国北京和上海	推：减少压力，陪伴家庭成员，逃避日常生活等；拉：享受，建构关系，寻求刺激等
Hsu 和 Li（2017）	中国内地和香港	新奇性，逃避，亲近自然，休闲，社会交往，放松，关系处理，独处
Whyte 等（2017）	北美	基于休闲动机视角提出四种动机：逃避刺激、社会联系、个人竞争主宰、获取知识
Han 和 Hyun（2017）	美国	5个维度的动机：自尊与社会认同、逃避和放松、学习、发现或刺激、联结。其中，发现和刺激很重要
Han 和 Hyun（2018）	美国	5个维度的动机：自尊与社会认同、逃避和放松、学习、发现或刺激、联结。其中，学习、探索和刺激是最主要的动机

资料来源：由作者自行整理。

从旅游动机的维度来看，"逃避/放松""自尊与社会认同""学习/探索与刺激""建立关系"可以涵盖大部分邮轮游客的旅游动机[273]。例如,Qu 和 Ping 提出香港邮轮游客主要的驱动因素是逃避刻板生活、自我发现、文化理解、获得社交机会、欣赏美丽的自然风光等[35]。Andriotis 和 Jones 等认为游客之所以会选择邮轮,其主要驱动因素是逃避或探索[267,274]。Whyte 等基于休闲旅游视角,提出北美邮轮旅游的四种动机:逃避刺激、社会联系、个人竞争主宰和获取知识[275]。Hsu 和 Li 基于多种维度,提出了测量邮轮旅游动机的量表,包括新奇性、逃避、亲近自然、休闲、社会交往、放松、关系处理、独处[108]。由此可见,不管是旅游者内心的"推力"还是邮轮旅游本身的"拉力",邮轮旅游动机的确有不同于普通旅游的动机。

还有一些学者针对不同人群的邮轮旅游动机差异进行了对比研究。一种研究是针对不同时代或不同年龄的人口统计学特征展开对比。例如,Elliot 等将美国邮轮旅游者分为四种不同类型,即"Y 一代"①"X 一代""婴儿潮一代"和"成熟一代"。研究结果表明,独处和远离人群是吸引"成熟一代"的原因,而"婴儿潮一代"、正在成长的"X 一代"更加以人为中心,需要一定程度的规划来促进人际交往、更新联系和作为家庭联系[110]。Chua 等认为不同年龄段、不同性别的消费群体出游动机有所不同,如年轻人更偏向于通过邮轮出游的方式增长见识,获得新鲜感;老年人则是为了修身养性等[278]。另一种是针对不同族群或地区的对比研究。例如,Teye 和 Lecler 比较了北美邮轮旅客中白种人和少数民族旅客进行邮轮度假的动机。结果表明,虽然有许多相似之处,但也存在一些重要的不同之处,例如,白人邮轮乘客出游的动机依次为:社交、文化探索、亲情、天气、暂时逃避、舒适、放松、特殊享受等;而少数民族裔游客的动机依次为:放松、文化探索、娱乐机会、舒适、亲情、天气、恢复等[46]。Chen 等借助邮轮需求决定因素的整体结构路径模型,比较了中国大陆、中国香港、中国台湾、日本等地的邮轮游客的邮轮旅游动机后发现,中国台湾游客更重视"逃离"和"结交"动机;中国大陆、日本和中国香港游客的最重要动机是"逃离";日本游客的动机更多是"自尊",最小的动机是"结交"[277]。由此可见,不同年龄、性别、不同族群、不同地区的人口,在旅游动机上存在差异。

(二) 邮轮旅游行前消费决策的其他因素

邮轮旅游虽然越来越受到旅游者的青睐,但邮轮乘客的需求和期望也越来

---

① "Y 一代"也称为"千禧一代",是指 1981~1996 年出生的一代。

越复杂,年轻邮轮乘客的人数也越来越多。不同顾客具体的决策过程不同,一是复杂决策过程的游客,另一类是具有品牌忠诚,无须过多考虑即可做出决策的游客[50]。邮轮运营商必须全面了解客户及其影响决策过程的决定因素。影响邮轮旅游决策的因素很多,例如,Viña 和 Ford 认为影响购买决策因素包括已有的度假经历、参游成本、邮轮航程长短、是否停靠新目的地乃至对航行前后包价旅游的兴趣度、旅游者收入和婚姻状况等[17]。在具体的阻碍因素方面,不同邮轮旅游者表现不同。Hung 和 Petrick 借助已有的休闲限制因素模型,建立了一个包含有人际、结构、自身和其他因素的邮轮购买限制因素测量表,通过实证研究表明:邮轮初购者考虑更多的是安全、个人和亲属的身体健康、晕船心理、与陆地不同的饮食习惯等自身因素,以及难以和同行者交流、没有合适的游伴等人际因素;而复购者则考虑更多的是时间不足、家庭负担太重等结构因素[278]。Kerstetter 等提出阻止潜在消费者初次参与或再次参与邮轮旅游的因素,认为这些因素主要与潜在消费者的生活状况相关,如照顾孩子、有工作任务以及缺乏信息等。而且不同年龄层次的因素有所不同,年轻时主要是因为缺乏时间和金钱,而到了年老时则是缺乏游伴[279]。环境责任也会影响旅游者的旅游选择,例如 Han 等基于亲社会和自利动机理论,探讨了旅游者在对环境负责的邮轮旅游环境下的亲环境决策[280]。同时发现在环保邮轮背景下,问题意识、责任归因和个人规范对旅游者的态度和行为均会产生很大影响[95]。除此之外,研究者也考虑了邮轮旅游风险对决策的影响。Le 和 Arcodia 发现传染病、晕船之类的邮轮感知风险会影响邮轮旅游购买意愿和再次旅游的倾向[281],Liu 等认为在传染性病毒暴发情况下,感知威胁会直接影响邮轮旅游态度[128]。

三、邮轮旅游者行中消费行为及影响因素

邮轮旅游消费行为分析是一种邮轮"行中"的决策过程分析。借助旅游者行为研究,可以有利于邮轮公司或旅游目的地有针对性地推出满足旅游者需求的产品,并采取对应的营销和推广措施。邮轮旅游者消费行为包括邮轮上的消费者行为和岸上的消费行为。

首先,邮轮上的消费者行为分析。Petrick 等人从不同角度对邮轮旅游消费者的行为进行了分析。例如,Petrick 对比了邮轮旅游中忠诚游客和初游游客在重购倾向、口碑宣传、价格敏感度、花费和风险认知度等方面的差异,结果表

明,忠诚游客具有更高的购买倾向、更好的口碑传播、更低的风险感知度,而初游者的价格敏感度低、花费却更多[40]。Petrick 进一步按价格敏感性(低、中、高)对加勒比海游客进行消费划分及消费行为分析,发现低价格敏感性的邮轮旅游消费者日均船上花费更多、收入更高、更倾向于购买高价格舱位;中高价格敏感者更忠诚、满意度更高、对服务质量的评价更高,未来购买倾向更强烈[48]。

其次,邮轮乘客岸上消费行为研究。岸上消费行为的早期研究以加勒比海地区为主,主要关注消费者的岸上消费行为及其对当地经济的影响。例如,Henthorne 针对牙买加港口邮轮旅游者,对其消费商品种类和消费数额进行研究[49]。Jaakson 通过观察墨西哥芝华塔尼欧港邮轮乘客的行为,发现邮轮乘客在当地除了参加有组织的游览活动外,还会购物逛街、餐馆聚餐、抱团闲逛、独自探索等[268]。Teye 和 Paris 分析了游客在加勒比海不同停靠港停留期间的活动内容,发现游客在停靠港的主要活动依次为:港口就餐、自娱自乐、参加自组织团体游览、参加邮轮公司组织的游览、在港口购物、参加邮轮公司组织的娱乐活动、拜会当地人、观光、散步等[282]。Androtis 和 Agiomirgianakis 对地中海停靠港内邮轮乘客的岸上活动开展调查,发现该区域内邮轮乘客的主要活动按发生频率依次是参加考古和历史遗迹、城区漫步、购物、参加短途旅行、参观博物馆、就餐、乡间漫步、娱乐活动、游泳等[267]。从具体的支出来看,Brida 等使用横截面回归模型估计乌拉圭的邮轮乘客支出,认为游客群体和游客在国内的流动性是影响个人支出行为的最重要变量[283]。伴随新兴市场的不断开辟,针对新兴市场的消费者行为研究也不断出现。例如 Brida 等对乌拉圭、巴拿马运河以及巴勒莫等地区的消费行为研究发现,游客的性别、国籍、居住地、着陆港、邮轮服务体验以及下船动机等因素均会影响邮轮乘客的消费支出[111,114,116]。

最后,邮轮旅游者与其他旅游者之间的消费行为差异。例如,Moscardo 等采用多维标度法对邮轮游客和其他类型游客的消费行为差异进行了比较研究,认为邮轮游客更加注重安全,偏好多目的地和国际旅游项目在内的包价旅游产品,关注产品价格和物有所值等[284]。Morrison 等发现邮轮度假者比陆上旅游者花更多的时间计划他们的旅程,而且更可能参与旅行社组织的团队旅游,更喜欢参与游泳、潜水、健身和增氧运动等活动项目[271]。Larson 等比较邮轮乘客和其他游客在挪威西部港口的消费行为,发现邮轮乘客的消费支出低于其他乘客[113]。Thurau 等比较了传统游客和生态游客的消费,发现与生态旅游相关的消费支出比普通的消费支出多[285]。

四、邮轮旅游行后满意度与忠诚度及影响因素

邮轮旅游满意度和忠诚度研究是针对旅游者"行后"的评价反馈。针对邮轮提供的产品或服务或者旅游目的地提供的景点、服务或设施,从产品和服务的价格,旅游者对产品或服务的感知质量、感知价值等角度分析影响邮轮旅游的满意度,进而探讨回购意愿和推荐意愿等忠诚度。不同价格敏感性的顾客的评价结果可能不同,而且旅游者自身的情感因素及旅游者之间的互动体验也可能影响评价结果。例如,Teye 和 Leclerc 采用探索性方法检查乘客对邮轮产品和服务提供构成的满意度,结果显示乘客的期望整体感到满足或超越,而且有一些关键的产品和服务提供领域(如客房服务、餐饮服务、邮轮洁净度以及邮轮服务员等)令邮轮旅客最满意[34]。Petrick 等探讨了满意度、感知价值和质量对邮轮顾客再购买意愿和正面的口碑传播之间的关系,发现质量是预测回购意愿的最佳指标,对行为意向有调节作用和直接作用[39]。Chua 等的研究进一步验证了感知服务质量中的交互质量、环境质量和结果质量以及感知价格、感知价值和新奇对满意度和忠诚度的影响。结果显示,感知交互质量影响感知价值进而影响满意度和忠诚度,感知结果质量影响新奇性进而影响满意度和忠诚度,满意度是忠诚度的中介,其中,价格敏感性具有调节作用[286]。这与 Petrick(2005)确定价格敏感性对邮轮乘客的整体满意度、质量感知、感知价值和回购意愿的影响[48]的研究结果一致。Sirakaya 等认为情绪会调节游客对邮轮整体满意度的评价[37]。Duman 和 Mattila 亦认为情感因素是影响邮轮服务感知价值的重要因素,特别是,享乐或快乐与邮轮度假者的价值观念和行为意图密切相关,整体满意度是情感前因与感知价值的中介[38]。Huang 和 Hsu 认为顾客对顾客的互动体验正向直接影响邮轮服务体验,间接影响度假满意度[104]。

尽管国外邮轮旅游消费者研究如火如荼,但国内关于邮轮旅游消费者的研究仍较少。有研究表明,文化价值观对邮轮旅游消费决策具有显著影响。目前已有研究者开始关注中国邮轮旅游消费者的动机、满意度和忠诚度问题,如孙晓东等针对上海母港以及邮轮船上满意度的测评[186,287],但研究主要针对上海等邮轮市场相对发达的地区展开,针对其他地区邮轮消费者研究的较少。因此本章主要借鉴国外邮轮旅游消费者研究成果,探讨上海以外地区邮轮游客的旅游消费行为及可能的变化。

第二节

新消费观念下邮轮旅游消费行为分析

伴随邮轮产业"东移",中国经济发展、国家政策利好等"天时、地利、人和"促使中国邮轮产业进入了黄金十年发展期,中国邮轮行业蒸蒸日上,被一度认为是旅游业的"蓝海市场"。但是,2017年以来,国内邮轮旅游市场进入调整期,邮轮市场增长逐步变缓,因而,急需了解消费者需求状况并针对影响消费需求的深层原因做详细的调查。游客购买决策是决定邮轮产业发展态势的一个重要方面,而动机或意图则是影响乘客行为的最重要方面。目前针对中国居民邮轮旅游消费研究的数量相对较少,关于出游阻力的研究更少。

因此,本节以福建厦门及周边地区的邮轮旅游(潜在)消费者为研究主体,应用休闲限制理论以及旅游消费决策理论,从微观层面分析中国邮轮旅游者的消费动机,探讨阻碍邮轮游客购买决策的因素,以进一步分析导致中国邮轮市场增长缓慢的原因。中国旅游研究院的2018年在线旅游报告显示,年龄与旅游需求刚性负相关,越年轻的群体越会把旅行视为常态化需求。具体来说,"70后""80后""90后"是旅游的中坚力量,三个年龄层在总体游客中的占比合计接近54%。更值得关注的是,"00后"在出游人群中的占比已将近20%。可见中青年群体已经成为我国重要的旅游细分市场。因此,需要深刻理解即将登上时代和消费市场舞台的"95后"或"00后"等未来客群,利用数字化新手段挖掘并满足年轻群体的个性化、定制化需求[171]。本研究调研对象以中青年为主。

本节将从以下几个方面展开:第一,综合以往的文献资料,考虑旅游消费者购买邮轮的"推力"和影响其放弃购买邮轮产品的"阻力"两个方面设计问卷。第二,采用实证研究的方法,借助问卷星平台,以福建厦门及其周边城市的部分邮轮游客作为研究对象收集数据。第三,探讨影响中国邮轮旅游者购买决策的影响因素。第四,根据研究结果提供部分建议,为中国邮轮旅游市场的发展提供参考。

一、研究理论基础

本书结合旅游决策理论和休闲限制理论,针对中国邮轮旅游者邮轮出游的阻力即不利因素和邮轮产品的购买动机即利好因素进行分类归纳总结，探讨中国邮轮旅游消费行为。

旅游决策主要指的是依据自身的旅游目的，采集能获得的有关信息，制订旅游计划并且实施的一系列过程[288]。从20世纪80年代开始，大量的学者对旅游决策及旅游影响因素进行了分析。Pearce（1987）主要归纳人们参与旅游的各种阻碍，其中包括成本、精力、家庭、个人健康、安全、恋家癖等原因[289]。Crawford和Godbey（1987，1991）针对休闲旅游，提出了休闲限制理论模型。该理论指出个人、人际、结构三个方面的限制因素，从"想要参加休闲活动"这一行为出发，解释了这一理论的作用机理[290-291]。Jackson等人（1993）在此基础上引申出了动机变量。其总体可概括为：人们若预测到一个或一个以上限制旅游的人际因素或者结构因素时，其参与休闲旅游的想法就会受限制[292]。在旅游决策过程中，旅行动机是其中一个重要的因素，导致旅行决定的动机有心理方面的"推动"因素，也有与目的地吸引力相关的"拉动"因素[293]；那么，根据旅游决策理论和休闲限制理论，当前中国邮轮乘客出游的影响因素有哪些，是否发生了变化？

1. 邮轮出游阻力

旅行机会通常指旅行的限制，也就是抑制持续旅行、导致不能旅行或者导致对旅行体验质量产生负面影响的因素[294]。邮轮旅游出游阻力研究既有在全国范围内的研究，也有针对局部地区的研究。其中，针对全国范围内的研究较少，主要围绕时间限制、安全考虑、身体条件以及经济制约等方面展开。例如，Zou等（2017）针对中国邮轮游客对邮轮的印象和购买限制因素进行了研究，通过深入发掘"中国游客对邮轮的印象和对邮轮的感知约束是什么？"以及"旅行欲望和意图是否受到感知印象和约束的影响？"等问题，发现时间限制、安全考虑、晕船和经济限制对邮轮旅游动机影响最大[295]。吴春艳（2012）采用实证研究方法，借助网上问卷以及线下访谈渠道进行分析，发现影响我国邮轮旅游者购买决策的因素包括心理、营销刺激、文化、社会、经济因素等，而且不同特征和购买行为的邮轮旅游者购买决策影响有所不同，尤其是不同年龄、不同受教育程度和不同忠诚度的邮轮购买者的邮轮购买决策影响因子存在显著性差异[296]。

针对不同地区的邮轮旅游消费者的研究较多，而且不同地区的消费者的研究结果不太一致。例如，高洪云（2016）以青岛和济南两地为例，研究得到邮轮旅游限制因素的四个维度，即个人限制、选择限制、结构因素限制和群体支持限制，其中结构因素是主要的限制因素；时间与产品价格是阻碍人们参与邮轮旅游的主要障碍；目前市场上的替代性旅游产品也是阻碍人们选择邮轮旅游的因素之一[297]。该研究还认为，虽然邮轮旅游受到一系列消费决策的限制，但对于大多数的该地区居民来说，邮轮仍然是一种"新鲜事物"，还没有正式走入人们的日常生活，这是阻碍邮轮旅游消费的重要原因之一。吴卉（2012）以厦门港出发的两次邮轮航线上邮轮旅游者作为调查对象，将限制消费者选择邮轮旅游的因素归纳为文化限制、群体支持限制、旅游服务限制、社会环境限制和成本限制等维度[298]。吴卉的研究侧重于人口统计学变量、初购者和重购者的限制因素的差异，研究结果发现人口统计学变量在五个方面的维度都存在显著性差异，初购者和重购者在文化限制、旅游服务限制、社会环境限制和成本限制四个维度存在显著性差异。刘永涓和孟世文（2017）以厦门以及周边城市作为研究范围，分析了该地市及其周边地市的游客消费行为特点[299]。该研究关注消费者的年收入、价格敏感性以及旅游安全对邮轮旅游消费的影响，发现每个家庭的年收入可作为邮轮市场受众细分的一个依据，同时不同性别、年龄段的消费者对价格的敏感程度也不同，而且安全因素是消费者考虑购买与否的重要因素。可见，现有研究关注的是社会环境氛围、成本等方面的限制因素，针对自身因素的考虑较少。

2. 邮轮出游动力

了解与邮轮旅游活动相关的潜在动机有助于我们理解邮轮乘客乘坐邮轮旅行的原因以及他们想要从旅行中满足的需求[274]，并且有助于考察邮轮度假者的动机和期望对重复邮轮旅游意愿和推荐等口碑形成的影响[109]。旅行能力指旅行执行行为的能力，是旅游出游动力之一，通常用旅行者的自我效能感来衡量[294]。在中国居民邮轮旅游消费动机分析中，Guo 等（2014）发现娱乐是最重要的消费动机，放松、家庭联系和岸上观光正向影响中国居民的邮轮旅游消费[300]。Fan 和 Hsu 发现中国的邮轮度假者与北美等成熟邮轮市场的邮轮度假者的旅游动机存在明显不同。中国邮轮度假者的动机包括享受美丽的环境和风景、体验有吸引力的路线及目的地、见识和体验新文化、一次游览不同的地方以及去朋友/亲戚没有去过的地方[109]。Zou 和 Petrick 亦认为中国游客进行邮轮旅游的动机主要是新的/新奇的/特殊的体验、舒适/放松、观海/接近大海等[295]。赖彦等探讨中国台湾游客的动机之后发现，"情感价值"及"新奇价值"对邮轮产品的选择行为有正向影响[301]。宋丹英（2019）发现青年客源群体潜在的邮轮旅游出行的主要动机包括精神文化、探索冒险、休闲健康和社交，而且这些邮轮旅游动机不受收入水平、职业水平和婚姻状况的影响[302]。孙晓东和倪荣鑫（2018）发现消费者认为邮轮是一种使自身舒心的旅游方式[187]。刘永涓和孟世文（2017）发现旅行社和邮轮公司的市场价格折扣等因素是推进游客购买邮轮旅游产品的关键[299]。可见，动机研究对象范围更广，更侧重于传统的旅游动机研究，对休闲体验动机的研究不够。

综上所述，现有文献针对国内不同区域邮轮乘客的出游阻力和动力进行了一定程度的探讨，并得到了影响邮轮乘客出游的因素。但现有研究单纯考虑推力或阻力，研究区域以上海、台湾或青岛为主，虽然有针对厦门地区的阻力研究，但现有动机研究也没有体现消费升级的变化特征，尤其是未能针对邮轮市场调整之后的邮轮乘客消费情况进行调查，因而无法准确获取影响邮轮乘客消费人数下降的原因。因此，本节以福建厦门及周边地区为例，从动机和阻力两个方面，探讨消费升级后中国居民邮轮旅游消费行为的变化特征。

二、研究设计

（一）问卷设计

首先，以"邮轮旅游""消费者行为""旅游动机"等为关键词，利用各大网络平台如中国知网、读秀学术搜索、researchgate、WOS，查阅国内外与邮轮旅游动力和阻力相关的文献。然后，归纳总结本研究所需要的问卷选项，随后征求行业专家和相关领域专家的意见。在此基础上，随机抽取了20位大学生进行预调研，剔除了无关选项，修改并删除了赘余选项，修订了语句以确保问卷总体的信度以及效度。最终将邮轮旅游购买决策影响因素问卷整体分为四个部分：

第一部分为邮轮旅游购买者的产品需求特征，其选项设置主要参考高洪云（2016）的观点，包括了"参与邮轮旅游的次数""获得邮轮旅游相关信息的渠道来源""最近一次参加邮轮旅游选择的邮轮公司""选择特定邮轮公司产品的主要缘由""希望和谁一同出行""期望的邮轮旅游出游周期""最青睐的邮轮旅游目的地""对目的地具体要求"8个问题。

第二部分主要探究邮轮旅游消费者邮轮购买决策中的"推力"因素，即顾客参与邮轮旅游的动机。该部分采用的是李克特的五分量表设计，包括2个维度16个问题。两个维度的问项主要参考赖彦铭等（2015）的观点。其中，维度 1 针对个人的消费动机展开，即了解"促使个人参加邮轮旅游的因素"，如"邮轮是一种放松心情的好方式吗？""邮轮达到了炫耀以及跟风发朋友圈""邮轮具有较高性价比""公司组织公费报销旅游项目"等问项，涵盖了个人因主观因素和客观条件驱使自身参加邮轮旅游的各个原因。其次，维度 2 比较了邮轮旅游相比其他交通工具以及出行方式具有的优势，如"邮轮环境整洁""邮轮空间大""邮轮气派，彰显身份地位"等问项。

第三部分主要探究邮轮旅游消费者参与邮轮旅游的"阻力"因素，即客户参与邮轮旅游的一系列阻碍。同样采用的是五分量表的设计，包括 2 个维度 12 个问题。其中两个维度的问卷选项主要参考吴卉（2012）、孙晓东和倪荣鑫（2018）的观点。维度 1 倾向于消费者个人看法即内在心理因素对参与邮轮旅游产生的一系列阻碍，包括个人的兴趣爱好（如"个人对邮轮旅游不感兴趣"）、安全问题（如"担心旅行过程的安全问题"）、环保意识（如"邮轮旅游不太环保"）等问题并依次打分；维度 2 倾向于外在条件对邮轮出游的限制，例如"邮轮票价昂贵""邮轮公司航线不符合偏好""船上通信条件差，不方便和家人联络""鲜有好友答应同行"等因素并依次进行打分。

第四部分则是受访者的基本人口统计特征。人口统计学因素一直是心理学和消费者行为学探索人们心理和行为的自变量。其中性别、年龄、学历、工作单位等人口统计学因素，对消费预期具有显著的影响作用。旅游者的收入是一个对旅游消费结构起决定作用的因素。受教育程度会影响消费者对旅游资源的认知评价。性别和年龄对旅游过程中的餐饮、购物和娱乐等活动都有差异。因此，本研究还包含有受访者的性别、家庭收入、年纪、婚姻状况、工作具体部门等。其中，婚姻状况这一项目针对已婚人士还设计了"育有一孩""育有多孩"两个选项。

（二）数据收集及分析方法

本节收集的数据来源于福建厦门以及周边各地市。之所以以福建厦门及周边各地市作为调查市场，其原因有三：一是福建厦门是最早建设邮轮港口的城市之一，邮轮旅游起步较早，这几年厦门邮轮母港东渡码头知名度及客流量稳健提升，旅客吞吐量多年增幅位列全国前列。二是福州平潭母港的建设，福建的邮轮旅游业发展空间进一步加大，发展前景乐观。厦门也在积极与平潭合作，争取合力建设形成福州厦门双港结构，有利于海峡旅游圈内邮轮旅游的开发。三是福建地处东南沿海，与台湾隔海相望，闽南文化、客家文化、红色文化等旅游资源相对丰富、历史悠久，不同于上海等国内其他邮轮港口。除此之外，当前针对福建省邮轮出游偏好调查较少，更多停留在了消费者需求特征这一层面，亟须针对邮轮旅游消费购买决策中的动机及阻力加以探讨。为保证研究规范性以及数据准确性，借助网络平台问卷星设计问卷，然后通过微信朋友圈以滚雪球方式推广发放了网络问卷，问卷调查时间为2019年10月18日至11月28日，确保问卷的调查对象涉及各个行业以及各种年龄段。同时被调查对象包括有过邮轮旅游经验的消费者和潜在的消费者。最终，发放问卷220份，回收问卷210份，问卷回收率95%，所回收问卷均完整有效。

随后，采用SPSS和EXCEL这两个统计软件对问卷星收集到的问卷进行处理，方法主要包含以下几种：

（1）描述性统计分析。通过计算平均值、标准差、方差、各部分占比等数值变量，对本次调查发放的问卷所涉及的人口统计特征变量以及各个部分的需求特征进行了一定的描述性分析，在进行正式的分析之前把握分析主题的各个属性。

（2）信度分析。又称为可靠性分析。其中，最被广泛使用的是克朗巴赫系数（Cronbach's Alpha）。一般认为，Cronbach's Alpha值不能够小于0.7，这表明研究概述的测量尺度具有很高的内在一致性。衡量某一题项和其余题项的内部一致性的高低的另一标准是CITC系数，一般认为其不可小于0.5，其可以作为该题项删除或者保留的依据指标之一。

（3）Excel数据作图法。利用收集到的关于被调查者获得信息渠道、出游伴侣选择、目的地选择、出游周期选择等多方面需求的调查情况做图分析，把握被调查者对出游条件的一系列需求。

三、研究结果分析

（一）被调查者人口统计学分析

表4.2展示了被调查者的基本信息，其中样本包括了不同性别、不同年龄段、不同家庭收入水平、不同职业部门以及不同婚姻状况的人群，总体的包容性较强。从性别上看，男女两性的占比也较为接近，分别为46.7%和53.3%。对于性别因子而言，样本选取合理。针对不同年龄段群体，体现为20~30岁所占比例最高，接近总体的53.8%，样本选取较为年轻化，婚姻

状况基本为未婚的单身群体以及育有一胎的三口之家,说明中国年轻一代尤其是"Y一代"和"Z一代"[①]对邮轮旅游的兴趣不断增加,这与CLIA (2020)提出的观点一致,即认为与两年前相比,超过66%的"X一代"和71%的"Y一代"对巡航持更积极的态度。而被调查群体中中等以及中等偏下收入人群较多,家庭年收入基本在20万以下,其中"5万~10万"占比最高,为20.7%。职业部门一块,涵盖了学生、私企、事业单位、政府部门这四个主流群体,且总体占比较大,占总体的80%左右。总体样本的出游次数基本在"1~3次"左右,说明忠实的邮轮爱好者不多,但也都体验过一定次数的邮轮出游。

表4.2 调查对象的描述性统计

调查项目	描述	人数	占比(%)
性别	女	98	46.67
	男	112	53.33
年龄	20岁以内	9	4.29
	20~30岁	113	53.81
	31~55岁	58	27.62
	55岁以上	30	14.28
婚姻状况	单身	57	27.14
	已婚已育(育有一个孩子)	105	50.00
	已婚已育(育有两个及以上的孩子)	38	18.10
	已婚未育	10	4.76
家庭年收入	0~5万元	32	15.24
	5万~10万元	44	20.95
	10万~15万元	37	17.62
	15万~20万元	36	17.14
	20万~30万元	22	10.48
	30万~50万元	18	8.57
	50万以上	21	10.02

[①] "Z一代"是指1997~2012年出生的一代。根据2019年10月14~20日在美国华盛顿召开的秋季年会上,世界银行IMF副秘书长萨拜娜·巴蒂亚(Sabina Bhatia)介绍称,"Z一代"是伴随着互联网和社交媒体长大,是当下步入世界经济和政治舞台最年轻的一代。

续表

调查项目	描述	人数	占比（%）
工作单位	事业单位	37	17.62
	政府部门	40	19.05
	私营企业	50	23.81
	自由职业者	29	13.80
	学生	43	20.48
	已退休	7	3.33
	其他	4	1.91
参加邮轮旅游次数	1~3次	118	56.19
	3~5次	51	24.29
	5次以上	22	10.48
	未参加过	19	9.05

注：样本总数为210。表中有些调查项目的占比合计数不等于100%，系数值四舍五入造成的。

（二）信度分析

在收集完所有数据结果之后，使用 SPSS 统计软件针对问卷中涉及邮轮产品购买决策的"动机"和"阻力"因素做量表的信度分析，主要采用 Cronbach's Alpha 系数来测定整体五分制量表的内部一致性。由于 Cronbach's Alpha 值 > 0.7 即为标准，根据本调查数据计算 Cronbach's Alpha 值为 0.892，所以本问卷的信度值较高，可以用于之后的数据分析。

（三）邮轮旅游需求特征分析

1. 邮轮旅游信息获取渠道分析

现有邮轮潜在消费对象以及复购消费者获取信息的渠道主要还是网络平台（31%），其次是亲朋好友介绍（20%）和电视（20%），在电商平台、移动商务终端技术成熟化的时代，商家将更多的精力投入线上营销之中，眼花缭乱的促销活动满足了消费者的好奇心，特别在较为新颖的邮轮出游项目上。在"零售新模式"时代，个人或出游团体只需在携程、艺龙这一类出游平台上搜索、筛选几次邮轮旅游的相关信息，后台便会运用大数据和人工智能等现代技术，在后台开展心理分析，为客户量身打造，推送客户青睐航线的一系列资讯。同时，他人的推荐也是邮轮出游者在自身从众心理和对新奇价值感知条件下的反应，其中不乏家人朋友通过网络点评、朋友圈推文的形式阅读所带来的推荐。可以说，在网络技术发达的今天，"几乎未接触过"邮轮旅游信息的群体少之又少且基本为老年人。与此同时，"报刊，旅游类书刊"占比仅11%左右，"旅游展会"等旅行社宣传活动的占比也仅15%左右，传统媒体以及传统线下宣传方式逐步淡出人们视野，旅行社的运营盈利也多少将目光投入线上，但涉及旅行社线下宣传的客户转化率是否比网路上高？这也是传统旅行社应该考虑的问题之一，如图4.1所示。

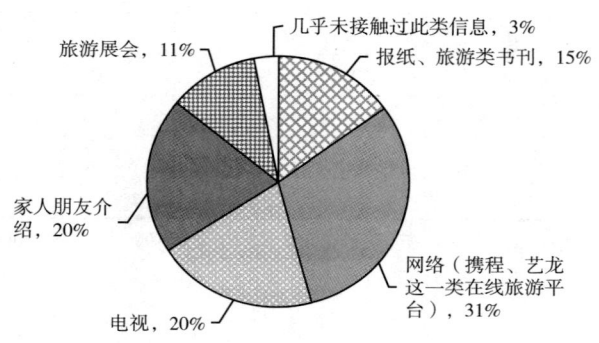

图 4.1　各渠道所占比例

2. 出游伴侣选择分析

虽然CLIA（2020）认为由于全球结婚率下降导致单身成年人的数量增加，邮轮乘客人口结构会发生变化。但是，本书研究发现，被调查者的出游伙伴选择以伴侣为主，与配偶/男女朋友出游的选项选择率最高达到了47.62%。其次是家人，占比18.10%。选择与"同学/同事/好友"出游以及"独自一人"出游的概率还是相对较小，而"其他"中涉及的线上约旅伴或是同城/同校约旅伴等选择方式选择率仅仅为6.19%，占比极小，结果图4.2所示。可以看出，人们更加倾向于和自身熟悉的人一同出游，这与前文关于邮轮旅游的社交联系的研究不太一致。邮轮旅游公司或者旅行社推出的家庭出游计划以及相应的优惠活动将会全力贴合这一部分需求，家庭出游的捆绑销售模式也给旅行社带来更加客观的盈利。

3. 出游最佳周期选择分析

早期国外最受欢迎的邮轮出游周期为6~8天，CLIA（2020）提出由于许多旅行者寻求快速旅行，邮轮旅游未来将呈现3~5天的微旅行趋势。本次调查发现，在出游周期选择上，邮轮旅游的购买者最青睐于3~7天的出游时间，

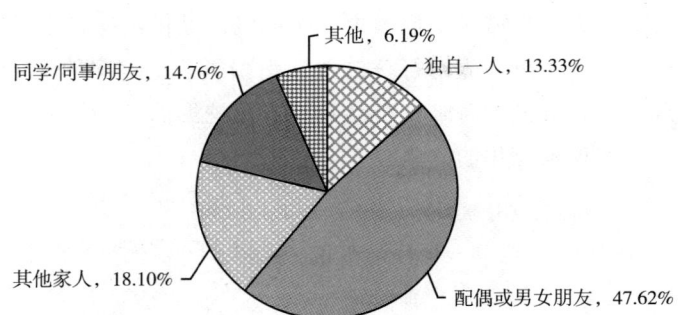

图 4.2　出游伴侣选择

五个选项的选择人数占比分别是：13.81%，42.38%，26.67%，12.38%，4.76%。这可能是综合时间因素的抉择。过短的出游行程安排可能导致错过较多的邮轮旅游项目，且较少有类似的邮轮产品，而中短期（3～7日，7～15日）的选择，不仅能满足出游者遍历所有项目的要求，也能相应节省时间，避免工作以及学业、家庭等事件因素的时间冲突。这与近两年全球邮轮出游周期偏向短期的微旅行发展趋势相同。如图 4.3 所示。这一切都给邮轮公司以及旅行社制定出游路线和制定船上娱乐项目安排提供了依据，将更符合人们需求的产品推广至国内。

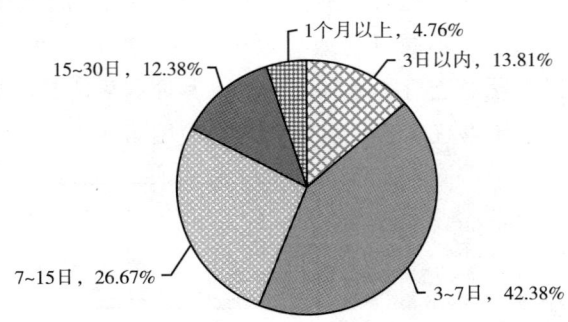

图 4.3　最佳邮轮旅游出游周期选择

4. 旅游航线选择

据皇家加勒比、歌诗达、MSC 地中海等各大国际知名邮轮品牌官网数据得知，日韩航线、欧美航线、越南、新加坡等东南亚航线以及澳新航线等海外航线为现阶段各大国际知名品牌在中国的主要邮轮业务。为了探究邮轮市场的产品供给与邮轮消费需求之间的匹配度，本书针对消费者所青睐航线进行了调查，调查结果如图 4.4 所示。可以看到，邮轮品牌设立的传统航线涵盖了消费者对出游目的地的大部分需求,但国内沿海航线产品供给明显不足,无法满足那些只想要近海旅行无出国旅游打算的群体消费需要。有 20.37% 的消费者青睐于国内沿海航行,可见近海邮轮产品具有开发挖掘的市场潜力,应当成为邮轮品牌关注以及实现本土化的方向。

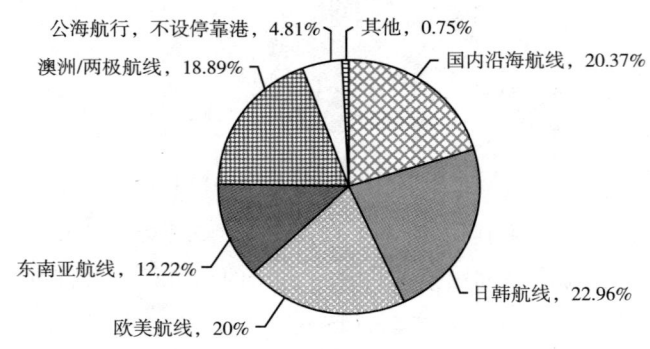

图 4.4　邮轮航线选择

5. 游客出游目的地选择分析

从出游目的地看,国内居民游客更倾向在较近的目的地和发达国家的目的地进行停靠,如图 4.5 所示。以日韩地区为目的地的邮轮航线最有吸引力,其次则是国内沿海地区和欧美地区,游客对公海环行路线的偏好程度较低。由此可见,邮轮乘客愿意前往不同目的地的短途旅行,这与 CLIA(2020)的预测基本一致。之所以不愿意进行长途邮轮旅游,其原因可能是出游时间限制、通信不便捷、购物条件不够优越、环境较差且冒险因素较多等。

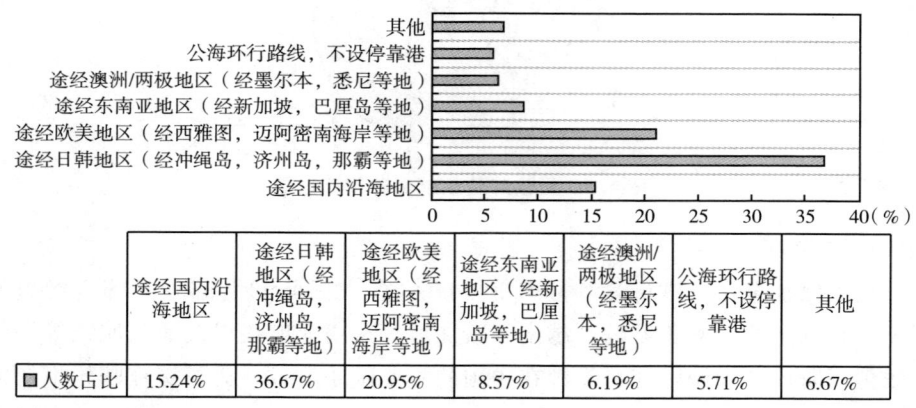

图 4.5　目的地地点选择分析

在邮轮乘客对目的地相关要求研究中,调查了目的地选取的影响因素,发现各个选项分布较为均匀。其中,"目的地管理""目的地环境"是游客选择出游目的地的主要左右因素。邮轮公司在制定出游路线的同时,应关注停靠港口的设施建设以及环境文化氛围。而"其他"这一选项仅占比7%,可见邮轮游客对于邮轮旅游的认识还停留在起步阶段,没有考虑到更具体化的影响因素。而"岸上通信方便,能和家人,同行者及时联络"这一选项的占比也高达19%,移动通信设备是人们生活的必需品,许多人在生活中"机不离手"也是导致这一选项选择率较高的原因之一,若目的地没有良好的信号条件,许多"手机党"也将感到焦虑不安,如图4.6所示。

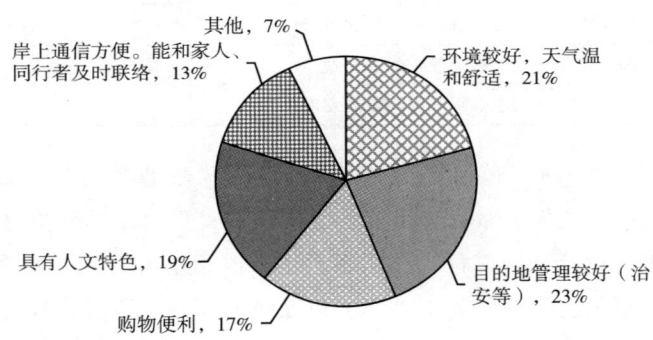

图4.6 目的地选取主要原因分析

(四) 影响邮轮旅游者决策的因素分析

1. 游客出游动力因素分析

根据调查结果对邮轮产品各个购买动机的均值情况进行分析,可以发现影响邮轮乘客出游的三大因素即休闲体验、外部条件和设施优势各有优势。如表4.3所示。

表4.3 邮轮产品购买动机各影响因素分析

影响因素	指标	平均值	标准差	平均值排序
休闲体验	(1) 邮轮旅游能够促进与亲朋之间的情谊	3.790	1.277	10
	(2) 邮轮旅游能够促进与情侣之间的感情	3.843	1.186	8
	(3) 邮轮旅游是一种放松心情的好方式	3.981	1.111	2
	(4) 邮轮旅游能够拓展自己的视野	3.929	1.115	4
	(5) 正好遇上长假想出门散心	3.857	1.115	7

续表

影响因素	指标	平均值	标准差	平均值排序
外部条件	（1）邮轮旅游具有较高的性价比	3.557	1.229	13
	（2）公司组织邮轮旅游且报销部分费用	3.729	1.209	11
	（3）亲朋好友叫唤	3.805	1.078	9
	（4）邮轮公司和旅行社推出较大力度的折扣	3.924	1.138	5
	（5）邮轮港口离居住地较近	3.681	1.213	12
设施优势	（1）邮轮空间较其他交通工具更大，体验更好	3.943	1.144	3
	（2）邮轮内部总体环境更加整洁	3.919	1.132	6
	（3）船上有更加丰富的娱乐设施	3.924	1.091	5
	（4）相比于动车和飞机有更多的欣赏风景时间	4.043	1.108	1
	（5）邮轮十分气派，能彰显我的身份地位	3.500	1.231	15
	（6）邮轮旅游达到了炫耀和跟风发朋友圈的目的	3.543	1.313	14

首先，"相比于动车和飞机，有更多的欣赏风景的时间""邮轮旅游是一种放松心情的好方式""邮轮空间较其他交通工具更大，体验更好"这三个选项的评分量表均值分列前三位，且三者具体数值相差较少，这表明邮轮游客参与邮轮旅游，更加注重在邮轮上的享受以及体验，相比于其他长途出游的交通工具（飞机，动车等），邮轮的特点在于其不仅仅是通勤工具，也是一次旅行的目的地，在很多游客看来，邮轮本身就是其参与邮轮出游的主要活动地点。而"邮轮旅游能够拓展自己的视野""船上拥有更加丰富的娱乐设施""邮轮内部总体环境更加整洁"三个因素的均值排在第4、第5、第6位，表明被调查者依然认同邮轮旅游的新鲜感以及对邮轮船上设施的丰富性，整洁性的认可。综合上述选项，可以得出结论：邮轮上的设施齐全完善，顾客在邮轮上能够得到良好的体验以及邮轮相比于其他交通工具的优势是促使我国消费者购买邮轮产品的主要原因。

除此之外，"邮轮公司和旅行社推出较大力度的折扣""公司组织邮轮旅游且报销部分费用""邮轮港口离居住地较近""邮轮旅游具有较高的性价比"这四个关乎消费者支付金额的客观因素选项分列第5（并列）、第11、第12、第13位。由此看出，邮轮公司以及旅行社推广优惠力度较大的邮轮产品能够最大化地吸引消费者，反而在公司报销及性价比考虑这一块，消费者反应不如促销活动来得敏感。

其次，"正好遇上长假想出门散心""邮轮旅游能够促进与情侣之间的感情""亲朋好友叫唤""邮轮旅游能够促进与亲朋之间的情谊"这四个与家人相关的选项平均值相当接近且排序紧挨,分别位列第 7~10 位,中国历来注重"家"文化,但是此类选项相比于上述与顾客体验、邮轮设施体验的选项,占比偏低。可以看出或许邮轮产品并不是中国消费者与家人出游的第一选择。但总体而言,在消费者的潜意识里,邮轮依然是一中可以在工作之余摆脱烦恼,与家人一起享受悠闲时光的一种极度舒适的旅行方式。

最后,"邮轮十分气派,能彰显我的身份地位""邮轮旅游达到了炫耀以及跟风发朋友圈的目的"两个选项五分制平均值最低,排在所有选项的倒数第 1、第 2 位,传统的邮轮认知已经过时,邮轮在当下的消费者眼中已经是可以普及的一般出游形式,并不是多年以前上流社会精英人群独享的游乐方式,参与邮轮旅游已经不能够达到炫耀性的目的动机。

2. 游客出游阻力因素分析

针对消费者购买邮轮产品的各阻碍因素进行统计分析,得出五分制量表中各项的平均值和标准差(见表 4.4)。整体来看,表 4.4 中的各项均值分数相差不大,未出现均值高分的项目,各阻力项目对于游客出游的限制并非十分强烈。如表 4.4 所示。

表 4.4 邮轮产品购买阻力因素分析

影响因素	项目名称	平均值	标准差	平均值排序
心理阻力	(1) 在我看来,邮轮是老年人的出游方式	3.519	1.32	11
	(2) 在我看来,邮轮是贵族的出游方式	3.698	1.216	7
	(3) 我对邮轮旅游不了解,也从不感兴趣	3.581	1.304	10
	(4) 我担心邮轮旅游的安全问题	3.733	1.228	5
	(5) 我担心旅行过程太过沉闷	3.714	1.134	6
	(6) 邮轮不是科学环保的绿色出游方式	3.376	1.358	12
条件阻力	(1) 邮轮票价昂贵,支付能力有限	3.933	1.126	1
	(2) 邮轮出游时间长,我没有足够的时间	3.757	1.142	4
	(3) 担心没有较为合适的旅伴答应同行	3.814	1.21	3
	(4) 通信条件差,无法和家人及时联络	3.69	1.18	8
	(5) 港口距离较远,不方便出游	3.671	1.191	9
	(6) 担心邮轮公司航线设置太过固定	3.833	1.139	2

在阻碍消费者购买邮轮产品的各因素中，"邮轮票价昂贵，支付能力有限"得分均值最高，说明该因素是游客出游的主要阻碍，可以看出财力还是制约游客出游的主要影响因素。"担心邮轮公司航线设置太过固定"，"担心没有较为合适的旅伴答应同行"这两选项的均值为3.833和3.814，均值排行在第2、第3位，综合来看，邮轮消费者需要邮轮公司制定不同的路线，路线的多样性是游客出游决策的考虑因素之一。

同时，邮轮消费者在出游过程中不喜欢独自一人，更希望有合适的人选陪伴，也是消费者在购买邮轮旅游产品之前主要考虑的因素之一，通常只有找到确定的伴侣，有意向购买的消费者才会确认出游计划并且下单支付，该选项与"我担心旅行过程太过沉闷"有一定联系，后者得分均值也较高，位列全部选项的第6位，归根结底是由于孤独感所致。除此之外，"邮轮出游时间长，我没有足够的时间"这一选项平均分值也较高，为3.757位列第4，这可能与现今社会竞争激烈的现实因素有关，城市居民忙于学业与工作，较少考虑出游计划。而"我担心邮轮旅游的安全问题"均分3.733，位列第5，这说明消费者对邮轮安全具有一定的顾虑。这可能因为印象中的海上自然灾害、邮轮安全事故、船上突发传染性疾病造成的安全阴影。其余选项的得分均值均低于3.7，即造成阻碍的程度相对以上选项较小。

其次，"在我看来，邮轮是贵族的出游方式""在我看来，邮轮是老年人的出游方式""我对邮轮旅游不了解，也从不感兴趣"这三个传统观点的平均得分均位列倒数几位，说明人们已经不再认同这三个观点。这也与当今社会的发展相关，经济实力的提升促使更多人享受到曾经触不可及的旅游产品，同时年轻人也更加敢于尝试，打破偏见做出自己认为适合的出游选择，信息设备的普及也让更多人对此有了一定的了解。

最后，"船上通信条件差，无法和家人及时沟通"与"港口距离较远，不方便出游"两个阻碍因素的均值分相差无几。通信信号的地域普及性得到大众的认可，人们在网络上也能较容易地购买到可以在不同地域都可使用的SIM卡。港口的距离对出游的影响因素也较小，这可能与国内港口数量的增多有关，沿海地区各省基本都拥有自己的邮轮出海港。最后"邮轮旅游不是一种科学环保的绿色出游方式"，这一选项得分率与其他选项相比平均得分最低且与倒数第二也有一定差距，这反映出人们尚未意识到邮轮旅游的负面影响。

四、研究结论以及管理启示

通过以厦门及其周边城市的部分邮轮旅游者为实证研究对象，阅读相关文献之后初步确定影响因素指标，设计问卷并开展调查，调查结果可以折射出中国邮轮游客的购买决策影响因素分析。

（一）研究结论

综合以上分析，可以发现：

第一，在邮轮旅游需求特征方面，短周期的邮轮产品更能获得消费者的青睐，首先，3～7日出游周期是大部分消费者所选，其次是7～15日。这与CLIA（2020）的分析结果一致，认为许多旅行者开始寻求快速旅行。主要的信息获取渠道还是集中在携程和艺龙这一类旅游网络平台。与探险旅游贸易协会的数据，探险旅行的增长速度惊人，前往南极等旅行线路日益受到追捧。另外，途经日韩地区，国内港口地区和欧美地区的邮轮航线最受消费者的青睐。而男女朋友/夫妻则是消费者出游的首选伴侣，这与CLIA（2020）提出单身成年人的邮轮旅游数量增加的结论不一致。

第二，在出游动机方面。邮轮产品相较于其他交通工具出游方式的优势（整洁，设施丰富等）是促使消费者选择邮轮的主要动机。港口位置日益多样化，尤其是就近可驱车前往的港口，增加了前往邮轮的便利性。旅行社是旅行者和邮轮公司之间的媒介，在旅行社协助之下，邮轮旅游者的满意度有了极大的提高。不仅如此，旅行社诱人的营销活动和价格方案也能对消费者的出游产生极大的触动。邮轮特色餐饮对游客选择行程的影响日益增加，邮轮旅客将享受特色餐饮，邮轮用餐体验越来越受到邮轮乘客的关注。而消费者放松自身心情，增进亲人间感情也能吸引较多的消费者选择邮轮出游。

第三，在出游阻力障碍上，消费者更多地考虑自身的经济情况以及支付能力，若票价较为昂贵，消费者可能就会放弃邮轮出游的念头。其次，是否有合适的旅伴陪同、是否有适宜的航线可供选择、是否有足够的闲暇时间可供参加以及安全问题也是阻碍效果相对明显的出游阻力因素。

（二）研究管理启示

第一，邮轮公司应制订更加合理的定价策略，采取多样化的促销活动。根据上述调查结论，消费者最看重的出游决策影响因素仍然是价格因素，"物美价廉"的出游产品最能吸引消费者，特别是年轻群体。邮轮公司以及旅行社应根据自身的目标市场，结合市场调研得出的消费者消费偏好，定制出合理的邮轮产品。同时在控制成本的基础条件下，根据产品供需情况适当采取折扣，为不同受众群体量身定制出游方案，例如：针对学生群体采取"两人同行一人折扣"，在一年之中的旅游淡季采取较大力度的折扣等。

第二，邮轮公司以及旅行社应尝试拥抱新技术，全面改造自身的产品和服务，根据个性化、定制化需求，设计并推出最为适合自己主打市场受众的邮轮旅游产品。首先，时间问题便是消费者决定自身是否出游的主要决定因素之一，根据市场调研以及公司内部售卖产品的情况，研究出最受欢迎的时间设置，打造能够适应国内旅游者偏好的具体航线。合理安排出游后各个项目的运营时间，例如晚上主要进行娱乐活动和休息，白天组织观光。其次，在岸上观光方面尽量贴合消费者，目的地选取可采用大数据分析以及实地考察等形式，设计登临大陆活动的时候充分考虑消费者偏爱的游览内容。

第三，保持邮轮旅游产业自身优势，不因需求量增大而改变服务的质量。这一方面主要考虑到游客之所以选择邮轮出游，更多的是因为其相比其他交通工具的优势，例如：船上环境整洁，观光时间多，设施完善等。邮轮公司在这同时应加强监管，争取做到服务不变质，利用自身差异化的卖点吸引消费者。绝不能因市场需求的增大而偷工减料，削弱监管力度。所有邮轮公司应在"服务第一"这一基础上运营。面对日益增加的青年群体的需求，邮轮公司应针对青年群体开展丰富多样的、具有社交意义的主题活动，如蒙面舞会。蒙面舞会融神秘性、刺激性、交际性和娱乐性为一体，符合青年群体追求新鲜刺激的心理欲求，从而可增加邮轮对青年的吸引力。除了邮轮旅游过程中主题活动的举办，还可设置邮轮旅游主题航线。如，从情感角度出发，可设以"爱情"为主题的航次，吸引青年情侣和渴望结交伴侣的单身青年。整艘邮轮要以爱情氛围为主调，对船上空间设施进行布置，对邮轮活动进行设计；从兴趣角度出发，设"摇滚"主题邮轮，青年不仅可以在邮轮上畅享畅玩摇滚音乐，还能结交志同道合的摇滚伙伴，打造摇滚青年渴望的远离俗世烦嚣、奔放自由的摇滚天堂。

第四，加强宣传力度，增加邮轮业潜在消费者对邮轮的认知。在上述的分析结果中，还有部分消费者担心邮轮的安全问题，仍然怀疑看待邮轮的传统观念。尤其是新冠肺炎疫情期间在邮轮上出现的传染问题，导致人们对乘坐邮轮旅游心有余悸。在互联网飞速发展的时代，邮轮公司应该加强与第三方旅游

APP 网站、旅行社等产品平台的信息互通，争取更多有关于邮轮的知识以及信息能够传递到消费者，促使消费者更加了解甚至向往邮轮这一出行方式。同时，针对不同城市的特点，例如内陆和沿海，采用差异化的宣传方式，使不同地域的消费者了解到自己最想要了解的信息。

第五，增加销售渠道，加强网络直销。新零售时代意味着线上和线下的融合发展。电商平台以及旅行社个体公众号、微信平台这一类销售渠道作用不容小觑，应该在这一类平台中采用更加细致的文字、更加精美的图像以及优化处理过的视频产生消费者的感官刺激，从而使其增加购买兴趣，同时增加支付渠道，完善消费体系。针对年轻群体常选择使用各相关知名 APP 进行信息查询或订票活动这一行前决策特色，邮轮公司可考虑与中国各大旅游 APP 如携程、美团、小红书或哔哩哔哩等加大合作，拓宽邮轮信息渠道的重要途径之一。此外，可设置时尚活泼的邮轮旅游微博、微信公众号。还可针对年轻人喜欢看电影电视的生活方式，将邮轮形象融入影视作品、娱乐综艺中，打造影视综艺宣传。

第六，加大与地方政府合作，采取更有利于促进当地经济发展的措施，争取得到政策支持。福建现有的邮轮始发和停靠港口仍以厦门为主，福州平潭、莆田湄洲湾等地区的港口还在兴建或筹备之中。邮轮公司应加强与政府的合作，争取形成多港口联动的邮轮旅游方式，尤其大陆与港澳台的邮轮港口更要加大合作，促使邮轮行业形成良好的发展氛围。

（三）研究不足及未来研究展望

本书仍存在一些不足。第一，研究对象局限于福建省及周边城市，所获样本可能未能充分代表全国的实际情况，未来将进一步增加样本收集地理范围。第二，借助微信或 QQ 朋友圈以滚雪球方式获取问卷数据，样本具有一定的局限性。未来将采取实地调研相结合的方式进一步增加数据收集范围。第三，仅仅对邮轮乘客的邮轮旅游消费行为及影响邮轮旅游的推力和阻力做简单的比较分析，未来将构建影响机制或内在机理理论模型，进一步验证不同的推力和阻力在影响消费者选择邮轮旅游的具体作用大小。

第三节　消费升级与中国邮轮旅游消费变化

消费升级是指温饱型消费向享受型消费乃至向发展型消费变迁的过程。当前中国经济步入新常态，居民收入水平提高和产业结构转型必然带来以物质型消费为主向服务型消费为主的消费结构转型升级[303]，对教育培训、健康管理、娱乐、文化旅游等服务型消费不断增长。党的十八大提出将服务消费的增长作为扩大内需战略的重点，国家"十三五规划"则提出以扩大服务消费为重点带动消费结构升级。扩大服务消费是中国未来转变经济发展方式，满足人们对生活品质提升需求和增强幸福感的重要途径。那么，消费升级背景下，中国居民的邮轮旅游消费需求是否变化？未来的邮轮旅游市场如何满足国人对生活品质提升和增强幸福感的服务消费需求？本节将结合居民收入变化与服务消费需求的关系，探讨消费升级背景下中国居民收入增长与邮轮旅游消费需求的关系，分析促进邮轮旅游消费需求变化的因素，进而提出借助邮轮旅游满足居民服务消费需求的对策建议。

一、研究理论基础

1. 一个国家或地区经济社会发展水平与消费结构升级关系研究

美、日、韩等发达国家消费结构升级的经验发现，服务消费代表着消费升级的最终趋势，服务消费比重不断提升是消费结构转型升级的重要表现[303]。罗斯托和贝尔对经济社会发展不同阶段及对应的消费升级过程进行了定性描述。罗斯托（1971）认为一个国家的经济发展过程可分为六个阶段，即传统社会阶段、准备起飞阶段、走向成熟阶段、大众消费阶段和超越大众消费阶段。其中，在超越大众消费阶段，人们在休闲、教育、保健和社会保障领域的花费将大幅增加。丹尼尔·贝尔（1985）认为，后工业社会的经济结构以服务型经济为主，这种经济结构转型和国民收入提高，人们更多的收入将花费在耐用消费品上，进入以休闲娱乐为代表的服务消费领域。钱纳里、鲁滨逊和赛尔奎因（1995）从定量角度，依据人均GDP发展水平将经济社会发展设定为五个阶段，认为当人均消费在3000~5000美元时，虽然耐用消费等物质消费仍占主导地位，但人们对以休闲娱乐、教育和医疗为代表的服务消费需求日益增多；当人均GDP在5000~10000美元时（即工业化后期），服务消费需求快速成长并开始占据主导地位；当人均GDP超过10000美元时（后工业化阶段），服务业高度发达，服务消费需求占据绝对主导地位。中国的人均GDP在2008年突破3000美元，2012年突破5000美元，2016年达到8123美元，服务消费需求理应快速成长并开始占据主导地位。麦肯锡的预测也表明，2020年，中国城乡居民家庭在医疗保障、休闲和文化服务、交通领域的消费支出增长均呈上升趋势。

2. 收入提高、消费升级与邮轮旅游消费增长的关系研究

消费升级包括"支出结构升级和消费品质升级"两个方面。支出结构升级可用服务消费占总消费支出的比重得以说明，1995年以来，城乡居民家庭的服务消费占比逐年提高，尤其以城镇家庭交通通信、教育和文化娱乐方面的消费支出上涨最为明显[303]。消费品质升级表现为消费者休闲享受型服务消费的比重和内容方式不断增多，用于医疗美容、文化旅游、休闲娱乐和体育健身等注重生活品质及消费体验的消费支出逐渐增加[303]。邮轮旅游是一种享受型的休闲旅游，是体验世界的最佳方式，毋庸置疑将成为高收入居民提升生活品质和增强消费体验的一种重要方式。

由于国外邮轮旅游产业起步较早，国外有关居民收入水平、消费层级以及与邮轮产业发展的研究相对较早。早在1982年，Wanhill就提出，度假市场的增长见证了邮轮旅游的日益普及以及邮轮行业角色的转变[304]。邮轮产品是一种高端旅游消费产品，国际上把人均可支配收入超过6000美元视为邮轮产业能够迅速发展和成为关注目标的起点。也就是说，根据国际邮轮经济发展规律，当一个国家或地区人均GDP达到6000~8000美元时，邮轮经济便具备了发展条件[305]。进一步，当一个国家或地区人均可支配收入超过1万美元（按现行汇率计算，约为6.8万人民币）时，邮轮产业就可能进入快速发展期。De la Vina等根据美国消费者做出的实证研究表明，居民收入已经成为居民是否选择邮轮旅游的重要因素之一[306]。可见，虽然影响邮轮旅游需求的因素很多，但收入是影响邮轮旅游需求的一个重要因素。

虽然收入水平是决定一个地区邮轮产业起步和发展的前提，但归根结底，一个地区邮轮旅游产业的发展要依靠该地区邮轮旅游消费的情况。也就是说，当一个地区经济发展到一定程度后，邮轮旅游产业发展与邮轮旅游消费之间将形成一种良性的循环，居民收入水平提高吸引邮轮公司入驻，促进邮轮产业发展，地区邮轮产业的快速发展促进当地经济发展，收入水平进一步提高，从而吸引更多的居民参与邮轮旅游消费。国外邮轮旅游相关文献主要关注邮轮旅游产业发展对当地经济的影响，并且通常从两个方面加以阐述，一是邮轮旅游对邮轮公司的影响，侧重围绕如何提升邮轮旅游者在邮轮上的消费问题展开；二是邮轮旅游消费对当地经济的影响，探讨的是邮轮旅游是否并且如何促进当地经济的发展。较少研究居民收入水平提高对邮轮旅游消费和旅游产业发展的影

响。例如，Dwyer 和 Forsyth 通过研究澳大利亚的邮轮产业，得出消费者需求和邮轮产业发展之间互相促进，互相影响的作用[16]。Henthorne 从消费支出的角度，调查研究分析了过去 5 年 1500 名在牙买加的邮轮游客的购买习惯和购买行为产生的影响，最终得到了消费者如何根据消费需求来进行邮轮消费的结论[49]。Wondirad 也提出，随着不同国家和地区的经济增长，消费者可支配收入和休闲时间增加是导致邮轮旅游增长的原因之一[61]。

应该承认，我国居民收入水平不断提高引发的消费升级成为我国邮轮经济健康可持续发展的重要基础，这表现为近 10 年来邮轮旅游人数不断增加。黎章春等（2007）亦认为，随着我国经济持续、快速的发展，居民需求提高到社交、旅游等更高层次，对邮轮旅游的需要也日益增加。李霞和曲洪建（2006）基于百度指数系统收集了我国各地区邮轮旅游网络关注度的数据，发现邮轮旅游网络关注度受人均 GDP 的影响。然而，现有的研究却没有深入探讨收入增加促进邮轮旅游消费增长的动力因素，从而无法解释邮轮旅游增长的深层次原因。尤其是 2017 年以来，虽然人们的收入增长，但邮轮旅游业进入增长缓慢的调整期，行业整体效益呈现下行趋势。因此，需要探讨居民收入水平提高与邮轮旅游产业增长之间的关系，分析 2017 年以后居民邮轮旅游消费需求下降的原因并寻找对策。

3. 邮轮旅游市场的消费升级变化

邮轮旅游作为休闲旅游的一个重要分支，伴随收入变化，人们对休闲旅游需求增长，并且呈现新的特征。据 CLIA（2017）的报告显示国外邮轮旅游市场的消费变化包括：第一，河轮旅游需求不断增加。独特而亲密的河轮旅游为旅行者提供了特殊的旅行体验。市场需求驱动邮轮旅游从原来的公海为主转向河轮旅游。第二，环绕私人岛屿的行程增多。越来越多的邮轮公司开始引入私人岛屿目的地。第三，新一代客群（包括"Y一代"和"X一代"）对邮轮旅游的兴趣增加。第四，通过旅行社预订的游客增多。据"美国运通消费和储蓄追踪"的数据显示，2015～2016 年，美国通过旅行社进行预订的消费者增长了近 80%。目前，全球有 2.5 万多家 CLIA 会员旅行社，比 5 年前增长了一倍以上，预计未来通过旅行社预订邮轮的游客会进一步增多。第五，可驱车到达的港口更吸引游客。港口位置日益多样化，尤其是就近可驱车前往的港口，增加了前往邮轮的便利性。第六，特色餐饮对行程选择的影响加大。邮轮旅客将享受特色餐饮，邮轮用餐体验越来越受到邮轮乘客的关注。第七，探险巡航和远程巡航的需求加大。据探险旅游贸易协会的数据，探险旅行的增长速度惊人，前往南极等旅行线路日益受到追捧。

然而，CLIA（2020）的报告却开始关注负责任的邮轮旅游消费实践、邮轮旅游环境可持续问题和目的地的管理问题，例如邮轮乘客在港口的停留时间、邮轮旅游者的可持续邮轮旅游行为、以单身旅游为主的邮轮旅游人口结构变化、邮轮旅游者的快速旅行行为或微旅行行为以及年轻一代旅行者更积极的邮轮旅行态度等。

那么，对于中国邮轮乘客而言，收入水平提高，消费升级导致中国邮轮旅游消费需求会呈现何种变化特征呢？

二、实证模型构建及检验

本节将构建线性模型，探讨人均可支配收入提高导致的消费升级与邮轮产业发展的关系，验证人均可支配收入增加后引起的消费升级是否会给邮轮产业发展产生正向的影响。研究提出的假设为：人均可支配收入提高引起的居民消费能力增强，助推邮轮经济消费增长，对邮轮产业发展起正向作用。

（一）变量选取

本节使用人均可支配收入代表国民收入消费水平，用邮轮旅游游客量代表邮轮旅游产业的发展情况。

根据经典的消费需求理论，不管是凯恩斯的"绝对收入假说"，杜森贝利的"相对收入假说"还是弗里德曼的"持久收入假说"，均认为"收入是影响消费的核心因素"。当一国经济增长导致国民收入增加时，居民的可支配收入上升。可支配收入上升会促使消费需求发生层次变化，即人们更多的可支配收入用于第三产业的支出和消费上，尤其是用在休闲健康等产品的消费支出，最终实现消费升级。因而，可以用不同的可支配收入水平代表不同的消费层次，并说明不同层级水平旅游消费支出变化对邮轮旅游的影响。

人均可支配收入是较好反映居民消费能力的指标之一。本节以城镇居民人均可支配收入代表不同的消费层次，如表4.5所示。可以发现，2008年以来，我国居民人均可支配收入不断提高。其中按常住地分的城镇居民人均可支配收入从2008年的15781元上升到2018年的39251元，年均增长率达9.5%。2018年全年居民人均消费支出19853元，比上年实际增长6.2%。

表 4.5　　　历年中国城镇居民人均可支配收入和母港邮轮游客量

年份	城镇居民人均可支配收入（元）	增长率（%）	母港邮轮游客数量（万人）	增长率（%）
2006	11759	—	1.8	—
2007	13786	17.24	3.2	77.78
2008	15781	14.47	5.70	78.13
2009	17175	8.83	10.30	80.70
2010	19109	11.26	22.20	115.53
2011	21810	14.13	18.80	-15.32
2012	24565	12.63	41.22	119.26
2013	26955	9.73	102.40	148.42
2014	28844	7.01	147.90	44.43
2015	31195	8.15	222.40	50.37
2016	33616	7.76	428.90	92.85
2017	36396	8.27	478.00	11.45
2018	39251	7.84	471.39	-1.38

资料来源：国家统计局统计公报和邮轮旅游发展报告。

从表4.5以看出，尽管2011年，中国母港游客数量有所回落，但邮轮母港游客数量总体上呈增长趋势，尤其是2012年以后更是进入高速增长期，每年大致保持30%增长率，直到2018年，邮轮游客数量才有所减缓，从高速发展模式步入了高质量发展模式之中。

（二）散点图构建

截取2006~2018年相应的数据，构建关于人均可支配收入同邮轮母港游客数量之间关系的散点图（见图4.7）。从图中可以得出当人均可支配收入上升时，邮轮旅游产业吸引的旅游人数也相应上升。但是否为正相关的关系，还需要其他的分析来验证。

（三）双变量相关性分析

有了散点图的结果，我们可以将居民人均可支配收入和邮轮母港游客数量之间看成为正相关的关系，同时建立可支配收入和邮轮母港游客数量之间的曲线方程，选取2006~2018年的中国邮轮母港旅客数量和中国国民可支配收入数据，将可支配收入设为自变量，邮轮母港旅客数量作为因变量，使用SPSS统计软件进行相关分析。本书使用双变量的Pearson、Kendall、Spearman三种

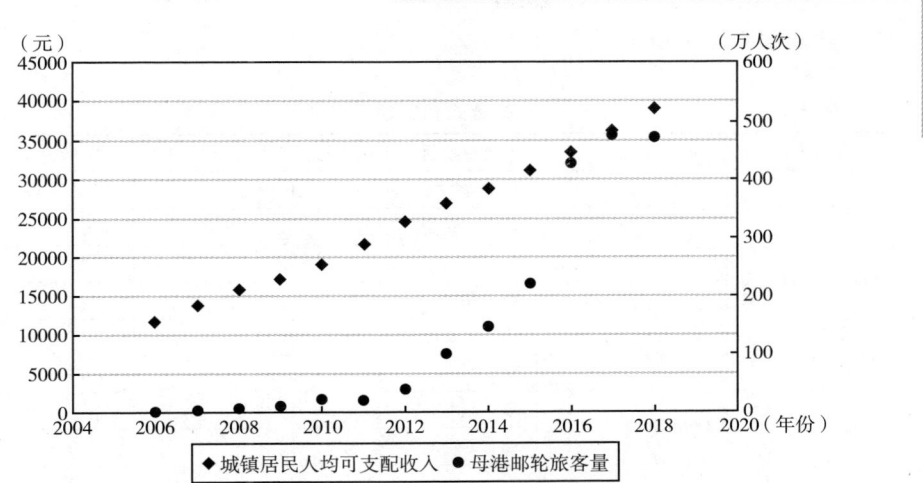

图 4.7 城镇居民人均可支配收入与母港邮轮旅客数量关系散点图

分析方法,使用未知相关性的双侧检验。

(1) Pearson 相关性分析。

根据表 4.6 可知,城镇居民人均可支配收入平均数达到 2.5 万元,邮轮母港旅客数量为 150 名。根据表 4.7 可知,人均可支配收入和邮轮母港游客数量的 Pearson 相关性为 0.909,证明两个变量之间的显著相关关系。

表 4.6 描述性统计

变量	平均数	标准偏差	N
城镇居民人均可支配收入	24634.00	8920.005	13
邮轮母港旅客数量	150.32	288.282	13

表 4.7 pearson 相关性分析结果

变量	检测项目	城镇居民人均可支配收入	邮轮母港旅客数量
城镇居民人均可支配收入	Pearson 相关性	1	0.909
	显著性(双侧)	—	0
	N	13	13
邮轮母港旅客数量	Pearson 相关性	0.909	1
	显著性(双侧)	0	—
	N	13	13

(2) 非参数式相关性检验。

对城镇居民人均可支配收入和邮轮母港旅客数量进行非参数式相关性检

验，结果如表 4.8 所示。

表 4.8　　非参数式相关检验结果

分析方法	变量	检测项目	城镇居民人均可支配收入	邮轮母港旅客数量
Kendall 的 tau_b	城镇居民人均支配收入	相关系数	1	0.949**
		Sig.（双侧）	—	0
		N	13	13
	母港邮轮旅客数量	相关系数	0.949**	1
		Sig.（双侧）	0	—
		N	13	13
Spearman 的 rho	城镇居民人均支配收入	相关系数	1	0.989**
		Sig.（双侧）	—	0
		N	13	13
	母港邮轮旅客数量	相关系数	0.989**	1
		Sig.（双侧）	0	—
		N	13	13

注：** 表示 $p<0.01$。

由表 4.8 可以看出，在 Kendall 分析中，城镇居民人均可支配收入同邮轮母港旅客人数的相关系数为 0.949，证明在置信度为 99% 的区间内，两个变量之间的相关性是十分显著的。在 Spearman 分析中，居民人均可支配收入同邮轮母港旅客人数的相关系数为 0.989，证明在置信度为 99% 的区间内，两个变量之间的相关性是显著的。

从以上的分析可知，人均可支配收入同邮轮母港旅客人数之间的相关性可以说是特别显著的，从而人均可支配收入增加导致母港邮轮旅游人数大幅度增加，体现为邮轮母港旅客人数的增加。

（四）回归分析和曲线方程拟合

根据相关性分析，得出邮轮母港旅客人数同人均可支配收入大致的正相关关系。从前面的散点图观察数据的大致趋势，发现可以选择二次曲线、三次曲线、复合函数和幂函数的模型。借助 SPSS22.0 按四种模型对数据进行曲线拟合，结合如图 4.8 所示。从拟合优度来看，幂函数的拟合优度最高，其次是复合函数。进一步，从方差分析和回归系数的显著性检验可知，幂函数的回归系数满足显著性检验。复合函数的常数回归系数计算出的概率值为 0.01，在 0.05 显著性水平上显著，如图 4.9 所示。模型参数汇总结果如表 4.9 所示。而再观察图 4.8 的数据趋势，发现幂函数更符合实际数据情况,故最终选择幂函数作为回归方程。

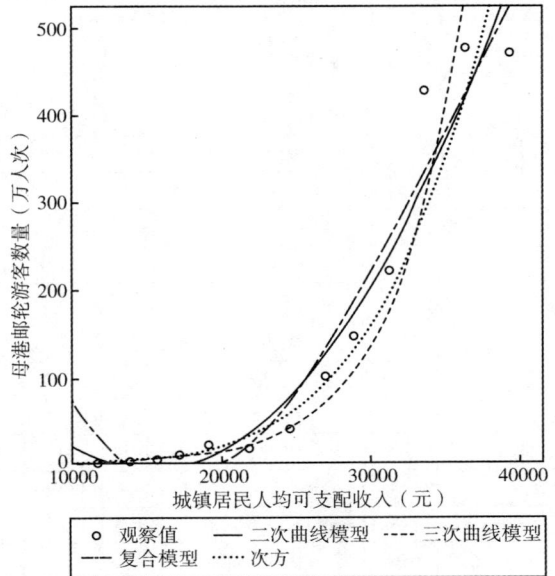

图 4.8 二次曲线、三线曲线、复合模型和幂函数拟合曲线

模型汇总

R	R 平方	调整 R 平方	估计值的标准误
0.971	0.942	0.931	49.488

自变量为城镇居民人均可支配收入。

ANOVA

	平方和	df	均方	F	sig.
回归	400912.292	2	200456.146	81.851	0.00
残差	24490.445	10	2449.044	—	—
总计	425402.737	12	—	—	—

自变量为城镇居民人均可支配收入。

系数

	非标准化系数		标准化系数	T	sig.
	B	标准误	Beta		
城镇居民人均可支配收入	-0.029	0.011	-1.386	-2.682	0.023
城镇居民人均可支配收入**2	9.60E-07	0	2.32	4.49	0.001
(常数)	217.749	127.333	—	1.71	0.118

因变量为母港邮轮旅客数量。

(1) 二次曲线模型

模型汇总

R	R 平方	调整 R 平方	估计值的标准误
0.974	0.949	0.933	48.906

自变量为城镇居民人均可支配收入。

ANOVA

	平方和	df	均方	F	sig.
回归	403876.283	3	134625.428	56.286	0.00
残差	21526.454	9	2391.828	—	
总计	425402.737	12	—	—	

自变量为城镇居民人均可支配收入。

系数

	非标准化系数		标准化系数	T	sig.
	B	标准误	Beta		
城镇居民人均可支配收入	−0.087	0.053	−4.104	−1.645	0.134
城镇居民人均可支配收入**2	3.37E−06	0	8.136	1.55	0.156
城镇居民人均可支配收入**3	−3.14E−11	0	−3.154	—	—
(常数)	636.787	396.903	—	1.604	0.143

因变量为母港邮轮旅客数量。

(2) 三次曲线模型

模型汇总

R	R 平方	调整 R 平方	估计值的标准误
0.982	0.965	0.962	0.383

自变量为城镇居民人均可支配收入。

ANOVA

	平方和	df	均方	F	sig.
回归	44.258	1	44.258	301.547	0.00
残差	1.614	11	0.147	—	—
总计	45.872	12	—	—	—

自变量为城镇居民人均可支配收入。

系数

	非标准化系数		标准化系数	T	sig.
	B	标准误	Beta		
城镇居民人均可支配收入	1	0	2.67	80656.462	0.00
(常数)	0.215	0.07	—	3.092	0.01

因变量为 ln(母港邮轮旅客数量)。

(3) 复合模型

第四章 新消费背景下邮轮旅游者消费行为探析

模型汇总

R	R 平方	调整 R 平方	估计值的标准误
0.991	0.981	0.98	0.28

自变量为城镇居民人均可支配收入。

ANOVA

	平方和	df	均方	F	sig.
回归	45.012	1	45.012	576.006	0.00
残差	0.86	11	0.078	—	—
总计	45.872	12	—	—	—

自变量为城镇居民人均可支配收入。

系数

	非标准化系数		标准化系数	T	sig.
	B	标准误	Beta		
ln（城镇居民人均可支配收入）	5.014	0.209	0.991	24	0.00
（常数）	5.75E−21	0	—	—	—

因变量为 ln（母港邮轮旅客数量）。

（4）幂函数模型

图 4.9　二次曲线、三线曲线、复合模型和幂函数拟合结果汇总

表 4.9　　　　　　模型汇总和参数估计值汇总

方程	模型汇总				参数估计值			
	R	R 平方	调整 R 平方	估计值的标准误	常数	b1	b2	b3
二次	0.971	0.942	0.931	49.488	217.749	−0.029	9.60E−07	
三次	0.974	0.949	0.933	48.906	636.787	−0.087	3.37E−06	−3.14E−11
复合	0.982	0.965	0.962	0.383	0.215	1		
幂	0.991	0.981	0.98	0.28	5.75E−21	5.014		

注：自变量为城镇居民人均可支配收入；因变量为母港邮轮旅客数量。

假设邮轮母港旅客人数为 Y，城镇居民可支配收入为 x，进行回归曲线估计，预拟合的幂函数方程为：

$$\ln(Y) = \ln(b0) + b1\ln(x)$$

导入表 4.5 中的 2006~2018 年城镇居民人均可支配收入和邮轮母港旅客人数，最终可得拟合方程为：

$$\ln(Y) = \ln(5.75E-21) + 5.014\ln(x)$$

(五) 假设验证

根据 SPSS 软件得出的数据结果，可以看出邮轮母港旅客人数随着人均可支配收入的增加而增加，这也就验证了之前假设的邮轮产业与人均可支配收入的正相关关系成立。并且，根据拟合方程，中国城镇居民人均可支配收入增长引起的消费升级，使得中国邮轮产业发展起了巨大的正向推动作用。

三、实证研究结果分析

消费升级带动产业升级，以此导致产业收入上升。制造业和服务业逐步走向高端化的实质是居民人均收入水平的提高。而人均收入水平的提高所带来的消费升级，通过恩格尔效应和鲍莫尔效应两条途径共同促进激发了制造业和服务业的高端化。根据这个逻辑，产业迈向中高端是我国经济增长和人民生活水平提高的结果。邮轮产业与消费之间的关系也体现了这一结果。

(一) 2008 年前消费升级未达到邮轮产业起步条件

2008 年前，中国居民消费正处于第三次消费升级刚刚起步的阶段，居民对于住房、汽车、旅游等方面的需求处于较低的水准。但此时的城镇居民人均可支配收入达到 10000 元人民币以上，满足了国际通用的人均可支配收入超过 3000 美元，邮轮产业将会逐渐起步的条件。因此，邮轮旅游这个新兴的旅游产业在中国开始起步，上海、厦门等地开始成为国际邮轮的访问港。此时国内访问港口接待的邮轮艘次虽然不少，但更多以访问港方式接待，邮轮游客以入境游为主，说明中国消费者对于邮轮旅游的认识尚处于一个较为片面的程度，大众的接受度低，中国本地邮轮游客人数始终处于一个较低的水平。从图 4.7 也可以发现，2008 年以前的母港邮轮旅客数量很少。

(二) 2009～2017 年顺应消费升级飞速发展

从 2009～2017 年，中国邮轮产业开始快速发展，母港邮轮游客平均增速达到了 30% 以上。这一方面是由于消费升级，居民的可支配收入增加，在满足自身的其他基础的需求后，更多的居民把邮轮旅游作为进行休闲娱乐的重要方式；另一方面是伴随邮轮公司的大量宣传，国民对邮轮产品的认知提高，从而使得邮轮旅游人数大幅度增加，尤其是 2015～2016 年，更是出现井喷式的增长。

从供给角度来看，2009~2017年邮轮产业的供给处于一个不断完善，不断进步的阶段。邮轮港口建设从南到北不断扩展，从早期的上海国际客运中心邮轮码头到近期的广州、南沙、三亚大连、青岛等。旅游航线也从常规的越南、日本、菲律宾航线，逐渐扩宽到欧洲、北美洲航线，提供了更具多样化的航线选择。邮轮上的休闲设施和各种娱乐设施也适时地配套完善。

政府的政策支持也是促使邮轮旅游产业不断发展、邮轮旅游人数不断增加的重要原因。2008年前国家并没有相应的邮轮管理条例出台，在2008~2017年邮轮发展的黄金十年，政府和地方根据国内和当地的具体发展情况，制定了一系列的政策来推动邮轮产业的发展，给邮轮旅游产业的发展营造了一个良好的市场环境。

当邮轮产业的供给和需求同时增加时，再加上政府和地方的政策保护和支持，根据市场均衡，邮轮产业的产出和投入将会在一个更高的市场出清点达到短期均衡，这和本书得出的消费升级对于邮轮产业有着正向的作用的结论相符合。在国民总收入增加时，城镇居民的人均可支配收入增加，导致消费升级，从而影响邮轮产业的发展，邮轮产业的市场潜力被不断地发掘。消费升级正在促进和支撑着邮轮旅游产业在2009~2017年的飞速发展。

（三）2018年邮轮旅游增速放缓，高质量发展契机出现

2018年，中国邮轮旅游产业的发展增速从30%以上滑落到10%左右，邮轮的热度已经呈现了下降的趋势，中国的新一轮消费升级正在进行，而邮轮产业的增速却逆潮流减缓了。这和本书提出的消费升级激发消费者需求，从而推进中国邮轮产业的发展的结论相违背。2018年以后居民消费水平虽然不断提升，但邮轮旅游却未能增加，其可能原因有：

1. 低价竞争导致消费者参考价位过低

2009~2017年，由于中国的邮轮行业还处于刚起步阶段，为了吸引消费者选择自己的航线和邮轮产品，各大邮轮公司将自己的产品通过打折促销，通过低价竞争来吸引消费者，打折促销会降低邮轮消费者这一群体内部对邮轮产品内心的参考价位。2009~2017年吸引了大量消费者后，当邮轮产品的价格不再运用或者更少的运用低价来吸引消费者时，消费者的参考价格和邮轮公司所提供的价格就出现了差距。从而导致一些想要第二次或者更多次进行邮轮消费的消费者和一些潜在的消费者望而却步，选择了其他价格比较低廉的旅游产品。

2. 邮轮文化还未深入人心

在邮轮产业刚起步时，邮轮消费者将邮轮产品视同其他的旅游出行，重视目的地观光，在目的地的体验成为他们评价一次出行的重要标准。这导致了消费者会选择更加快速，更加便捷的飞机作为出行工具，而忽视了邮轮出行最看重的船上的体验和服务，导致了潜在消费者的流失。实际上，邮轮文化既重视目的地到达后，岸上的观光、消费，又重视消费者在邮轮上的体验，包括在船上的饮食、住宿、社交、观光、购物等方面更高水准的满足。

3. 一体化、同质化产品已经无法满足消费者

在中国邮轮发展的起步期，国外邮轮公司借助中国母港的快速建设，将自己在国外已经得到国外消费者满意的邮轮产品带到了中国。中国的邮轮公司效仿国外的经验，提供了类似国外邮轮公司的邮轮产品。在2009~2017年，国内消费者对邮轮的认识度还比较低，一体化、同质化的产品对于消费者来说仍处于可以接受的范围。2018年，当邮轮消费者经历消费升级后，一体化、同质化的邮轮产品已经满足不了当今消费者的需求。消费者的理念已经趋向于更高要求的产品，从而使消费者的二次消费的欲望下降。陆地和孙巍（2019）的研究发现，对比生存型消费，发展与享受型消费更易受到收入空间分布不平衡的影响。

由此可见，2009~2017年粗放的发展模式已经不适合我国的新一轮消费升级，转向高质量发展模式，针对供给侧进行改革已经是大势所趋。如何借助中国新一轮的消费升级，激发消费者购买邮轮产品，把邮轮旅游作为出行的重要考虑之一？如何释放市场潜力，增加邮轮产品刚需，使邮轮产品深入人心？这些成为中国邮轮产业发展所要考量的重点。

四、激发消费需求，促进邮轮旅游产业发展的建议

（一）打造差异化、多样化、个性化邮轮产品

邮轮旅游的终端消费者是邮轮消费者，邮轮消费者的消费需求导向已经成为制约邮轮旅游产业发展的最重要的因素。在新一轮的消费升级下，市场中既有第一次体验邮轮旅游的新游客，也有已经参加过多次邮轮旅游的经验丰富的旅客；既有带着全家出游的家庭型邮轮旅游者，也有以开拓视野的探险型邮轮旅游者。邮轮公司应该将整个消费者市场根据不同的消费层级进行市场细分，

从服务个性化创新入手。例如商务白领消费者，大多是在工作的节假日或者年假期间，带着家人一同出行，此时邮轮公司可以提供邮轮+家庭的模式，将传统西方的正方形餐桌改成中式家庭常用的中式餐桌，提供更符合中国消费者胃口的中国食物。

消费者更愿意为适合自己，满足自己个性化的产品买单。近年来，"邮轮+"的理念被更多的邮轮公司所采用，邮轮公司进行市场细分后，根据不同的消费者提供不同的差异化、多样化、个性化的邮轮产品，提高了品牌的辨识度[187]，从而用不同的邮轮产品来吸引二次消费和潜在的消费者进行邮轮旅游。

（二）营造深入人心的邮轮文化，注重口碑宣传

当今中国邮轮产业的市场渗透度还不够0.054%，相较于全球邮轮行业的3.03%的渗透率还有很大的差距[179]。较低的市场渗透度表明中国的邮轮文化的加强和宣传已经迫在眉睫。邮轮行业各方主体要齐心协力，共同打造深入人心的邮轮文化，以借助口碑宣传，释放市场潜力，让定位多样、主题突出、长短结合的邮轮产品充分激发消费者的潜在需求。

邮轮文化的宣传首先需要邮轮公司出资出力。邮轮公司可以直接将一部分资金用于目的地市场的邮轮文化宣传，还可以与多种媒介平台开展合作以达到宣传目的。2019年，厦门鼓浪屿号与IP综艺《明星大侦探》的第一、二期合作，不仅使更多的人了解到这艘新建的邮轮，还让人体验到优质和细致的船上服务，进一步宣传了邮轮文化。除了邮轮公司，邮轮文化的宣传还可借助中央或地方政府的力量，以产业规划或产业政策的方式推动。例如国家推出的"十三五"旅游业规划对邮轮旅游发展做了总体规划，2017年国家又明确指出沿海省区市要大力推动邮轮旅游业的政策。政策不能仅仅停留在报告，还应该落实下去。

（三）实施差异化定价策略，分级定价

在2008~2016年的运用低价策略强占市场的方法已经不适用于现在消费升级的大背景下，邮轮公司应针对不同的消费者类型，针对邮轮产品需求价格弹性较大的特点，实行差异化定价策略，以便不同的消费者可以根据自己的价格期望选择自己愿意购买的邮轮产品。根据CLIA（2014）的数据，2002~2013年，邮轮产业中25~29岁的年轻邮轮消费者比例仅占6%~8%。而年轻消费者的边际消费倾向随着价格的上升是下降的，过高的价格会使年轻的消费者选择其他性价比更高的出行方式，经济适用的邮轮产品将会吸引更多的潜在年轻消费者进入邮轮市场，也会使得经历过邮轮旅游的消费者再次选择邮轮出行。

本章小结

中国国民总收入的增加，导致了中国居民的人均可支配收入的增加，进而使得消费层级升级，消费的升级给邮轮产业的发展起到正向的作用，促进了中国的邮轮产业的发展和模式的转变。我国邮轮产业已经从高速的发展模式转变成高质量模式，邮轮旅游者的消费行为也发生了巨大的变化，邮轮行业要掌握并适应这种变化，进而调整营销策略，促进邮轮旅游市场的进一步发展。

第五章

中国邮轮旅游产业联盟式发展模式与路径

邮轮行业是旅游业和航运业相结合的一个独特行业，具有明显的规模经济特征，包括密度经济和船队规模经济[309]。邮轮行业的发展模式源于国际顶尖的邮轮核心企业在历史发展过程中持续的并购或联盟行为的结果。虽然现有的学术文献对中国邮轮市场的邮轮产业发展进行了大量的研究，但对邮轮市场中不同企业发展战略研究的却很少，对不同邮轮主体间的关系研究也不常见。本书拟从纵向和横向战略联盟的视角，运用进化博弈理论阐述中国邮轮相关企业内部以及与国际邮轮公司之间开展战略联盟并开拓中国市场的动因、可能结果（存在的不稳定性）以及对策（如何保持企业战略联盟的稳定性）等问题。

第一节 国际邮轮旅游市场结构及邮轮公司的行为

邮轮公司是邮轮旅游市场的主体，中国邮轮旅游产业的发展离不开邮轮公司这一主体的发展。由于邮轮是一种高额固定成本投入的资本密集型的行业，其市场结构、企业行为及市场绩效与一般的旅游行业不太一样。因此本节主要围绕邮轮公司的结构—行为—绩效进行分析，以便为后续中国邮轮旅游相关企业的联盟发展提供启示。

一、邮轮旅游市场结构

市场结构因进入市场的企业数目、企业规模以及分布状况而不同。而垄断或市场力与市场结构密切相关。传统意义上，市场份额（或市场占有率）或者市场集中度可成为研究市场力的重要指标，除此之外，进入或退出壁垒以及潜在的竞争都可能决定市场力。

(一) 邮轮运营市场的集中度

全球邮轮运营市场高度集中，通常在垄断竞争或寡头垄断市场模式下运作[52,308-309]。根据《中国邮轮产业发展报告（2019）》的数据，在企业邮轮数量上，全球前五大邮轮运营集团分别是嘉年华邮轮集团（CCL）、皇家加勒比邮轮集团（RCCL）、诺唯真邮轮集团、地中海邮轮集团和云顶邮轮集团，邮轮数量分别达到105艘、52艘、26艘、15艘和9艘（见表5.1）。这五大邮轮集团在不同国家或地区投放不同的邮轮品牌，邮轮运力和市场份额也不尽相同。例如在地中海地区，全球三大邮轮公司，即嘉年华邮轮公司-CCL、皇家加勒比邮轮-RCCL和云顶邮轮集团控股的丽星-挪威邮轮公司-NCLl主导邮轮市场，通过18个品牌运作，以适应当地需求[310]，其中，CCL和RCCL控制了60%的市场份额[89]。

表5.1 全球五大邮轮企业在全球市场运力和市场占有率情况（2018年）

邮轮公司	邮轮品牌（个）	邮轮数量（艘）	床位（万个）	运力份额（%）	营业收入（亿美元）	营收增长（%）
嘉年华集团	9	105	24.04	42.3	188.8	7.8
皇家加勒比集团	6	52	13.20	23.2	94.9	8.2
诺唯真游轮集团	3	26	5.48	9.6	60.6	12.2
地中海邮轮集团	1	15	4.46	7.8	39.6	21.5
云顶邮轮集团	3	9	1.54	2.7	16.0	34.0
合计	21	207	48.72	85.6	399.9	10.7

资料来源：汪泓. 中国邮轮产业发展报告（2019）[M]. 北京：社会科学文献出版社，2019.

从全球市场份额来看，2018年全球在运营邮轮342艘，下铺客位量共计56.9万个，其中全球最大邮轮运营商嘉年华集团客位总量最大，市场占比达到42.3%，皇家加勒比游轮集团占比23.2%，诺唯真邮轮集团占比达9.6%，地中海邮轮集团占比达7.8%。按照市场中最大企业的累计百分比来看，邮轮运营市场四企业集中率（CR4）为82.9，说明邮轮运营市场是一个非常典型的寡头垄断市场。

从中国市场布局来看，2018年中国母港邮轮共有16艘，主要由皇家加勒比、歌诗达邮轮、丽星邮轮公司共同运营，如表5.2所示。

表 5.2　　邮轮企业在中国市场运力和市场布局情况（2018 年）

邮轮公司	邮轮	总吨位（吨）	标准载客量（人）	市场布局
皇家加勒比	海洋量子号	16.78	4180	上海
	海洋赞礼号	16.78	4180	天津/香港
	海洋航行者号	13.80	3284	深圳/香港
地中海邮轮	辉煌号	13.80	3274	上海
歌诗达邮轮	赛琳娜号	11.45	3780	上海
	大西洋号	8.56	2680	上海/深圳
	幸运号	10.30	3470	青岛/大连
丽星邮轮	处女星号	7.53	1804	上海/深圳/青岛
	双子星号	5.07	1532	厦门/青岛/海口
	宝瓶星号	5.13	1511	青岛
天海邮轮	新世纪号	7.24	1814	上海/厦门/深圳
诺唯真邮轮	喜悦号	16.77	3850	上海/天津
公主邮轮	盛世公主号	14.30	3560	上海
钻石邮轮	辉煌号	2.45	1200	海口/连云港
渤海邮轮	中华泰山号	2.45	1200	三亚/大连
星梦邮轮	世界梦号	15.13	3352	广州/香港

资料来源：汪泓. 中国邮轮产业发展报告（2018）[M]. 北京：社会科学文献出版社，2018.

（二）邮轮企业的进入和退出

由于高昂的运营资产、运营管理专业化等特征，邮轮行业通常需要利用从规模经济中产生的效率和协同效应，具有很高的进入壁垒和退出壁垒[311-312]。

进入壁垒的来源不仅与规模经济有关，还与品牌知名度和相关的声誉效应，与分销渠道（即代理机构和旅行社）的关系，与邮轮价值体系中的互补参与者的关系，以及与所要进入港口及其相关设施（邮轮码头）的关系有关。邮轮公司通常根据已有企业的品牌效应、利用已有的分销系统、利用旅游经营商合作进行产品组合，以及通过控制舱位供应量形成各种不同的进入壁垒[311]。

二、邮轮旅游市场行为

邮轮公司战略性地投资并购，以阻止潜在竞争对手的进入，利用规模经济在进入后的竞争中具有成本优势、增加市场份额、抢占现有竞争对手随后的扩张[52]。此外,邮轮公司与同属一个供应链的其他伙伴(例如,旅游运营商、娱乐运营商、饮食供应商、港口码头)进行多项战略联盟,以加强其竞争力。

(一) 定价行为

其他航运市场的需求来自贸易,而且价格相当缺乏弹性,但邮轮旅游产品具有价格易逝、存量固定和高固定成本、低边际成本的特征,邮轮公司多采用动态收益管理方式定价[179]。多数学者从邮轮客舱存量管理角度探讨邮轮产品的最优价格制定问题。Wie提出邮轮公司在有限的决策周期内要以最大化自身利润为目标的最优舱位投资决策,要将邮轮价格与舱位联合决策[309]。Erkoc等认为可根据船上销售收入和游客满意度,利用动态规模模型来控制邮轮库存并制定价格[313]。孙晓东和冯学钢提出采用基于需求学习的动态价格调整策略进行定价管理[177]。

在欧美国家,低价销售船票是邮轮公司普遍采用的定价行为,这是由邮轮旅游产品的双重收益特点决定的。邮轮公司的收益主要来源有两块,一是船票收益,二是船上收益。低价销售船票可以确保邮轮公司在邮轮市场上招徕更多的顾客,更重要的是,更多顾客才能确保邮轮公司争取更大规模的船上收益。邮轮低价使得以价值导向的邮轮产品相对高端邮轮获得了价格上的竞争优势。

邮轮旅游市场大多数属寡头垄断市场,具有采取差别化定价的优势。邮轮公司可以针对每个顾客进行单独定价和管理,更多情况下,邮轮公司采用差异化的套餐和差异化的票价以提升邮轮产品营销的灵活性[314]。

(二) 差异化行为

在垄断竞争市场或寡头垄断市场中,企业为了占有市场,通常采取差异化策略等非价格竞争行为,以增加需求量和降低需求价格弹性,争取更多的消费者,从而扩大利润。产品差异化通常包括销售地、服务、物理特性和品牌形象的不同得以实现。

虽然邮轮行业的服务标准化和成本领先的重要性日益突出,但产品同质化问题是邮轮行业发展的痛点。在邮轮旅游市场,邮轮产品更新换代成为邮轮相关企业破局产品同质化的关键,差异化不断成为邮轮公司重要的竞争武器。为了满足客人的愿望,邮轮公司不仅通过并购或合作方式开发新的品牌,还通过开发新的目的地、新的船舶设计、新的和多样化的船上便利设施、设备和服务，以及广泛的海滨活动来改变自己[89]。例如，有些邮轮公司借助邮轮翻新改造等方式不断引入高科技的新产品，实现产品推陈出新，有些邮轮公司借助航线变化以实现航线差异化。

1. 品牌差异化

全球前五大邮轮集团，除了地中海邮轮集团采取单一品牌策略之外，其他四大邮轮集团均采取多品牌策略实现邮轮产品的差异化。截至2018年，嘉年华集团拥有10大邮轮品牌100多艘邮轮，包括嘉年华邮轮、歌诗达邮轮、公主邮轮、爱达邮轮、荷美邮轮、P&O邮轮、P&O澳大利亚邮轮、冠达邮轮、世邦邮轮以及2016年新推出的fothom品牌。其中，意大利歌诗达邮轮秉承意式服务理念，P&O邮轮是世界历史最悠久的，世邦邮轮属于奢华邮轮品牌。皇家加勒比邮轮集团拥有6大邮轮品牌，包括皇家加勒比国际邮轮、精致邮轮、途易邮轮、普尔曼邮轮、精钻邮轮、天海邮轮等，其中与中国大陆合作的天海邮轮已于2018年关闭。诺唯真集团拥有诺唯真邮轮、年轻邮轮品牌大洋邮轮以及奢华邮轮品牌丽晶七海邮轮三大品牌。亚洲本土企业云顶香港集团旗下的邮轮品牌包括丽星邮轮、豪华邮轮品牌星梦邮轮以及奢华品牌水晶邮轮等。作为新兴的邮轮市场，提供了世界5%的邮轮动力，中国邮轮母港运营的邮轮品牌数量亚洲第一[179]。

2. 邮轮套餐差异化

邮轮套餐差异化就是邮轮公司普遍采用的吸引更多消费者参与邮轮旅游的方式。这种差异化套餐包括高质量的船上服务和岸上的活动（短途旅行），提供参观新的文化和旅游景点的机会，以及船舶的综合调运[34,56,119]。具体来说，套餐差异化包括以下几个方面：

第一，航线差异化。与整个旅游业的其他传统部门相比，邮轮公司有可能在地理上重新定位船只，并利用季节性相反的不同邮轮目的地之间的地理互补性[240]实现差异化的航行路线规划。航线的差异化成为邮轮公司实现差异化的重要因素。为了实现航线差异化，各大邮轮公司纷纷开辟新航线。包括新兴的北极游、南极游，甚至通过私人岛屿实现航线差异化。在中国，由于休假制度和地理因素，大多数邮轮公司推出的航线都是日韩游产品，航线停靠点多是日本和韩国，航线日程多在5~7天。但在2018年，恺撒旅游与地中海邮轮联手推出国内首条"环中国海"邮轮航线，为中国邮轮市场带来了一股小清新流。该邮轮航线与常规航线不同，航线途径港口众多，不仅包括传统的长崎、釜山、那霸、鹿儿岛等日本和韩国港口，还增加了天津、舟山、香港、厦门四大母港。航线全程共计 16 天，但游客可灵活选择上、下船港口及航线，从而使得实际航程可分解为 3 天、7 天或全程。此外，歌诗达大西洋号推出了 46 天的环南太平洋航线，歌诗达大西洋号还推出了 86 天的环球之旅。

第二，岸上旅游套餐差异化。岸上旅游套餐在连接港口、当地社区和邮轮服务中起重要的作用。Cusano 等提出停靠港的短途旅游是邮轮公司区分服务的一种手段[89]，多样化和不断变化的岸上旅行可能有助于吸引重复旅游者，同时促进口碑宣传[315]。例如邮轮公司可以借助靠近港口的景点数量和一些停靠港所能提供的服务差异（如不同的交通工具、食品和饮料质量服务以及特色文化景点）[89]，以实现差异化。

第三，邮轮主题差异化。邮轮主题差异化也是邮轮公司吸引游客的一种手段。早期的邮轮公司采用符合效率、可计算性、可预测性、控制和"理性的非理性化"等核心原则的麦当劳化的邮轮主题[54]。近10年来，邮轮公司通过选择豪华经典的大型或超大型邮轮，迅速向拉斯维加斯度假式的旅游模式靠拢[316]。邮轮公司通过推出各种主题来打造不同的邮轮航线，如美食之旅、艺术赏鉴之旅、海上探险之旅、生态之旅[179]，乃至借助高科技手段更新娱乐项目等方式来吸引特定的游客。例如，加勒比邮轮公司引入机械臂等人工智能相关的科技产品。又如为了适应中国市场，邮轮公司引入了中国元素，包括大量引入中国的戏剧、相声等娱乐元素的天海邮轮。但实际上，邮轮上的娱乐设施大同小异，更多是船只大小、餐厅数量等细节有所差异。

借助差异化策略，邮轮公司可以提供船上出售的货物和服务，以及通过在停靠港销售短途旅行来创造额外的收入流[54,317]。因为邮轮本身就代表了目的地，作为一个拥有多种属性和设施（如酒吧、游泳池、水疗中心、赌场、剧院、餐厅、精品店等）的浮动度假胜地，邮轮公司可以在船内和岸上游览服务中创造一个专属市场，从而提供额外的收入来源机会[53]。Vogel（2017）指出，RCCL 和 Carnival 的船上收入占总收入的 25%，超过了他们各自的船上业务成本和营业利润的总和[318]。

（三）并购重组行为

以邮轮乘客数量计算，全球三大邮轮公司（嘉年华公司、皇家加勒比邮轮公司和丽星邮轮公司）占据了 83% 的市场份额，邮轮行业的高度集中是对新的巨型船舶的投资导致行业资本密集度不断提高的结果。在过去几十年中，领先的邮轮公司通过实施一波激烈的并购浪潮，推动了行业集中度的提高[312]。

这可从全球三大邮轮公司实施的并购、伙伴关系和联盟关系加以说明。

1. 嘉年华集团

作为世界上最大的集团公司,嘉年华集团主要通过并购来实现横向增长。嘉年华主要采用两种方式实现扩张:一是新船订单和营销政策实现市场渗透,二是通过品牌收购实现国际化。嘉年华集团的早期战略扩张主要基于并购,即收购在品牌忠诚度和知名度都较高的美国以外其他地理市场运营的品牌/公司。例如,英国市场的P&O邮轮公司、Cunard和Ocean Village;意大利、法国、西班牙和德国的Costa;以及西班牙市场的Iberocruceros等。嘉年华保留了目标公司的品牌和经营自主权,尤其在营销和销售方面[319,240]。这些并购活动促进了嘉年华公司对同一行业关键资源的直接控制,实现了可持续的竞争优势和协同效应。

嘉年华很少与属于同一邮轮供应链的不同参与者建立纵向联盟。但是,为了丰富邮轮套餐以便为邮轮消费者创造更多的价值,嘉年华试图控制远离其核心业务的活动[320]。例如,为了提高船上与岸上的服务质量,并在全球范围内推广其邮轮产品,嘉年华与娱乐系统的合作伙伴结成联盟:包括与《纽约时报》的合作,旨在创建美国荷兰探索咖啡馆;与探索频道的合作推出了"海洋探索频道",与苏斯博士一起为儿童创建了"海洋苏斯"项目等;为了提高某些服务的质量水平(即,照片和视频的数字化),还与微软建立了两个相关的合作关系。

近几年,嘉年华为了实现竞争优势,沿着邮轮产业链的不同环节,与具有竞争优势战略活动的公司开展了股权合作。首先,2014~2015年,嘉年华与上游的造船企业(即意大利的芬坎蒂尼和中国的CSSC)签署了两个重要的协议,其目的不仅仅是为了发展中国邮轮旅游市场的造船能力,更是希望通过建造新的"专用"船只来渗透中国市场。其次,嘉年华还与港口码头建立了股权合作关系,以改善港口相关阶段的服务[321],进一步创造客户的价值和满意度。嘉年华积极参与墨西哥科苏梅尔的普尔塔玛雅(Puerta Maya in Cozumel, Mexico)、土耳其和凯科斯群岛的大土耳其邮轮中心(Grand Turk Cruise Centre in the Turks and Caicos Islands)、洪都拉斯罗阿坦的桃花心木湾(Mahogany Bay in Roatan, Honduras)以及加州长滩(Long Beach, California)等邮轮码头的建设。2016年,歌诗达还与上海港务局签署了一项合作协议。在巴塞罗那,嘉年华已经开始运营私人邮轮码头(D航站楼,名为Palacruceros),并已获准建造和运营第二个航站楼。该航站楼位于该港口Adossat码头的新E航站楼,将是欧洲最大的航站楼之一,该航站楼于2016年开工建设,2018年开业。此外,嘉年华目前正与巴塞罗那港务局合作,在码头兴建及开放首个公众停车场,为邮轮旅客提供超过300个泊车位。

2. 皇家加勒比邮轮集团

作为世界上第二大邮轮集团,皇家加勒比是1997年由皇家加勒比和名人邮轮公司(Celebrity Cruise Lines)合并的结果。随后,为了渗透欧洲和拉丁美洲市场,皇家加勒比实施了该集团合并后的唯一重大横向并购,即收购铂尔曼图(Pullmantur)。

与嘉年华集团以外部增长为主的增长路径不同,皇家加勒比主要采用内部增长战略或与旅游运营商合资方式为新市场打造新品牌。沿着内部增长的道路,皇家加勒比游轮公司于2007年创建了Azamara Club Cruises(作为Celebrity Cruises的子公司),并于2008年创建了CDF(Croisieres de France)。随后,与德国旅游运营商途易(TUI)的合资企业随后创建了致力于德国国内市场的"途易邮轮"(TUI Cruise)品牌。考虑到中国市场在全球格局中的战略地位,2014年,携程国际与JV成立了合资公司,为中国市场开发一个新品牌(天海邮轮,已于2018年退出);在这种情况下,皇家加勒比重复了与TUI合作时使用的"商业模式"。该公司最近的重点是扩大其在中国港口码头的业务。事实上,2012年,皇家加勒比与信德集团(Shun Tak Group)和环球飞行服务控股(Worldwide Flight Service Holding)签订了香港启德邮轮码头的管理合同。皇家加勒比公司之所以采取股权合作战略,其原因在于类似德国、中国等新的地理市场被评估为高度"风险市场"(从社会人口和文化特征角度来看属于"遥远的"地方),然而在这些新市场中开发新品牌对于实现竞争优势至关重要。

皇家加勒比也利用非股权伙伴关系来控制与邮轮套餐相关的活动。2011年,皇家加勒比与新加坡专注于机场登机口管理和餐饮服务的SATS有限公司(SATS Ltd Singapore)建立了合作关系,其目的是控制登记阶段的安排以及来往皇家加勒比和阿扎马拉船只的行李转运。这种实施模式也被嘉年华所效仿:寡头垄断的结构,实际上高度鼓励模仿行为。最近的趋势是让中国运营商参与进来,以便打入世界上最具吸引力的原始市场,即中国市场。

3. 云顶集团(丽星邮轮-挪威邮轮)

云顶集团(Genting Group)在2004年收购丽星邮轮-挪威邮轮公司(NCL),并在东亚及东南亚地区营运邮轮业务。NCL成立于1966年,被收购之前,是世界上第三大邮轮公司,亦是该行业中历史最悠久的公司之一,主要在欧洲和北美开展业务。云顶集团收购 NCL 的目的是扩大在邮轮行业的市场份额，这次收购之后，该集团通过内部模式、投资新船和营销，加强了其在邮轮行业的市场份额。2015 年 3 月，为了开拓其在日本的邮轮市场，云顶集团收购了日本邮轮集团 Nippon Yusens Kaisha 旗下的豪华邮轮 Crystal Cruises。

云顶集团还寻求与处于邮轮价值体系不同阶段的公司建立伙伴关系，以促进与核心服务的协同效应。这些伙伴关系包括：餐饮和食品饮料供应商，如菲律宾的环球集团（Alliance Global group Inc.）；旅游运营及代理服务，如中国的中青旅；无线技术服务，如无线海事服务；LLC-WMS 以及运输及码头服务有限公司，如新加坡新翔集团（SATS Ltd.）。因为这些活动虽远离核心业务，但有助于丰富邮轮套餐，为邮轮旅游者创造价值，对公司的竞争力有一定的意义。

三、邮轮旅游市场绩效

（一）市场规模

邮轮公司采取并购与联盟相结合的方式，促使该行业资本密集度不断提高，从而形成寡头垄断市场结构。在邮轮行业发展的前几十年，邮轮公司战略性的投资并购，以阻止潜在竞争对手的进入，利用规模经济使其在进入行业后的竞争中具有成本优势，增加市场份额，抢占现有竞争对手可能出现的扩张[52]。随后，邮轮公司更多与同属一个供应链的其他伙伴（如，旅游运营商、娱乐运营商、饮食供应商、港口码头）进行多项战略联盟，以进一步加强其竞争力。三大邮轮公司在全球的市场规模不断扩张，如表 5.3 所示。

表 5.3　　　　　　　三大邮轮公司的关键数字

公司	乘客市场份额（％）	收入（％）	船舶数量（艘）	乘客数量（人）	品牌
嘉年华集团	48.10	42.20	106	235653	Carnival Costa Cruises Princess Aida Holland America P&O Cruises P&O Australia Libero Cruies Cunard

续表

公司	乘客市场份额（%）	收入（%）	船舶数量（艘）	乘客数量（人）	品牌
皇家加勒比	23.1	22.1	42	104898	Seabourn Royal Caribbean Pullmantur Azamara Celebrity Croisieres De France（CDF）
云顶集团（NCL + Star）	11.70	14.2	26	520900	Norwegian Oceania Cruises Regent Seven Seas Star Cruie
小计（三巨头）	82.90	78.50	174	392641	—
全球总供应	100.00	100.00	298	486385	—

资料来源：Penco L, Profumo G. Mergers, acquisitions and alliances in the cruise tourism industry [J]. Tourism and Hospitality Research, 2019, 19（3）: 269 – 283.

（二）行业利润率

邮轮公司在全球邮轮市场保留着重要控制权，从而获取高额的利润率。Lu 和 Mazzarella 提出邮轮行业的年销售额达 125 亿美元，规模达数十亿美元，哪怕行业利润率每年微小增长（如 4.3% ~ 6.2% 的收入增长），每年盈利也有大幅度的增加（5 亿 ~ 8 亿美元）[314]。

增加邮轮收入是邮轮公司的重要举措。其中，客票收入是三大邮轮公司的主要收入来源，一般占三大邮轮公司总收入的 70% ~ 75%。邮轮公司还会扩大岸上业务，通过佣金和与岸上短途旅行集聚商和其他地面经销商的分包关系，获取了高达 70% 的消费者岸上短途旅行的价值[322]。邮轮公司的岸上整合业务包括在加勒比地区各港口开发度假胜地和私人港口。

减少支出成本是另一个重要举措。邮轮公司会通过利用其谈判能力来降低港口费用和其他税收以控制成本。邮轮公司在港口的费用通常包括乘客费用、航行费、港口税以及水、电、卫生服务设施等公共服务费。每个港口或地区都想提高港口费用和税收，但实际很难，因为很多地区的港口具有可替代性，并且邮轮公司以资本投资形式降低的沉没成本水平，限制了各国高昂的谈判费用的杠杆作用[322]。

第二节
中国邮轮旅游市场结构变异及相关邮轮企业行为

中国是全球增长最快的邮轮市场。为了扩大市场规模，增加盈利，越来越多的邮轮公司进入中国这一新兴市场。虽然在国际邮轮市场上，邮轮公司采取兼并或联盟的方式，处于市场的垄断地位，但中国邮轮市场的发展与国际邮轮市场存在明显的不同。

一、中国邮轮市场结构的变异

中国参与邮轮运营的现有方式不同于欧美国家。当前中国邮轮产业虽然蓬勃发展，但中国本土邮轮产业尚未形成完整的产业链条，产业链上游没有独立设计建造邮轮的能力，中游缺乏邮轮经营的专业管理团队，邮轮产业格局仍然是国外邮轮品牌主导中游的邮轮运营，向产业链下游输出邮轮产品，国内旅游企业主要集中在从事邮轮船票等邮轮旅游产品的销售业务，其中包船和切舱是国际邮轮公司在中国经销邮轮产品的主要模式[179]。旅游中间商通过包船/切舱方式控制邮轮产品销售市场。其中包船模式是指某一旅游中间商从邮轮公司获得某一航次的独立经营权，成为一级批发商垄断某一航次的经营行为。切舱模式则是几家旅游中间商联合进行的邮轮包船。这与北美早期邮轮企业80%的船票通过旅行社进行销售的方式一样。

对于邮轮公司而言，包船和切舱销售模式刺激旅游中间商销售邮轮的积极性，成为其快速打开中国邮轮市场采用的渠道营销模式。然而这种模式使得邮轮旅游市场进入门槛低、旅游中间商众多，市场集中度不强、但需求巨大的状态。原有的邮轮市场竞争主体由邮轮公司转变为旅游中间商之间的竞争，相应的市场结构由邮轮公司之间的寡头竞争变为邮轮旅游中间商的垄断竞争市场，旅游中间商成为中国邮轮旅游市场的竞争主体，邮轮市场集中度低、市场壁垒也较低，由于邮轮产品提供商（销售商）变异导致渠道变异，最终导致产品市场结构变异情况如表5.4所示。

表 5.4　中国邮轮市场与欧美邮轮市场邮轮产品供应差异情况

比较项目	欧美等国际邮轮产品	中国国内邮轮产品
产品市场结构	寡头垄断市场	垄断竞争市场
产品提供商	邮轮公司	中间商
产品构成	船票和岸上游自由组合	船票与岸上游捆绑
产品性质	自由组合的自助产品	包价旅游产品
产品价格	船票价格+岸上价格	统包价格（含岸上游）
销售渠道	旅行社代销	包船/切舱经销
旅游中间商职能	销售代理商	批发商或经销商
邮轮公司职能	销售委托方，控制销售渠	生产商，仅提供邮轮船上产品
中间商收入	销售提成和销售奖	销售利润和岸上旅游团利润

资料来源：根据孙瑞红等（2016）[179]整理。

在以旅游中间商为主的中国市场中，邮轮公司仅仅局限在几个邮轮港口开展母港或停靠港业务，要创新邮轮航线或目的地港口很难，因而只能在邮轮船上，通过餐饮、娱乐乃至借助高科技实现不同船舶的特色，这种产品差异化策略很难突出优势，直接竞争压力加大。对于长期在国外实现垄断地位的邮轮公司而言，要形成价格共识可能存在一定的困难（下文将通过横向联盟展开论述），因此邮轮公司无法对市场施加价格影响。

在以旅游中间商供应邮轮产品为主的中国邮轮市场上，包价旅游成为中国邮轮产品的主要形式，价格成重要营销手段，旅游中间商为了扩大市场份额多采用低价渗透策略和低价招徕策略方式招徕游客。但这种价格竞争使中国邮轮市场邮轮产品价格持续下降，并产生了一系列的负面影响，陷入"低价魔咒"。一方面经销商为扩大市场份额而采用低价渗透，邮轮消费者因期望低价而产生购买观望，经销商因销售放缓而加大促销力度继续降价[323]；另一方面，邮轮公司为弥补成本而降低邮轮产品和服务标准并增加收费项目，邮轮产品品质下降导致邮轮体验和竞争力下降，又迫使邮轮公司新一轮降价。

低价竞争不仅导致邮轮公司的市场占有率不断下降，而且迫使部分邮轮公司退出经营或退出中国市场。如 P&O 邮轮公司大幅降价使得冠达邮轮的市场占有率下降，而 2018 年天海邮轮直接宣布退出中国市场。从中国邮轮行业的盈利情况来看，从事包船/切舱的旅游中间商因形势不好而利润率普遍为负。低价困境呼吁邮轮公司战略重组，亦呼吁中国邮轮市场格局创新。

二、国际邮轮公司在中国的行为

虽然中国邮轮市场的低价困境是国内邮轮产品变异、营销渠道变异进而导致市场结构变异共同作用的结果[179],但长期存在的低价困境势必对中国邮轮市场的健康发展造成长远的影响。为破除低价困局,以促进中国邮轮市场的健康发展,邮轮公司应从市场战略高度重新思考企业在中国市场的整体发展行为、战略和营销规划。

理论上,邮轮公司可减少对旅游中间商的依赖,通过提升自身产品吸引力来吸引渠道各方积极销售,加强对渠道控制,最终促使当前以价格主导竞争向品质竞争、差异化竞争、特色化竞争过渡[179]。但在实际实施过程中,中国邮轮市场的复杂性和存在的风险性,使得邮轮公司很难减少对旅游中间商的依赖。

从前文的分析可知,邮轮行业是一种高度集中的行业,这种集中是过去几十年由领先的邮轮公司通过一波激烈的并购浪潮达到的[89]。通过并购,邮轮公司可以阻止潜在竞争对手的进入,利用规模经济的成本优势,增加市场份额,抢占现有竞争对手随后的市场扩张[52]。而且邮轮公司还与同属一个供应链的其他伙伴进行多项战略联盟,以加强其竞争力。

对于中国市场而言,邮轮公司亟须渠道再造和产品差异化策略来开拓中国市场,联盟成为国际邮轮公司在中国市场战略实施的重要手段。邮轮公司可以与中国邮轮旅游相关企业形成联盟以共担风险或共同获利方式参与开拓中国市场。比如邮轮公司可以与在中国开拓市场具有较大利益影响的大型企业,例如邮轮修造企业、船供企业等,从供应链的视角探寻合作的可能方式。邮轮公司亦可以与中国本土邮轮企业形成利益关系,合作推进市场准入。

三、中国邮轮相关企业的应对

对于中国的邮轮旅游相关产业而言,要获得快速的发展,可利用邮轮公司在全球拓展市场的方式,采取并购或联盟行为参与国内乃至全球邮轮运营。从并购和联盟两种方式来看,并购的前提是所并购企业的资源、能力和专业知识占用成为实现竞争优势的关键,但相对邮轮公司的全球市场而言,中国市场仍属于相对弱势的新兴市场,中国企业对邮轮全球运营策略并不清晰,因此并购之路并不一定理智。相对并购而言，联盟使合作伙伴能够分担风险，并且是可逆的，因此联盟更加灵活，能够同时面对复杂性和风险[320]，联盟应该成为中国邮轮相关企业快速成长的重要方式。另外，从中国市场来看，以中小企业为主的邮轮产业链不同环节的发展，也需要企业形成联盟实体以应对国际邮轮公司。例如，以中小企业为主的旅行中间商（旅行社分销商），相互之间可形成联盟实体，通过共享资源合作销售邮轮航次，从而形成更大的市场势力，以便与邮轮公司讨价还价，改变自身作为主要分销渠道依靠每笔交易佣金的传统销售方式[251]，从而从邮轮销售中获得更大的利润。那么，企业战略联盟有哪些形式呢？中国邮轮企业如何通过参与联盟在中国邮轮市场的发展过程分享更多的收益，减少风险承担呢？

（一）企业战略联盟及其优势

Parkhe认为企业战略联盟是一种"相对持久的公司间合作安排，包括利用来自自治组织的资源和/或管理结构的流动和链接，为了与每个发起公司的公司目标相联系的个体目标的共同完成"[324]。Teece把企业战略联盟定义为"两个或更多的合作伙伴，共同承诺为了实现一个共同的目标，汇集它们的资源和协调它们的行动"[325]。根据Teece的观点，企业战略联盟内部的成员企业应该是相互独立的。对于通过采用兼并和收购等形式组成的企业战略联盟，由于被并购企业在战略上已经不能作为一个独立的企业而存在，因而不属于本书的研究范畴。基于以上讨论，本章认为企业战略联盟，指的是由两个或两个以上拥有共同利益的企业，为了共同开发或拥有市场、共同使用资源等目的，以实现加强竞争优势的战略目标，通过各种协议、契约而结成的优势互补或优势相长、风险共担、生产要素水平式双向或多向流动的一种合作模式[326]。同时，本章借鉴李再扬和杨少华的观点，将战略联盟视为两个或两个以上的组织处在不连续的短期合约（discrete short-term contracts）和完全兼并（complete merger）之间的任何一种组织间合作形式，包括合作营销协议、合作研发（R&D）、技术交易、专门生产权和专门经营权、股权投资和合资等，但不再是传统意义上的价格联盟、产量联盟[327]。

企业建立战略联盟缘起于利益，而战略联盟内部伙伴既合作又竞争的关系导致其内部的不稳定性。但战略联盟作为企业与利益相关者间建立的长期、稳定的合作关系，是比依靠并购或者独自投资更为有效的方式，企业战略联盟在灵活性、互补性、易于撤退性等方面的制度优势，使它成为企业更好地参与市场竞争的一种充满活力的新战略选择。然而，作为企业参与市场竞争的一种新的组织形式，企业战略联盟尤其是企业横向战略联盟伙伴间合作的关系类似"囚徒困境"博弈。由于局中人以效用（或利润）作为其决策的唯一目标，在不合作收益比合作收益大，且不能确定合作伙伴意图的情况下，一些战略联盟内部的成员企业期望通过欺骗或者利用合作伙伴来获得更多的收益，一旦战略联盟出现合作伙伴没有预料到的或非计划内的联盟目标、联盟契约和联盟控制方式等方面的变动以及联盟的解体或兼并，就会导致企业战略联盟在现实经济活动中的高度不稳定性[327]。

企业战略联盟作为现代企业组织制度的一种创新形式，出现在20世纪70年代，随后获得了蓬勃发展。特别是汽车制造业、电信业、计算机制造业、飞机制造业以及邮轮行业等。企业战略联盟的快速增长与该制度不可替代的制度优势造成参与战略联盟企业获得的高回报率密不可分。根据美国布兹·艾伦公司和佩卡尔对1988~1996年美国和全球的5000个企业战略联盟的研究表明，企业战略联盟的平均投资回报率超过16%，比参加战略联盟的公司自身获得的12%的平均投资回报率整整高出4个百分点。布兹·艾伦公司还对世界范围内500多家企业进行调查，结果显示，建立战略联盟的企业其收益要比没有形成这类战略联盟的企业平均高出40%。在激烈的全球化市场竞争中，企业要获得生存就要创造和保持持续的竞争优势，而持续竞争优势理论强调企业通过选择和利用不同的发展战略及采用现有战略的不同实现方式来对环境的变革做出及时迅速的反应，以提高企业竞争能力，实现企业竞争优势。麦锡高级咨询顾问Joel Bleeke和David Ernst在对全球市场的竞争格局进行深入研究后认为：对于多数全球性企业来说，合作竞争战略是企业不断评估环境变化的产物，而战略联盟则是合作竞争战略的基本和重要形式。

（二）中国邮轮企业参与战略联盟的可能形式

虽然国际邮轮协会（2020）强调邮轮公司与邮轮港口目的伙伴关系，但目前，国内外很少有专门针对邮轮旅游行业相关的伙伴关系或联盟的研究。Penco和Profumo以邮轮行业中的嘉年华、皇家加勒比以及挪威之星三个主要邮轮公司为例，提出：行业的风险和复杂性水平以及被收购的资源和能力对于收购公司竞争优势的重要性两维度是决定邮轮企业选择并购或联盟等战略决策驱动的因素[320]。Liu通过考查中国台湾地区销售邮轮旅游团联盟（PAKs）内旅行社之间的关系，提出销售旅游团联盟是一种关系交换实体，可使用关系实施方案以更有效促进 PAK 决策过程并最终执行持续的关系交换，再达到 PAK 的共同目标[251]。

在中国邮轮市场上，邮轮相关企业要采取哪些联盟形式，有哪些因素会影响邮轮相关企业战略联盟的形成？根据波特（Porter，2005）的观点，依据企业战略联盟在价值链上合作的位置不同，将战略联盟划分为纵向战略联盟和横向战略联盟两种基本形式。其中，横向战略联盟是针对竞争者之间的横向联结，而纵向战略联盟则是非竞争者间的合作，尤其是针对供应链或产业链不同节点企业之间的垂直联结。对于邮轮行业而言，企业在同一市场不仅与拥有相同或类似产品和服务的另一家企业存在合作竞争关系，而且与邮轮行业供应链上的相关企业保持着合作关系。因此，中国邮轮企业可通过纵向或横向战略联盟形式与邮轮产业链同一环节或不同环节的企业进行合作。

国内外已有大量学者应用传统合作博弈和非合作博弈理论来分析企业战略联盟问题，但大部分研究却对博弈的主体提出很高的理性要求。然而，在现实生活中，不仅参与战略联盟的成员企业本身不具备完全理性，而且企业在合作竞争过程中往往表现出复杂性的特征，从而使得企业并不具备计算最优选择的全部能力。基于"有限理性（bounded rationality）"假设的进化博弈论具有解释企业战略联盟的优势。因此，本章拟应用进化博弈论从经济学角度系统研究邮轮相关企业战略联盟制度的形成及其影响不同战略联盟稳定进化的因素。本章拟围绕邮轮相关企业战略联盟的形成和进化过程，从纵向战略联盟（非竞争性战略联盟）和横向战略联盟（竞争性战略联盟），分别讨论竞争程度不一致的两种战略联盟不同的收益矩阵模式以及影响稳定进化的相关因素，并就不同战略联盟的稳定进化提出相应的建议。

第三节 中国邮轮企业参与纵向联盟的进化博弈分析

企业纵向战略联盟是企业之间同意将其在行业价值链不同位置上的技术和能力共享而形成的。由于参与纵向战略联盟的企业在同一市场上几乎没有相同或类似产品和服务，但相互之间具有共同的利益，战略联盟内部成员主要通过加强合作，减少或消除各种经营风险，降低经营成本，获取额外的收益。因而企业纵向战略联盟更偏向于非竞争性战略联盟的性质，参与战略联盟的成员企业间进行的是一种协调博弈。企业纵向战略联盟具有下列特点：一方面，由于纵向战略联盟属于行业价值链上的不同位置的技术与能力共享而形成的,其主要目的是为了减少或消除各种经营风险,降低经营成本,因而,企业成立纵向战略联盟的出发点更多是为了能够通过降低成本来获取额外收益。另一方面,尽管大多数企业战略联盟不稳定的主要原因在于战略联盟内部的不信任、控制成本的上升以及由学习而带来力量的不平衡,但对于纵向战略联盟而言,相互之间的学习不仅不会导致一方对另一方威胁的加大,反而可能因为相互学习促进双方进一步的合作,获取更大的收益。因而,纵向战略联盟的稳定性较高,这也反映了现实的情况。

从前文的分析可以发现,全球大型的邮轮公司为了丰富邮轮套餐以便为邮轮旅游者创造价值,或者为了渗透邮轮旅游目的地的市场,甚至为了改善港口目的地相关阶段的服务,会与同一邮轮产业链的不同参与者实施纵向联盟。国际邮轮协会(CLIA,2020)也强调邮轮公司与邮轮港口/目的地政府的合作,以强化目的地管理。与邮轮公司进行纵向联盟或构建伙伴关系的参与者可能是船上/岸上的产品服务供应商,也可能是邮轮船舶制造企业以及港口码头等,这对于中国邮轮市场上的相关企业尤其是小型企业来说,是参与全球邮轮产业链的良好机会。中国在船舶制造方面的优势不够明显,很难与三大邮轮公司形成船舶制造方面的合作,但可以开展修造方面的合作。中国邮轮市场的相关企业可以与邮轮公司形成战略联盟,实现船上/岸上的产品服务供应,或者进行邮轮港口码头的建设和管理。最直接的策略是国内的海滨短途旅行运营商与邮轮公司建立联系[322]。当然,国内大型企业也可出面为邮轮公司提供跨供应链的综合服务,包括运输、岸上旅行、物流和船供产品选择等。对于较小规模的运营商来说,则通过加入大型企业并与其合作,以保持发展。但不管是哪个环节的合作,为顺利参与纵向战略联盟,合作企业需要建立哪些优势,同时注意避免哪些问题则需要进一步思考。

对于同一邮轮行业价值链上的不同邮轮旅游相关企业而言,是否形成纵向联盟取决于该联盟是否能给参与联盟的企业降低成本,或带来更高的收益。通常,建立纵向联盟带来的收益超出由于与邮轮公司合作而不是选择各自独立运作所带的额外成本时,才有可能促使纵向战略联盟的形成。本章基于陆晓倩等关于纵向战略联盟的观点[329-330],以邮轮港口目的地的岸上旅游产品供应企业与邮轮公司之间的纵向联盟为例,探讨邮轮产业链不同环节供应商与邮轮公司之间组建纵向联盟的过程及其可能的进化路线。

一、邮轮相关企业纵向战略联盟的形成

(一) 纵向战略联盟企业与非战略联盟企业的利润函数

假设国内邮轮市场（如港口/目的地）中有 n 家供应邮轮岸上旅游产品的企业。为简化分析，假定各个企业原产品成本相同，均为 c，最终提供邮轮目的地产品的市场价格一致，均为 p。假定有 y 家邮轮岸上旅游产品供应企业与邮轮公司建立战略联盟，并且通过向邮轮公司投入专用性资产（如提供港口优惠停靠政策或岸上短途旅行免费参观项目等）使得战略联盟内部企业的生产成本降低或收益增加（例如吸引邮轮公司停靠，促进地区经济增长等，为简化分析，统一定为生产成本降低），组建战略联盟需要投入资源 $T(x)$（可视为企业投入的成本），这些投入使战略联盟企业最终产品的成本下降 $x(x>0)$。一般而言，成本降低的幅度越大，需要投入的资源就越多，因而，$T' > 0$，$T'' > 0$，可令 $T(x) = \lambda x^2$。其中 $\lambda > 0$，是与投入资源的专用性程度有关的常数，对于相同的资源投入，λ 越大，成本降低的幅度越小，表明投入战略联盟资源的专用性程度越小；相反，λ 越小，相同资源投入导致成本降低的幅度越大，表明资源的专用性程度越大。另外 $n-y$ 家邮轮企业没有组建战略联盟，直接借助市场上提供邮轮产品，产品的成本不变。假定企业生产成本的下降提高了企业的利润。所有企业面对的市场需求函数取线性形式 $Q = a - p$（a 为常数，Q 为市场需求量，p 为产品的市场价格），则反需求函数为 $p(Q) = a - \sum_{k=1}^{n} q_k$，其中 q_k 为企业 $k(k=1,\cdots,n)$ 的产品产量。以 π_i 表示企业 i 的利润，战略联盟成员企业与非战略联盟企业的利润分别为：

$$\pi_i = q_i(a - \sum_{k=1}^{n} q_k - c + x) - \lambda x^2, i = 1,2,\cdots,y \tag{5.1}$$

$$\pi_j = q_j(a - \sum_{k=1}^{n} q_k - c), j = y+1, y+2,\cdots,n \tag{5.2}$$

企业不管是否参与战略联盟决策，都要考虑企业参与战略联盟所获得利润与投入成本之间的关系。在式（5.1）和式（5.2）中，先假定企业的生产成本和投入水平给定，n 家企业选择最优产量应满足一阶条件为：

$$\frac{\partial \pi_i}{\partial q_i} = a - \sum_{k=1}^{n} q_k - c + x - q_i = 0, i = 1, 2, \cdots, y$$

$$\frac{\partial \pi_j}{\partial q_j} = a - \sum_{k=1}^{n} q_k - c - q_j = 0, j = y+1, y+2, \cdots, n$$

联立上述两个方程式可求得企业的均衡产量为:

$$q_i = \frac{a - c + (n + 1 - y) \cdot x}{n + 1}, i = 1, 2, \cdots, y \tag{5.3}$$

$$q_j = \frac{a - c - y \cdot x}{n + 1}, j = y+1, y+2, \cdots, n \tag{5.4}$$

式(5.3)和式(5.4)表明,最终产品成本下降的幅度越大,参与战略联盟企业提供服务数量越大,未参与战略联盟企业提供服务数量越小。

在均衡产量水平上,参与战略联盟企业与非参与战略联盟企业的利润分别为:

$$\pi_i = \left[\frac{a - c + (n + 1 - y) \cdot x}{n + 1}\right]^2 - \lambda x^2, i = 1, 2, \cdots, y \tag{5.5}$$

$$\pi_j = \left[\frac{a - c - y \cdot x}{n + 1}\right]^2, j = y+1, y+2, \cdots, n \tag{5.6}$$

企业参与战略联盟最佳投入的一阶条件为:

$$\frac{\partial \pi_i}{\partial x} = \frac{2[a - c + (n + 1 - y) \cdot x]}{(n + 1)^2} \cdot (n + 1 - y) - 2\lambda x = 0, i = 1, 2, \cdots, y$$

可解得:

$$x = \frac{(n + 1 - y) \cdot (a - c)}{\lambda (n + 1)^2 - (n + 1 - y)^2} \tag{5.7}$$

相应的最佳投入为:

$$T(x) = \lambda \cdot x^2 = \frac{\lambda (n + 1 - y)^2 \cdot (a - c)^2}{[\lambda (n + 1)^2 - (n + 1 - y)^2]^2} \tag{5.8}$$

从式(5.8)可发现,企业参与战略联盟的最佳投入不仅与未参与战略联盟的企业数有关,而且与所投入资源的专用性程度有关。通常,资源的专用性程度越高,λ 取值越小,同等程度的成本降低所需要的最佳投入越少。

(二) 邮轮相关企业纵向战略联盟的形成过程

为简化分析，本节暂不考察投入资源专用性程度对成本以及最佳投入的影响，可设 $\lambda = 1$。此外，变量 π_k^f 的上标 f 表示参与战略联盟企业数的多少，$f = 0$ 表示没有企业参与战略联盟，$f = 1$ 表示有一个企业参与战略联盟，以此类推。

假定原来企业群体中均没有企业参与联盟，则各个企业的利润为：

$$\pi_k^0 = \left[\frac{a-c}{n+1}\right]^2, k = 1, \cdots, n \tag{5.9}$$

现在企业群体中有一个企业出现变异，与邮轮公司联盟，不失一般性，可假定出现变异的企业为企业 1，在这种情况下，参与战略联盟企业的利润为：

$$\pi_1^1 = \left[\frac{a-c+n \cdot x}{n+1}\right]^2 - x^2 \tag{5.10}$$

非战略联盟企业的利润为：

$$\pi_k^1 = \left[\frac{a-c-x}{n+1}\right]^2, k \neq 1 \text{ 且为不参与战略联盟的企业} \tag{5.11}$$

比较式（5.9）与式（5.10），组建战略联盟后获得的利润与非战略联盟利润的大小，取决于组建战略联盟的最优投入 $T(x) = x^2 = \frac{(n+1-y)^2 \cdot (a-c)^2}{[(n+1)^2 - (n+1-y)^2]^2}$ 的大小，如果企业组建战略联盟的投入 $T \leqslant \left[\frac{n(a-c)}{2n+1}\right]^2$（此时 $y = 1$）时，参与战略联盟利润大于非战略联盟的利润，因而企业有组建战略联盟的积极性。若投入战略联盟的成本 $T > \left[\frac{n(a-c)}{2n+1}\right]^2$，则企业没有组建战略联盟的积极性。

进一步假定供应链上所有相关企业都与邮轮公司组建战略联盟，则参与战略联盟企业的利润分别为：

$$\pi_k^n = \left[\frac{a-c+x}{n+1}\right]^2 - x^2 \tag{5.12}$$

从上述利润公式可知，如果给定投入战略联盟的成本，那么随着战略联盟企业数目的增加，参与战略联盟企业的利润减少。这主要是随着战略联盟数量的增加，战略联盟与战略联盟之间的竞争加剧所引起，但只要参与战略联盟投

入的成本 $T(x) = x^2 \leq \dfrac{(n+1-y)^2 \cdot (a-c)^2}{[(n+1)^2-(n+1-y)^2]^2}$，则参与战略联盟企业的利润仍然要比没有参与战略联盟的企业的利润要大，因而，企业总有动机参与战略联盟。这会导致别的企业出现模仿学习的行为，导致参与战略联盟企业数量的扩散。进一步分析可知，随着战略联盟企业数目的增加，企业最终产品成本下降的幅度 x 也跟着减少（每个企业的最佳投入减少），这是因为战略联盟越多，战略联盟之间对资源的竞争加大，从而使最终成本下降的幅度变小。

不失一般性，假定最终成本下降幅度与战略联盟数目无关，同时假定博弈各方采取某种策略时，其所得收益与采取该策略的博弈方所占群体的比重无关，因而可通过企业间两两配对的情形来分析企业战略联盟的形成及其稳定状态。在企业群体内企业力量相当的情况下，企业与别的企业间战略联盟的形成可视为同质群体间的博弈，因而可使用双对称二人博弈的模仿者动态加以说明。现假定群体中任意企业两两配对进行双寡头对称博弈，每个寡头企业可以采用两种策略——与邮轮公司组建战略联盟或不组建战略联盟。

（1）两个企业都不采取战略联盟策略时，每个企业的产量和利润为：

$$q_i^0 = \frac{a-c}{3}, \pi_i^0 = \left[\frac{a-c}{n+1}\right]^2, i=1,2 \qquad (5.13)$$

（2）当一个企业采取战略联盟策略，另一企业不采取战略联盟策略时，采取不同策略企业的产量和利润分别为：

①采取战略联盟策略企业的产量和利润为：

$$q_i^1 = \frac{a-c+2x}{3} \qquad (5.14)$$

$$\pi_i^1 = \left[\frac{a-c+2x}{3}\right]^2 - x^2 \qquad (5.15)$$

②不采取战略联盟策略企业的产量和利润为：

$$q_j^1 = \frac{a-c-x}{3} \qquad (5.16)$$

$$\pi_j^1 = \left[\frac{a-c-x}{3}\right]^2 \qquad (5.17)$$

（3）当两个寡头企业都采取战略联盟策略时，每个企业相应的产量和利润为：

$$q_i^2 = \frac{a-c+x}{3} \tag{5.18}$$

$$\pi_i^2 = \left[\frac{a-c+x}{3}\right]^2 - x^2 \tag{5.19}$$

令 $R = (a-c)/3$，则两寡头企业间博弈的收益矩阵可表示为图 5.1。

		寡头企业 2 参与战略联盟	寡头企业 2 不参与战略联盟
寡头企业 1	参与战略联盟	$\left(R+\frac{x}{3}\right)^2 - x^2, \left(R+\frac{x}{3}\right)^2 - x^2$	$\left(R+\frac{2x}{3}\right)^2 - x^2, \left(R-\frac{x}{3}\right)^2$
	不参与战略联盟	$\left(R-\frac{x}{3}\right)^2, \left(R+\frac{2x}{3}\right)^2 - x^2$	R^2, R^2

图 5.1　两个寡头企业参与战略联盟决策的收益矩阵

在收益矩阵中，两个企业均采取战略联盟策略的收益小于只有一个企业采取战略联盟的收益，这可认为企业都采取战略联盟策略时，战略联盟间的竞争比非战略联盟间的竞争更激烈，导致上游厂商（邮轮公司）提供产品或资源的价格提高，从而寡头企业的成本下降幅度减少。

根据经典博弈论的完全理性假定，企业具有无穷的计算能力，能够对自己以及对手的得失进行精确的计算，因此，每个企业能够迅速地判断采用战略联盟策略与非战略联盟策略的收益大小，并据此选择对自己最有利的策略。但在实际经济运行中，企业往往是有限理性的，有限理性的局中人不会立刻寻找到最优的策略，而是通过对别的局中人行为的模仿学习逐步调整策略。模仿者动态方程说明，即使在有限理性的条件下，博弈的结果也能达到完全理性的假设下的均衡结果。只是不同理性假定条件下的博弈动态过程有所不同，有限理性条件下，是通过各博弈方在博弈过程中不断地模仿与学习，是在一系列的试错过程中不断地纠正错误而达到的。

根据博弈理论可知，在该对称收益矩阵中，模仿者方程可由下式给出[332]：

$$\dot{p} = p(1-p)\left\{\left[\left(R+\frac{2x}{3}\right)^2 - x^2\right] - R^2\right] + p\left[\left(R+\frac{x}{3}\right)^2 - x^2\right.\right.$$
$$\left.\left. - \left(R-\frac{x}{3}\right)^2 - \left(R+\frac{2x}{3}\right)^2 - x^2\right] + R^2\right\}$$

简化得：

$$\dot{p} = p(1-p) \cdot \left[\left(\frac{4x}{3} \cdot R - \frac{5x^2}{9}\right) + p \cdot \left(-\frac{4x^2}{9}\right)\right] \quad (5.20)$$

因为 $x > 0$ 时，方程式（5.20）可能有三个稳定点 $p = 0$，$p = 1$ 以及 $p = \frac{12R - 5x}{4x}$，具体是否稳定取决于 x 与 R 的取值。

（1）若 $x \geq \frac{12}{5}R$，则模仿者方程只有两个可能稳定点 $p = 0$ 和 $p = 1$，并且此时 $c - a = \left(R - \frac{x}{3}\right)^2 - \left[\left(R + \frac{x}{3}\right)^2 - x^2\right] = x^2 - \frac{4}{3}xR \geq \frac{64}{25}R^2 > 0$，$b - d = \left[\left(R + \frac{2x}{3}\right)^2 - x^2\right] - R^2 = \frac{4}{3}xR - \frac{5}{9}x^2 \leq 0$，所以渐近稳定点为 $p = 0$，即两企业均不采取战略联盟方式，其原因是虽然参与战略联盟可以降低企业的成本，但参与战略联盟的投入却超过了企业增加的收益。

（2）$x \leq \frac{4}{3}R$，模仿者方程也只有两个可能稳定点 $p = 0$ 和 $p = 1$，此时 $c - a = \left(R - \frac{x}{3}\right)^2 - \left[\left(R + \frac{x}{3}\right)^2 - x^2\right] \leq 0$，$b - d = \left[\left(R + \frac{2x}{3}\right)^2 - x^2\right] - R^2 \geq \frac{64}{81}R^2 > 0$，其渐近稳定点为 $p = 1$，即两企业均采用战略联盟策略。

（3）$\frac{4}{3}R < x < \frac{12}{5}R$，模仿者方程存在三个可能稳定点 $p = 0$，$p = 1$ 以及 $p = \frac{12R - 5x}{4x}$，且 $b - d > 0$，$c - a > 0$，在这种情况下，根据前面的分析可知，$p = 0$，$p = 1$ 为不稳定点，而 $p = \frac{12R - 5x}{4x}$ 为渐近稳定点，即企业以概率 $p = \frac{12R - 5x}{4x}$ 采用战略联盟策略。说明了企业战略联盟制度与非战略联盟制度并存的现象。

由此可见，在企业进行是否参与纵向战略联盟的决策时，组建纵向战略联盟的投入大小以及参与战略联盟后可得到的产品价格的下降幅度之间的关系成为决定这种纵向战略联盟制度是否可行的两个方面。在实际经济运行中，企业之所以会采用纵向战略联盟形式，是因为企业认为采用纵向战略联盟会导致企业产品成本下降的幅度大于投入战略联盟的成本，因此，企业采用战略联盟策略的收益往往高于采用非战略联盟策略的收益，据此可解释企业战略联盟制度的生成。

但是，随着群体内战略联盟企业数量的增加，原来单纯的企业个体竞争变成了复杂的集群竞争，企业战略联盟与战略联盟之间进行着激烈的竞争较非战略联盟与非战略联盟之间的竞争更加剧烈，战略联盟企业的利润开始下降，但只要战略联盟的投入成本满足最优投入成本，采用战略联盟策略较非战略联盟策略的收益仍然较大，因而相应的进化稳定状态应该是所有的企业均希望采用战略联盟策略以增强竞争优势。但实际上，很多企业在战略联盟过程中，投入成本往往很难确定，有些战略联盟的投入成本可能高于最优投入，所以不采用战略联盟方式；但有些战略联盟的投入成本远远低于最优投入，采用战略联盟的收益高于非战略联盟收益，导致了企业对战略联盟策略的选择。此外，战略联盟形成的动因除了战略联盟的收益与成本外，还存在上述理论中可能存在的种种因素。

进一步假定博弈各方采取某种策略时，其所得收益与采取该策略的博弈者所占群体的比重无关。即当采取同一策略，并且对手策略相同的情况下，其所得收益不变，不会随采取该策略的个体的数量所占群体比重的变化而变化。在这种情况每个企业采用战略联盟的概率表示为企业群体中采用战略联盟策略的企业比率。上述模仿者动态方程就可用于表示企业群体中战略联盟的形成过程。从上述分析可知，因为群体内某个企业与外部企业战略联盟导致该战略联盟企业利润增加，别的企业在与该战略联盟企业的竞争过程中会逐渐发现采取战略联盟策略与不采取战略联盟策略的差异，因而会模仿该企业的行为，从而导致群体内参与战略联盟企业数量的不断增加。

二、邮轮企业纵向战略联盟的进化

前文根据下游企业（邮轮港口/目的地）之间的竞争关系，讨论了下游企业（邮轮目的地）通过比较战略联盟投入与收益之间的关系，面对选择参与纵向战略联盟和不参与纵向战略联盟两种不同竞争策略时决策问题。此时下游企业的博弈对象是下游企业群体中的另一个企业，讨论的是如何通过群体中的模仿学习导致企业战略联盟制度的扩散，即当参与战略联盟增加的收益超过组建联盟投入的成本时，企业会选择参与战略联盟。然而，上述结论隐含的前提条件是当下游企业（邮轮港口/目的地）与上游企业（邮轮公司）结成战略联盟时，上游企业没有考虑自身的收益大小，而始终会降低成本以达到与下游企业形成战略联盟的目的。也就是说，没有考虑到上游企业的策略选择及其对下游企业策略选择的影响等问题。实际上，下游企业能否与上游企业结成纵向战略联盟以及相应的纵向战略联盟能否稳定的进化还取决于上游企业的策略选择和上下游企业之间的博弈。因此，应从上下游企业之间的关系分析影响纵向战略联盟稳定进化的因素，进一步说明纵向战略联盟的稳定性。限于篇幅，本节仅通过邮轮公司（上游供应商）与邮轮目的地（下游企业，通过联盟向邮轮公司提供优惠停靠政策或免费岸上旅游产品）之间合作的进化说明影响纵向战略联盟稳定进化的因素。

（一）企业纵向战略联盟的进化博弈模型

在上游邮轮旅游供应商（邮轮公司）与下游目的地港口之间组成的战略联盟中，目的地港口旅游产品企业向邮轮公司提供优惠产品、服务、景点等，使邮轮公司能够快速地融入当地市场，降低了邮轮公司的成本或提高了其在邮轮旅游目的地的生命周期和竞争力，因而提高了邮轮公司的收益，同时，港口目的地因为邮轮公司提供的邮轮旅游产品，不仅充分利用了当地的旅游资源，而且提高了知名度和港口城市的竞争力，因此，对吸引到邮轮停泊的港口目的地而言也是一种有利的选择。本节将在王永平和孟卫东的基础上进行改进以说明纵向战略联盟的进化[333]。

假定邮轮产业链内的邮轮公司和港口目的地进行组建战略联盟的决策。邮轮公司与港口目的地独立生产时的正常收益分别为 R_1、R_2；邮轮公司与港口目的地采用纵向战略联盟进行合作生产预期能带来额外的净收益 ΔR（合作生产得到的总收益扣除双方为维护合作所需投入的成本）。假定邮轮公司和港口目的地通过讨价还价对合作生产产生的净收益进化分配的结果是邮轮公司获得净收益的 s，港口目的地获得净收益的 $1-s(0<s<1)$。此外，不管合作最终是否形成，任何一方为能够选择合作都需要前期的投资，包括信息收集、业务流程重组等基本费用以及建立电子数据交换系统、网上订票系统等网络平台所需要的投资，这可视为选择合作所投入的初始成本。可假定邮轮公司为选择合作所投入的前期准备成本为 $C_1>0$；同理，港口目的地为选择合作所需要投入的前期成本为 $C_2>0$。据此，可得到由邮轮公司与港口目的地构成的纵向战略联盟内邮轮公司与港口目的地分别采取合作与非合作策略时的收益矩阵（见图5.2）。

		港口目的地	
		合作	非合作
邮轮公司	合作	$a_{11} = R_1 + s \cdot \Delta R - C_1$, $b_{11} = R_2 + (1-s) \cdot \Delta R - C_2$	$a_{12} = R_1 - C_1$, $b_{12} = R_2$
	非合作	$a_{21} = R_1$, $b_{21} = R_2 - C_2$	$a_{22} = R_1$, $b_{22} = R_2$

图 5.2　企业纵向战略联盟的博弈

假定邮轮公司采用合作策略的比例为 p，选择非合作策略的比例为 $1-p$；同时，港口目的地选择合作策略的比例为 q，选择非合作策略的比例为 $1-q$。根据非对称二人博弈分析[330]，令 $a_1 = a_{12} - a_{22} = R_1 - C_1 - R_1 = -C_1$，$a_2 = a_{21} - a_{11} = R_1 - (R_1 + s \cdot \Delta R - C_1) = -s \cdot \Delta R + C_1$，$b_1 = b_{21} - a_{22} = R_2 - C_2 - R_2 = -C_2$，$b_2 = b_{12} - b_{11} = R_2 - [R_2 + (1-s) \cdot \Delta R - C_2] = -(1-s) \cdot \Delta R + C_2$。

则邮轮公司采用合作策略的平均收益为：

$$u_1^1(q) = q \cdot (R_1 + s \cdot \Delta R - C_1) + (1-q) \cdot (R_1 - C_1)$$

邮轮公司采用不合作策略的平均收益为：

$$u_2^1(q) = q \cdot R_1 + (1-q) \cdot R_1$$

邮轮公司采用不同策略得到的总平均收益为：

$$\begin{aligned}\overline{u}^1(p,q) &= p \cdot u_1^1(q) + (1-p) \cdot u_2^1(q) \\ &= p \cdot [q \cdot (R_1 + s \cdot \Delta R - F) + (1-q) \cdot (R_1 - C_1)] \\ &\quad + (1-p)[q \cdot R_1 + (1-q) \cdot R_1]\end{aligned}$$

因而，表示邮轮公司采用合作策略比例 p 的增长率的模仿者动态方程为：

$$\begin{aligned}F^1(p,q) = \dot{p} = \frac{dp}{dt} &= p[u_1^1(q) - \overline{u}^1(p,q)] \\ &= p(1-p)[a_1 - q \cdot (a_1 + a_2)] \\ &= p(1-p)[-C_1 + q \cdot (s \cdot \Delta R)]\end{aligned} \quad (5.21)$$

同理，港口目的地采取合作策略的平均收益为：

$$u_1^2(p) = p \cdot [R_2 + (1-s) \cdot \Delta R - C_2] + (1-p) \cdot (R_2 - C_2)$$

港口目的地采用不合作策略的平均收益为：

$$u_2^2(p) = p \cdot R_2 + (1-p) \cdot R_2$$

港口目的地采用不同策略得到的总平均收益为:

$$\begin{aligned}\bar{u}^2(p,q) &= q \cdot u_1^2(p) + (1-q) \cdot u_2^2(p) \\ &= q \cdot \{p \cdot [R_2 + (1-s) \cdot \Delta R - C_2] + (1-p) \cdot (R_2 - C_2)\} \\ &\quad + (1-q) \cdot [p \cdot R_2 + (1-p) \cdot R_2]\end{aligned}$$

因而,港口目的地采用合作策略的比例 q 的模仿者动态方程为:

$$\begin{aligned}F^2(p,q) = \dot{q} &= \frac{dq}{dt} = q[u_1^2(p) - \bar{u}^2(p,q)] \\ &= q(1-q)[b_1 - p(b_1 + b_2)] \\ &= q(1-q)\{-C_2 + p \cdot [(1-s) \cdot \Delta R]\} \quad (5.22)\end{aligned}$$

根据雅可比(Jacobian)矩阵对上述两个模仿者动态方程进行计算,可知模仿者动态系统在平面 $M = \{(p,q); 0 \leq p, q \leq 1\}$ 内有平衡点 $E_1(0,0)$, $E_2(1,0)$, $E_3(0,1)$, $E_4(1,1)$,并且当 $s \cdot \Delta R - C_1 > 0$ 且 $(1-s) \cdot \Delta R - C_2 > 0$ 时,$0 < \frac{C_1}{s \cdot \Delta R}, \frac{C_2}{(1-s) \cdot \Delta R} < 1$,所以 $E_5\left[\frac{C_2}{(1-s) \cdot \Delta R}, \frac{C_1}{s \cdot \Delta R}\right]$ 也是系统的一个平衡点(见图5.3)。其中,$a_1 = a_{11} - a_{12} = -C_1 < 0$,$a_2 = a_{21} - a_{11} = -s \cdot \Delta R + C_1 < 0$,$b_1 = b_{21} - b_{22} = -C_2 < 0$,$b_2 = b_{12} - b_{11} = -(1-s) \cdot \Delta R + C_2 < 0$。因此,在系统平面的五个均衡点内,仅有 $E_1(0,0)$ 和 $E_4(1,1)$ 是渐近稳定点,而 $E_2(1,0)$ 和 $E_3(0,1)$ 则是不稳定点,$E_5\left[\frac{C_2}{(1-s) \cdot \Delta R}, \frac{C_1}{s \cdot \Delta R}\right]$ 为鞍点。这意味着对于邮轮公司与港口目的地要么采取合作建立纵向战略联盟,要么不建立纵向战略联盟,采取相互竞争。邮轮公司与港口目的地博弈动态过程的平面相位图如图5.3所示。在图中,鞍点 E_5 将图分为四个区域 Ⅰ、Ⅱ、Ⅲ、Ⅳ,各区域的大小取决于收益矩阵的值所决定的鞍点的值大小。在区域Ⅰ范围内,系统将收敛于非合作状态;在区域Ⅲ范围内系统将收敛于合作状态;而在区域Ⅱ和Ⅳ范围内,系统收敛于哪种状态取决于不稳定均衡点 $E_2(1,0)$ 和 $E_3(0,1)$ 与鞍点 E_5 之间相连的折线所确定的临界线。

(二)模型分析

根据上述模型,邮轮公司与港口目的地之间究竟会向哪种均衡状态进化取

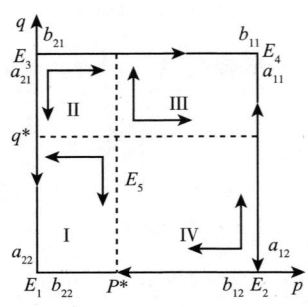

图 5.3　$a_1, a_2, b_1, b_2 < 0$

决于二者之间博弈的收益矩阵。而构成收益矩阵的参数值就成了确定系统向哪种均衡状态收敛的重要决定因素，这包括：组建纵向战略联盟后预期可获得的额外净收益 ΔR，分配的比例系数 s，邮轮公司和港口目的地选择合作分别投入的前期成本 C_1 和 C_2。其基本保证是邮轮公司和港口目的地按比例分配得到的额外净收益必须大于各自的前期投入成本，即对于邮轮公司而言，需满足 $s \cdot \Delta R - C_1 > 0$；而对于港口目的地，则满足 $(1-s) \cdot \Delta R - C_2 > 0$。

1. 额外净收益与前期投资成本

邮轮公司与港口目的地是否能够合作，与额外净收益、前期投资成本存在很大的联系。

首先，在分配比例系数给定的情况下，合作产生的净收益越多，邮轮公司和港口目的地各自分得的净收益越多，由概率 $p、q$ 所确定的鞍点 E_5 越趋近左下方，则区域Ⅲ的面积越大，且不稳定均衡点 $E_2(1,0)$ 和 $E_3(0,1)$ 与鞍点 E_5 之间相连的折线所确定的临界线越偏向 $E_1(0,0)$。这意味着邮轮公司和港口目的地选择合作策略［即收敛于 $E_4(1,1)$］的概率越大。合作产生的净收益取决于合作产生的总收益与维护合作所需成本之间的差额。

其次，前期投资成本是指为选择合作所投入各种前期建设费用，当为选择合作所需要投入的前期投资成本越小时，由不稳定均衡点 $E_2(1,0)$ 和 $E_3(0,1)$ 与鞍点 E_5 之间相连的折线所确定的右上方区域的面积越大，邮轮公司和港口目的地选择合作的概率越大。

在实践中，纵向战略联盟为确保提高收益，降低成本，除了要注重双方能否实现资源的互补性以及技术、产品等方面的协同效应以提高收益外，还必须注意协调好纵向战略联盟企业间的生产成本、运营成本以及与前期投入成本之间的关系。因为尽管前期投入成本可能很大，但它却促使企业的生产成本、运营成本的减少。充分的信息共享的基础就是需要建立电子商务系统以保证邮轮公司与港口目的地以及零售商之间的高精度对接。建立电子商务系统的代价是高昂的,一般来说,创建电子商务系统的公司往往都会向链接在自己系统上的客户收费,而且价格不菲,并且企业要接入该系统,本身也应有一整套配套的系统。如果合作伙伴不愿意花费巨额的额外投资,则合作策略就难以形成。

2. 分配的比例系数 s

当收益与额外投资之间的差额确定后,分配的比例系数成为关注的焦点。如果分配比例无法达成协议,那么双方的合作就没有办法继续进行。分配比例系数需要通过邮轮公司与港口目的地之间的讨价还价来确定。

根据纳什(Nash,1950)首创的讨价还价模型,不管是供应商与制造商之间还是其他的讨价还价过程,两人分配的讨价还价结果仅仅依赖于双方的效用函数(双方对风险的态度)以及如果未达成协议时双方的其他选择。

在实际中,讨价还价的结果取决于供应商(邮轮公司)与制造商(港口目的地)选择出价的方式。比较典型的方式是供应商与制造商轮流出价,由于讨价还价需要花费时间且博弈有可能突然中止,因此,供应商与制造商的讨价还价过程存在贴现因子(表示各自的延期成本,贴现因子越大,延期成本越低),我们可假定供应商和制造商的贴现系数分别 σ_1 和 $\sigma_2 (0 < \sigma_1, \sigma_2 \leq 1)$。根据艾里克·拉斯缪森(2003)的非合作讨价还价博弈的子博弈完美均衡,由于供应商与制造商之间进行的是无限期的博弈,完美均衡的结果是唯一的[(具体证明见文献朱·弗登博格和让·梯若尔(2002)];当供应商与制造商的贴现因子不相同,即 $\sigma_1 \neq \sigma_2$ 时,如果供应商先行动,则均衡结果为:供应商获得分配比例 $s = \dfrac{1-\sigma_2}{1-\sigma_1\sigma_2}$,制造商获得相应的分配比例 $1-s = \dfrac{\sigma_2(1-\sigma_1)}{1-\sigma_1\sigma_2}$;反之,如果制造商先行动,则制造商的分配比例为 $1-s = \dfrac{1-\sigma_1}{1-\sigma_1\sigma_2}$,供应商的分配比例为 $1-s = \dfrac{\sigma_1(1-\sigma_2)}{1-\sigma_1\sigma_2}$。这说明了先行动者具有先动优势。尤其,当供应商和制造商的贴现因子相同,即 $\sigma_1 = \sigma_2 = \sigma$ 时,先行动者获得的分配比例为 $\dfrac{1}{1+\sigma}$,后行动者获得的分配比例为 $\dfrac{\sigma}{1+\sigma}$,更体现了先行动者的优势。在实践中,先提出合作者往往具有先动优势。

上述讨论的在经典博弈理论中高度理性的纳什讨价还价解,可以在低度理性的环境中,通过讨价还价中的适应性学习过程来实现,其唯一的前提假定就是当事人对于前人所采取行为的有关具体信息或多或少地做出理性反应[332]。

假定 $u(s)$ 表示供应商的效用函数,$v(1-s)$ 表示制造商的效用函数,它们分别是份额 s 和 $1-s$ 的函数($0<s<1$),并且 u、v 都是凹的并且是严格递增。同时假定达不成协议时 $s^0=(1-s)^0=0$,并且 $u(0)=v(0)=0$,$u(1)=v(1)=1$。假定供应商与制造商在讨价还价每一期开始时进行纳什要价博弈,G 为精确度,是 δ 的离散纳什要价博弈,讨价还价的进化过程是一个具有记忆 m、错误率为 ε 的适应性博弈。令 α、β 分别表示供应商和制造商所抽取样本(记忆 m 的一部分)的理性部分(即各自所持有的信息量),并保证样本容量 αm 和 βm 为整数(为计算方便)。那么,根据可得如下定理 5.1[332]。

定理 5.1(H. 培顿·扬,2004)令 G 为精确度,是 δ 的离散纳什要价博弈,它的记忆为 m,样本容量为 αm 和 βm,其中 $0<\alpha$,$\beta\leq 1/2$。随着 δ 逐渐变小,随机稳定的分法收敛于不对称的纳什讨价还价解,即最大化 $[u(s)]^\alpha\cdot[v(1-s)]^\beta$ 的唯一的分法。

并且,如果供应商和制造商要求的份额 $s>s^0$ 且 $(1-s)>(1-s)^0$,则随机稳定的分法将任意地接近于唯一的分法 $(s,1-s)$,并且满足最大化 $[u(s)-u(s^0)]^\alpha\{v(1-s)-v[(1-s)^0]\}^\beta$。

此外,如果供应商与制造商具有相同的效用函数 $u(s)=v(1-s)$(表示具有相同的风险态度),但具有不同的信息,则结果就对具有更多信息的那一方有利。

供应商和制造商的贴现因子可理解为各自对未来合作所产生的超额收益的重视程度。贴现因子越大(延期成本越低),未来收益给双方带来的效用水平越高,如果从相位图上来看,体现为概率 p、q 的值越小,由概率 p、q 所确定的鞍点 E_5 越趋近左下方,由不稳定均衡点 $E_2(1,0)$ 和 $E_3(0,1)$ 与鞍点 E_5 之间相连的折线所确定的右上方区域的面积越大,供应商和制造商选择合作的概率越大。另一方面,贴现因子越大,还表现为双方趋向于平均分配的可能性也越大,这也有利于促进纵向战略联盟的稳定进化。

三、保证中国邮轮行业纵向战略联盟稳定进化的对策分析

战略联盟之间的相关关系依赖于三个相互关联的职能:互补性利益的融

合、特权性信息的共享、密切的配合与合作。其中融合相同的或互补的利益是战略联盟的先决条件,能够创造出战略联盟的"正和"潜力,这可从上述分析过程得到。而特权性信息的共享是战略联盟必不可少的战略性条件,它同密切的合作与配合共同作用,成为融合互补性利益,是实现战略联盟"正和"潜力的手段。对于纵向战略联盟而言,通过在价值链各核心环节展开密切合作,可促使彼此的核心专长得到互补,共同优化特定产品或零部件的设计,以改善质量和性能、降低成本,在整个价值链上创造更大的价值,达到"双赢"的协同效应。由此可见,实现纵向战略联盟的稳定进化,主要应解决好两个方面的问题,即明确的利益分配原则,顺畅的沟通协调机制。

(一)明确的利益分配原则是密切配合合作的前提

纵向战略联盟是建立在利益基础之上的。与横向联盟比较,纵向联盟中企业和合作伙伴的利益更趋同,创新过程中的价值创造更是一种集体行为,更容易产生合作需求,但合作伙伴在价值创造和利益分配方面存在分歧时,就会出现竞争压力。因而,只有平衡每个内部伙伴企业之间所贡献的资源和从联盟中得到的收益,才能保证联盟的稳定,并发挥竞争力。由于纵向战略联盟是以基于"1+1>2"的协同效应的信念为基础,通过集中资源和共同努力,创造出比单个合作伙伴独自能够创造出的大得多的利益。在许多情况下,资源的集中包括知识性资源的共享,然而知识性资源的真正传递,更需要通过有组合的配合与合作来实现,因而不是简单地通过口头沟通或书面沟通就能完成,它需要通过合作伙伴之间日复一日的、密切的配合与合作才能完成。

密切的配合与合作前提就是要明确利益分配,需要激励性的契约安排加以保证。在允许成员企业追求自身利益的条件下,通过某种协商好的行为规范来激励和约束纵向战略联盟内部上下游企业的行为,从整体上促进纵向战略联盟的绩效。激励性的契约安排并不意味着死板的书面文字合同,在合作伙伴之间日复一日的交往过程中,激励性的契约安排也可以是口头协议。一般来说,契约的制定应该是联盟成员企业共同协商的结果,最基本的标准是能够保证纵向战略联盟内部收益分配的公平性。这是因为在纵向战略联盟实现双赢情况下,对于合作收益的公平均分和供应商伙伴对伙伴关系的忠诚度与承诺息息相关。要伙伴产生忠诚或承诺,除了要让对方不仅获得报酬,还要让他们觉得自己的付出与努力最后会公平地分享到应得的回报。因此,激励性的契约安排应在伙伴关系中直接切入重点,强调贡献与报酬的平衡,并且付诸实际行动。

(二) 顺畅的沟通协调机制是充分信息共享的基础

纵向战略联盟是典型的需要协调的系统,协调能促进整体的收益大于个体利益之和,而对于缺乏协调的纵向战略联盟中,成员企业在追求自身利润最大化的过程中,往往会单独采取行动,从而与纵向战略联盟整体的目标产生冲突。

纵向战略联盟成员企业信息的不对称和不完全往往也是导致战略联盟瓦解的一个重要原因。而且信息共享对于战略联盟伙伴企业之间密切的配合与合作、利益的融合也起着重要的作用。所以,要使纵向战略联盟成为现实,参与纵向战略联盟的合作各方都必须积极、开放、坦率地交流信息,尤其是特权性的信息。

纵向战略联盟合作伙伴之间交流的信息包括正式的和非正式的。正式的信息指的是为了达到纵向战略联盟的目标,合作伙伴之间不仅要传递与眼前的交易、产品、项目直接相关的信息,还要传递与战略规划和战略目标相关的信息。非正式的信息交流则是通过合作与配合这一战略联盟的核心要素来进行的。大多数非正式信息无法通过书面文件或者与其他合作伙伴的管理层的谈话获得,只有通过参加数百次会议,才能了解合作伙伴的分析思考过程,洞悉合作伙伴的问题的主次,熟悉伙伴公司的管理行为、运营和产品的优势和劣势。

以邮轮公司和港口目的地相关企业组成的战略联盟为例,纵向战略联盟信息共享的内容主要包括以下几个方面[333]:第一,共享订单信息。在由邮轮公司和港口目的地相关企业组成的战略联盟中,邮轮公司和港口目的地相关企业应相互了解各自的订单状况,确保在交货期内将产品及时提供给战略联盟下游的客户。第二,共享生产与配送计划信息。邮轮公司也可根据港口目的地相关企业的生产计划来为港口目的地相关企业提供可靠的补给,港口目的地相关企业可以利用邮轮公司的生产与配送计划来提高自己的计划水准。第三,共享需求预测信息。纵向战略联盟中的企业除了给参与战略联盟的企业提供产品外,还同时提供产品给市场中非参与战略联盟的企业。战略联盟中的每一个成员企业都需要对市场状况进行预测,但邮轮公司和港口目的地相关企业由于与市场的联系程度不一样,其对市场的了解程度也不同,若能将各自的最新预测信息共享,将有助于设计出更准确的生产和供应计划。

纵向战略联盟各成员进行合作，互相交流信息、管理、技术，如果没有明确规定交流的渠道和方式，对于一些联盟体可能就会使合作逐渐减少，直至最后悄无声息地解散。这种交流的渠道和方式既可以是正式的沟通渠道，如联盟理事会议、书面公函等，也可以是非正式的联系，如高层经理之间的会晤、座谈，关键是规定某种约束机制，以促进这些交流真正地付诸实施。

第四节

中国邮轮企业参与横向联盟的进化博弈分析

横向战略联盟是指通过战略联盟企业间相同价值链位置的横向链接（如研发战略联盟、生产战略联盟、营销战略联盟等）方式来创造新价值和获得竞争优势。横向战略联盟的成员企业往往具有对等实力或互补性资源，通过各种协议结成优势相长、风险共担的松散型合作竞争组织，其目的在于通过加强合作来减少企业之间不必要的虚耗，以达到共同拥有市场、合作研究与开发、共享资源和增加竞争能力，获取额外的收益。对于中国邮轮相关企业而言，为了从邮轮产业的快速发展中获得额外的收益，可采取横向联盟形式。邮轮相关企业的横向联盟可以是本土邮轮运营企业之间，旅游中间商之间，也可以是邮轮船供企业，甚至是邮轮港口之间。

由于横向战略联盟内部成员企业的合作内容往往处于相同的行业价值链节点，在同一市场上有着相同或类似的产品和服务，导致横向战略联盟成为竞争性的战略联盟，参与战略联盟的成员仅是在一定领域内进行合作，而且合作的结果具有替代性，合作成功后双方仍会在市场上相互竞争，潜在竞争和潜在威胁导致横向战略联盟的合作竞争过程陷入重复"囚徒困境"博弈，从而建立起一定的社会惯例或制度。由此可见，关系建构对横向联盟的成功运作至关重要。邮轮旅游与一般旅游一样，具有内在的无形性和可变性，并往往导致信息不对称和机会主义行为[29,118]，旅游伙伴之间单纯基于资源交换的一般合作关系往往存在着风险[251]，需要借助一定的条件找到解决问题的方向。

重复"囚徒困境"博弈具有一个区别于协调博弈的重要性质，那就是在重复的"囚徒困境"博弈中建立起来的社会惯例或制度必须包含一个制裁规则，它规定了当任何一个局中人从制度所规定的行为中偏离时其他 $n-1$ 个局中人将采取何种反应。根据肖特（2003）的观点，在固定一组博弈局中人之间重复进行博弈的"囚徒困境"情形下,某种社会制度将得以演化,其中所有局中人所期望的行为和行为偏离时将受到的处罚都将规定。由于战略联盟是企业自发形成的一种组织制度,战略联盟的组建并没有中心权威的强制作用,而且参与战略联盟的成员企业往往是利己的并且处于竞争地位,那么在重复"囚徒困境"模式下的企业间横向战略联盟是如何产生、推广和演化的,并且企业所建立的这种建构关系将包含何种关系处罚规则呢?

本节以邮轮旅游产业链中的旅游中间商为例,将旅游中间商之间的横向联盟博弈视为一种重复"囚徒困境"博弈,基于重复"囚徒困境"条件下合作进化的角度,说明影响旅游中间商横向联盟进化的潜在因素及为保持横向联盟的稳定性所可能采用的措施。本节首先结合标准合作进化的博弈分析及其结论,而后指出合作的进化对企业横向联盟研究的启示,即对于利己的相互处于竞争地位的个体组成的社会,合作行为会在没有中心权威的强制下产生、推广和演化。企业战略联盟[①]作为企业合作形式之一,当战略联盟伙伴之间进行的是重复"囚徒困境"式的合作博弈时,进化稳定性亦成为研究的核心问题。合作进化的博弈分析对企业形成联盟以及联盟稳定性(即合作竞争的关系)的研究指出了新的思路。在此基础上,提出了为保证企业横向联盟稳定进化的对策:一是创造适合联盟稳定发展的收益分配模式;二是致力于创造信任他人会合作的共同信念;三是建立联盟伙伴之间的适应性学习机制。

一、企业横向战略联盟的进化博弈分析

假定旅游中间商横向战略联盟中的两个企业正在进行"囚徒困境"博弈,收益矩阵满足图 5.4 所示。第一阶段后,博弈重复的概率为 $w(0<w<1)$。下面每个阶段也都有概率为 w 的可能性再次重复。该博弈潜在地无限重复,但是该博弈至少重复到第 k 阶段的概率是 w^{k-1}。因而重复"囚徒困境"博弈中采用"一报还一报"(TFT)策略以及"总是背叛"(ALLD)策略的收益如图 5.4 所示[330]。

---

① 尽管在企业合作的领域中,战略联盟内部的伙伴企业数目可能不止两个,但两个企业间的伙伴关系居于主导地位,因而若没有特别强调,本章的企业横向战略联盟指的是两个合作伙伴企业形成的战略联盟。

		局中人 2	
		TFT	ALLD
局中人 1	TFT	$\dfrac{a}{1-w}$, $\dfrac{a}{1-w}$	$(b-d)+\dfrac{d}{1-w}$, $(c-d)+\dfrac{d}{1-w}$
	ALLD	$(c-d)+\dfrac{d}{1-w}$, $(b-d)+\dfrac{d}{1-w}$	$\dfrac{d}{1-w}$, $\dfrac{d}{1-w}$

图 5.4 企业横向战略联盟的"囚徒困境"博弈

在图 5.4 所示的收益矩阵中,如果战略联盟伙伴企业一方的策略是"总是背叛"(ALLD),则另一方的最优策略也是"总是背叛"(ALLD),因为 $\dfrac{d}{1-w}$ 总是大于 $(b-d)+\dfrac{d}{1-w}$(根据"囚徒困境"的条件 $d>b$)。

然而,如果战略联盟伙伴企业一方的策略是"一报还一报"(TFT),则"总是背叛"并非总是最优的。"一报还一报"遭遇"一报还一报"时,其预期收益为 $\dfrac{a}{1-w}$,而"总是背叛"遭遇"一报还一报"策略时,其预期收益为 $(c-d)+\dfrac{d}{1-w}$,只要 w 的取值大于 $\dfrac{c-a}{c-d}$,那么采用"一报还一报"策略的预期收益总大于采用"总是背叛"策略的预期收益。

当 w 的取值大于 $\dfrac{c-a}{c-d}$ 时,由 TFT 和 ALLD 构成的收益矩阵成为协调博弈矩阵。那么,在此协调博弈矩阵中,作为战略联盟一员的局中人会做哪种决策?假定局中人采用 TFT 策略的比例为 p,采用 ALLD 策略的比例为 $1-p$。根据模仿者动态方程:$\dot{p}=p\cdot[u_1(p)-\bar{u}(p)]=p(1-p)\left\{\left[(b-d)+\dfrac{d}{1-w}\right]-\dfrac{d}{1-w}\right\}+p\left[\dfrac{a}{1-w}-\left((c-d)+\dfrac{d}{1-w}\right)-\left((b-d)+\dfrac{d}{1-w}\right)+\dfrac{d}{1-w}\right]\right\}$,简化得:

$$\dot{p}=p(1-p)\left\{[(b-d)]+p\left[\dfrac{(a-d)}{1-w}-(c-d)-(b-d)\right]\right\}。$$

当 w 的取值大于 $\dfrac{c-a}{c-d}$ 时,$\dfrac{(a-d)}{1-w}-(c-d)>0$,又因为 $-(b-d)=d-b>0$,所以 $p=\dfrac{(d-b)}{\left[\dfrac{(a-d)}{1-w}-(c-d)-(b-d)\right]}$ 存在,且 $0<\dfrac{(d-b)}{\left[\dfrac{(a-d)}{1-w}-(c-d)-(b-d)\right]}<1$。

很明显，状态 $p=0$ 和 $p=1$ 是渐近稳定的，而 $p = \dfrac{(d-b)}{\left[\dfrac{(a-d)}{1-w}-(c-d)-(b-d)\right]}$ 是不稳定的。也就是说，当 w 的取值大于 $\dfrac{c-a}{c-d}$ 时，如果一个局中人预测另一局中人采用 TFT 策略的概率小于 $p = \dfrac{(d-b)}{\left[\dfrac{(a-d)}{1-w}-(c-d)-(b-d)\right]}$，那么，该局中人就会倾向于采用 ALLD 策略。反之，如果局中人预测另一局中人采用 TFT 策略的概率大于 $p = \dfrac{(d-b)}{\left[\dfrac{(a-d)}{1-w}-(c-d)-(b-d)\right]}$，则该局中人就会在随后的博弈中采用 TFT 策略。概率 $p = \dfrac{(d-b)}{\left[\dfrac{(a-d)}{1-w}-(c-d)-(b-d)\right]}$ 的大小不仅跟 a、b、c、d 的具体取值有关，而且与博弈重复的概率 w 有关。

二、影响企业横向战略联盟合作进化的因素

从上述合作的进化博弈分析可知，影响企业横向战略联盟合作进化的因素主要包括两个方面。

（一）企业横向战略联盟合作的进化与其收益模式有着重要的联系

1. 收益从根本上影响合作出现和维持的预期

这至少基于两个方面的原因。第一，企业战略联盟形成背后的驱动因素是每个参与伙伴对预期战略联盟结果的一个正的净值分配。如果相互合作的结果是获得的分配为零——即参与战略联盟的直接费用和间接的功能性困难抵消了收益——就不存在促使企业合作的动机。并且如果相互合作倾向于产生负的净收益，例如，合作导致了核心竞争力、核心技术的泄漏，就存在避免合作的动机。预期正的净收益由非全部为零的解的收益条件获得，即相互合作的价值大于零（$a>0$）。也就是说，合作者通过合作所得到的纯收益（即扣除合作成本后的收益）与如果不合作或竞争所能得到的纯收益（即扣除竞争成本后的收益）之间的差额（可用合作剩余来表示）必须大于零。这意味着，在利己的自主性企业间合作的出现反映了通过彼此的互相依赖，共同行动的结果至少可

以实现预期的个人收益。

第二，尽管 $a>0$ 是初始战略联盟形成的必要条件，它并不足以促进战略联盟之后的稳健合作。因为合作关系的稳定性是总体收益结构的函数，或是基于反映行为联合（合作或被局中人1或局中人2欺骗）的二人对称矩阵的结果的价值之间关系的函数。在单次"囚徒困境"博弈中，尽管相互合作的收益大于相互背叛的收益，但由于一方背叛一方合作时，若背叛方得到的收益大于合作方得到的收益，则参与博弈的局中人就有动机背叛。但在重复"囚徒困境"中，此时的收益不仅取决于纯策略选择的收益，还取决于策略组合的收益，如上述收益矩阵中"一报还一报"策略或"总是背叛"策略。正如 Oye（1986）提出的，收益的差别可大可小，并且能够增加或减少，通过两种路径影响合作的预期[334]。

2. 偏好的变化从根本上改变关系的特征

偏好的变化，可以通过深思熟虑的战略进行调整，也可以通过外生的事件，使状态从一类博弈变换为另一类博弈，从根本上改变关系的特征。例如，如果一个企业刚开始可能因为名誉效应（一个与伙伴正在进化的合作历史，和对特定战略联盟投资的许诺），估计从相互合作（MC）得到的收益大于单方面欺骗（UD）的可能收益，那么伙伴关系结构会从"囚徒困境"结构（UD > MC > MD > UC）转变为一个冲突相对更少的博弈，即"猎鹿"博弈（MC > UD > MD > UC）。或者如果伙伴们转变其战略目标，发现一个更有吸引力的战略联盟伙伴，或预见战略联盟会侵蚀其竞争地位，则公司决策者可能开始相信持续的合作比双方伙伴违背协定（相互背叛）具有更少优势；那么，状态将从"囚徒困境"改变到一个称作"僵局"① 的更加冲突的博弈（UD > MD > MC > UC）。这样，公司内部和外部环境的动态变化可能改变初始的收益条件，并且有助于合作关系结构生存能力的提高或退化。

3. 给定种类博弈收益之间差别的大小可能是合作的重要决定因素

如果战略联盟伙伴期望在未来相互影响，那么在给定博弈种类情况下，战略联盟伙伴收益之间大量的差异对合作起重要的决定作用。在战略联盟中，违反协议（UD）获取的收益以及从持续合作（MC）获取的收益之间的巨大差

---

① 僵局是指这样一类关系，其通过合作没有共同利益的实现。在这样的例子中，相互欺骗的结果优于相互合作的结果（MD > MC），术语"合作"变为缺乏意义且冲突变为不可避免［例 Oye（1986）］。

别证明了对战略联盟的绩效的不稳定的和消极的影响。同样，如果合作双方违反合同（MD）带来的收益与相互合作（MC）带来的收益具有极大的相关性，这样的协议可能具有危害性，因为不管局中人2合作与否，局中人1仍旧能够指望得到相当大的收益。最终，如果局中人1背叛局中人2（UD）所获得的收益和局中人1从局中人2的机会主义（UC）中遭受的损失之间的差距加大，合作的预期将降低。这样，收益结构，如同UD-MC，MC-MD，和UD-UC的收益剩余获得，可被预期与联盟的绩效相关[335]。

（二）企业横向战略联盟合作的进化与未来价值的长度正相关

企业战略联盟合作进化的基础在于参与战略联盟伙伴双方基于回报的规范，但基于回报的规范的形成要求未来必须有足够大的影响。对于参与战略联盟的企业而言，被称作"未来价值"的公司预期的未来利益和当前行动之间的这种联系是决定战略联盟稳定性的关键因素。在企业战略联盟中，每个企业将背叛得到的当前收益与违背协议的可能导致的未来收益的损失相比较是合作将得以维持的条件。也就是说，当前违背诺言将降低未来合作的可能性。相似地，当前行动中的合作能够与下一行动中的合作相匹配，背叛可能会遇到报复性的背叛。这样，通过鼓励互惠互利策略，重复提高了合作的预期。未来的影响越长，或者当前行动和未来结果之间的关系越紧密，将越好地促进合作的执行，因为收益的前瞻性预期抑制了对协议违背的倾向。这里的预期包括相互作用时间界限的长短、交互作用的频率以及行为的透明度大小。罗伯特·艾克斯罗德（1996）提出长的时间界限、频繁的交互作用可增大未来的影响，Parkhe（1993）在此基础上进一步提出高的行为透明度鼓励互惠行为[335]，因此，这些因素各自并且共同地延长了未来的影响并且提高了合作结果。

1. 预期战略联盟成员企业相互作用的时间界限必须足够长

罗伯特·艾克斯罗德（1996）提出，如果未来相对于现在是足够重要的话，双方的合作是稳定的。因为如果局中人相互之间的接触能持续足够长使得隐含的报复威胁能够奏效，则每个局中人可以用隐含的报复来威胁对方。

在博弈理论中，持续相互作用的预期可被描述为一次（或单一参与）博弈，有限次重复博弈（知道时间长度的重复）和无限次重复博弈（不知时间长度的重复）。Parkhe（1993）认为，为使合作有效，持续博弈的非零概率必须存在[335]。如果存在一个确定的结束点，反映有限时间界限，合作关系可能破裂。正如Gale和Telser（1980）讨论的"自我强化的协议并不可行，如果交易机会的顺序有一个明确可知的最近因素。尽管终止在某种程度上迟早会发生，何时发生必须是不可预测的，以维持一个自我强化的协议"[336]。对于大多数企业战略联盟而言，合作的进化往往要求参与战略联盟双方都预期到彼此关系长得足以使合作投资有价值。这样，伙伴间合作的程度被预期可能与时间界限的长度正相关，依次是合作关系意愿持续时期和通过意愿持续时期保持战略联盟的察觉可能性的正函数。

2. 预期企业战略联盟合作伙伴之间会频繁地发生交互作用

除了长时间界限外，另一个增大未来影响的方法是使接触更加频繁。在下一步的接触很快就会发生的情况下，下一步显然比现在更重要。对于战略联盟伙伴间合作的进化也是一样，促使交易频繁意味着在战略联盟结果的估价之间时间流逝很少，因此，下一行动比其他所做的更加突出。当下一步的重要性增加时，相互合作的收益属于较低的折扣率，欺骗的倾向降低，合作变得更容易，因为双方知道一个欺骗的行动能够被下一阶段的互惠欺骗所遇到[337]。那么，频繁的交互作用将强化互惠，扩大未来的影响，并且提高合作的稳健性。如果合作伙伴之间不存在频繁的交互作用，就不会产生"一报还一报"的互惠行为，从而无法确保"一报还一报"能有效地起作用。"一报还一报"起作用正是因为存在未来的相互作用允诺局中人彼此回报和彼此惩罚。

3. 企业战略联盟合作伙伴之间的行为透明度要足够高

此外，行为的透明度也是增强互惠行为和使未来影响成为合作有效促进器的重要因素，这里的行为透明指的是战略联盟伙伴通过战略联盟学习另一伙伴行为的速度和可靠性[335]。其目的是战略联盟伙伴克服由于观察滞后、反应滞后以及二者兼有引起的信息不完美，包括贡献与利益隐晦不明、合作伙伴间信息分布不均以及所获利益和成本不透明[338]。实际上，在很多成功的企业战略联盟中，大量组织资源被用于说服成员企业相信共同目标，并说服他们愿意为实现这一共同目标而做出牺牲。因为尽管频繁的交互作用可能有助于提高合作的稳定性，但对于任何给定的交互作用频数，主要的问题仍然是是否每一方能够实际上知道另一企业实际所做的是基于上一轮的博弈。有效的认知和控制能力——区别别人的合作和欺骗的能力并且善意地回应，即合作行为将获得合作的回报——构成了类似"一报还一报"互惠战略的基础。如果由于信息不完美导致欺骗不能以及时的方式可靠地被察觉，信任开始从实际中分离并且当前行动和未来结果之间的重要链接将被切断。

三、中国邮轮企业横向战略联盟稳定进化的对策分析

从上述分析可知，对于参与横向战略联盟的伙伴企业而言，成功合作的基础不单纯是信任，更重要的是确保相互关系持续性，而这种关系的持续性需要承诺和信任并存，以抵制有吸引力的短期选择和潜在的高风险行动[339]。因此 Morgan 和 Hunt 提出了信任—承诺理论，即信任和承诺通过发展关系中各方之间的合作环境来调节关系交换[340]。当承诺条件具备了，参与横向战略联盟的企业能够通过对双方有利的可能性的试错学习、通过对其他成功者的模仿或通过选择成功的策略剔除不成功的策略的盲目过程来达到相互的合作。从长远来说，参与横向战略联盟双方建立稳定合作模式的条件是否成熟比双方是否相互信任更为重要，这些条件是否成熟又取决于是否符合横向战略联盟价值创造的逻辑，以形成可承诺的环境。

要使横向战略联盟伙伴间的合作能够稳定的发展，除了应满足前文谈到的保持纵向战略联盟稳定进化的几个方面对策外，还必须处理好两个方面的条件：其一，必须根据外界环境的不断变化，处理好参与横向战略联盟伙伴的贡献（包括产品、技术、技能、信息以及管理实践等）与其利益之间关系，通过每个伙伴看待其他人下一行动时的不确定，选择改造横向战略联盟的结构以创造稳健合作的条件。其二，由于存在诸多影响企业横向战略联盟进化的各种诱因和外部推动力量，企业横向战略联盟应该是一个动态进化的过程，其中，横向战略联盟伙伴企业之间的学习、调整是实现横向战略联盟动态进化的关键因素之一。以下结合邮轮相关企业的情况具体说明如下。

（一）创造适合横向战略联盟稳定发展的收益分配模式

参与横向战略联盟企业有动机产生机会主义行为，是因为从机会主义行为得到的收益大于其从相互合作中分配到的收益，这往往是旧有的横向战略联盟分配方式导致的结果。因此，应创造适合横向战略联盟稳定发展的收益分配模式，处理好横向战略联盟伙伴的实力、贡献与收益之间的关系。

博弈论的研究表明，不同收益模式将影响到战略联盟双方的博弈行为，进而引致不同的战略联盟效果，可以预期，在横向战略联盟的进化博弈过程中，不同收益模式同样也对横向战略联盟的稳定发展造成影响。

战略联盟可能存在的收益（与战略联盟伙伴已经取得或正在取得的投资

回报率有关）分配不公常会导致战略联盟内合作伙伴机会主义行为的产生。根据沃尔诺克·戴维斯（2002）的观点，通常有两种情况可以反映收益分配的不公平。一种直接体现为财务利益，普遍产生于战略联盟没有成功（至少在一方合作伙伴看来如此）的时候——当一方认为自己将获得的由战略联盟经营所产生的财务收益比公平的份额少时。由于一方合作伙伴的焦虑情绪，会促使高级管理层做出决定并采取行动，来限制自己对战略联盟的财务承诺，并找出弥补至少一部分预料中的财务损失的办法。这些行动中常常包含着机会主义行为，使战略联盟本已不好的业绩加速恶化。

另一种收益分配不公指的是有别于战术、经营和财务利益以外的战略联盟的战略利益，包括：提高零部件采购和特定产品研发，实施技术转移和实现生产协同效应，拓宽公司产品线和核心竞争力，获得更多的行业和市场信息，进入市场和市场渗透，产生资金并降低风险等。由于企业战略联盟的许多战略利益都是软性的，不能被直接转换成硬性的数据，因而对于合作伙伴的价值极其难以量化。当一方合作伙伴觉得软性的战略利益资产负债表极度有利于另一方合作伙伴时，它就经常有动机针对不平衡的项目采取符合自身利益而不是符合战略联盟利益的单边行动。

由此可见，横向战略联盟中战略利益和经营方面利益分配的不满意感，会使参与横向战略联盟的伙伴对横向战略联盟的看法发生改变，从而把横向战略联盟视为"正和"博弈的机制转变为把横向战略联盟视为"零和"博弈的机制，这一对横向战略联盟看法的改变导致合作伙伴的行为以及博弈的性质的改变，从而引发了横向战略联盟伙伴的机会主义行为，成为横向战略联盟不稳定的潜在原因。因而，应创造适合横向战略联盟稳定发展的收益分配。

当前大多数战略联盟的收益分配模式往往与参与战略联盟企业的实力大小相联系，合作伙伴间力量的不平衡导致战略联盟的不同组合形式（强强联盟、强弱联盟及弱弱联盟等），相应合作双方的收益模式存在差异。不仅战略联盟成立时伙伴力量的不均衡会影响到合作的稳定，在合作过程中，合作伙伴战略地位的改变也常常会影响到力量的平衡，由于学习能力不同而导致的谈判实力的变迁同样会影响到力量的平衡。尤其当战略联盟中企业的力量对比发生变化，就很容易引起个体间的认知难以达成一致，从而导致合作的解体。

此外，通过评估每个合作伙伴对战略联盟所做的贡献确定收益分配也成为企业战略联盟收益分配模式之一。但是评估参与战略联盟的企业所做的贡献存在着实践难题，这是因为，企业战略联盟汇集了难以估价的不可交易资产；战略联盟的许多价值和成本都是在联盟关系之外累积而成的，合作伙伴难以监督掌握其他伙伴的收支平衡情况；每个合作伙伴对战略联盟成功的相对贡献大小难以评估，即使是回顾性评估也很难；而且各合作伙伴所做贡献相对价值的大小随着时间推移可能发生变化，如何变化难以预测也难以识别；合作各方在申报各自从战略联盟中所寻求的价值时可能少于即将得到的总价值。

由此可见，企业横向战略联盟的合作伙伴在合作的过程中，实力、贡献和收益都可能会发生变化，那么，横向战略联盟伙伴之间的收益分配模式应遵循哪种行为规则才能杜绝合作伙伴的机会主义行为呢？按照信息越充分判断越准确的原则，合作伙伴应该认识到要根据相对实力、相对贡献新的和更准确的评估结果重新讨价还价，以适时商定具体的分配方式并生成惯例。其中关键是要协调参与横向战略联盟伙伴的预期，使生成的分配惯例能够降低交易费用，并且减少讨价还价过程可能破裂的风险。企业战略联盟既然是一种合作模式，确保稳定合作的最基本的条件就是要保证参与战略联盟伙伴之间关系的相对平等，然而，由于参与战略联盟的合作伙伴之间在贡献、实力等方面存在差异，这里的相对平等指的是同一战略联盟内部成员待遇差别的最小化。

（二）建立一套有效的监管机制提高背叛成本

为了避免联盟中出现欺骗行为、"搭便车"现象和其他的机会主义行为，就要提高机会主义的成本。高的背叛成本可以使每个成员企业抵抗住背叛的诱惑，避免了机会主义行为的产生。因为背叛成本的存在能够使横向战略联盟企业间博弈的收益矩阵结构发生变化。当背叛成本足够大时，收益矩阵结构的巨大变化有可能使得横向战略联盟伙伴之间相互作用的情况不再是一个"囚徒困境"，从而不管是在短期还是长期中，不管伙伴企业如何选择，合作都是最好的选择。

当然，背叛成本并不一定要大到使收益矩阵结构发生如此大的变化，在图 5.2 所显示的收益矩阵中，合作是否稳定取决于 a、b、c、d 的具体取值以及博弈重复的概率 w。并且构造稳定合作的一个前提条件是重复的概率 w 大于 $\frac{c-a}{c-d}$ 的值，提高背叛的成本使得 c 与 d 的取值降低，从而导致 $\frac{c-a}{c-d}$ 的值降到一定程度，就会使参与横向战略联盟双方合作的长期激励大于对背叛的短期激励，促使基于回报的合作的稳定。

要提高背叛的成本,首先提高进入标准。对申请加入联盟的企业进行严格的资格审查,把好第一道关卡,应有一套明确的资格标准体系、一支资格审查队伍、一些较为固定的审查人员和清晰严谨的操作流程,使加入联盟成为企业品牌塑造和提高市场信誉度的重要举措。其次,提高退出壁垒。这里的壁垒指的是企业的人力资本资产和商誉资产等。由于这些资产绝大部分具有沉没成本,一旦企业发生机会主义行为,放弃战略联盟关系,那么由于伙伴企业的惩罚,背叛企业的这些资产都将遭受重大损失。其次,横向战略联盟可通过成员企业相互间不可撤回性投资来"锁住"对方。例如中国邮轮运营企业可通过协议方式租用国际邮轮公司的船舶参与中国邮轮运营路线设计、实际运营全过程,使参与战略联盟企业必须像关心自己利益一样关心整个战略联盟的兴衰成败,从根本上消除通过背叛获益的可能性。最后,应建立一个独立的联盟中心组织机构来承担管理、监控、组织、实施的职能,统一指挥、监控、不偏不倚、公正严明,才能充分发挥战略联盟的竞争力。战略联盟是一种非产权联系的网络式组织,联盟各方的利益与冲突不能以行政命令来解决,客观上要求合作各方既要保持相对的独立性,又需要一个管理系统来维持联盟的正常运作。

总之,应使战略联盟各方找到一个都有收益的平衡点,建立与战略联盟契约精神一致的战略联盟内部治理机制,制约机会主义行为,如果互相背叛,将面临较强的"套住效应"和较高的"转换成本"。

(三) 致力于创造信任他人会合作的共同信念

企业横向战略联盟进行合作的前提是参与战略联盟企业之间行为的高透明度,阻碍透明度的主要原因在于相互之间对于机会主义行为的警惕和怀疑。由于机会主义行为导致的横向联盟伙伴间面临着"囚徒困境",表明合作并非是占优策略。而且,只有当每个人都相信别人会合作时,合作才是个人的理性选择。因此,信任和承诺有助于抵制有吸引力的短期选择和潜在高风险行动[342],从而有利于横向企业间建立或维持合作关系[341]。合作的崩溃之所以非常迅速,是因为设想我认为你想合作,但我同时认为你不知道我想合作,那么我可能就不会合作,这是因为我担心你会由于不确定我怎样行动而退出合作。Liu(2018)针对中国台湾邮轮销售联盟的研究也发现,由于缺乏相互信任,大多数邮轮旅游团销售联盟在短时间内都出现了崩溃[251]。

之所以伙伴企业间采取战略联盟这种制度安排,其中关键的因素就在于成员的关系是建立在相互信任的基础上,双方着眼于建立交易的合作关系而最终并不走向一体化。互相信任会减少对机会主义的担心，从而提高交易的透明度。这不仅有助于战略联盟伙伴之间建立基于回报的合作规范，而且有助于战略联盟伙伴增加对未来价值长度的预期，保证战略联盟的稳定性。一般地说，信任是在被称为"信任周期"的循环中建立起来的，相互信任需要双方做长期艰苦的努力，信任早期的脆弱性导致战略联盟系统组织结构的脆弱，战略联盟成员企业经营决策的相互依赖进一步加大了组织结构的不稳定性。

企业信誉本质上是对企业在市场中各种已有行为的综合反映或集合，其资本价值体现为无形资本。良好的企业信誉说明了企业在以往市场重复博弈中拥有值得其他交易人依赖和信任的资本，这种资本将在很大程度上确保降低与之发生各种层次的交易关系的交易成本，即该企业除可提供竞争性的制度安排外，还可提供"囚徒困境"中合作性的制度安排，这可确保无论与之合作的企业是否为竞争对手，都能实现剩余的增加，从而实现参与各方在集体意义上的福利最大化。因此，值得依赖的信誉和坚持合作的信誉有助于实现合作，即使是在"囚徒困境"不利的情况下，对于重复"囚徒困境"环境中的战略联盟企业而言，有必要投资建立自己的信誉。

当然，企业信誉的建立离不开个人层次的近距离交流和关系的建立。这种存在于参与战略联盟企业个人层次上的互相信任、尊重和友谊称作关系资本。深厚的关系资本能使战略联盟企业间的交往密切，创造一种互相信任的共同信念，决策者不必再担心提防合作伙伴的机会主义行为，促进了战略联盟伙伴相互之间学习，保证了相互之间信息和技术的传递和交流。虽然信任是无形的，是存在于人的头脑中的不可控制的思维和意念，但它却是企业联盟中的一项战略资产，它能够在很大程度上稳定联盟、更经济更有效地减少联盟内部的复杂性和不稳定性，从而促进联盟发挥效应。与规范的制度、条文等硬性约束相比，信任是将各联盟企业聚合起来的黏合剂，保证了战略联盟的稳定进化。

（四）建立战略联盟伙伴之间的适应性学习机制

在信息充分和对称的条件下，参与横向战略联盟的伙伴在博弈的过程中，会通过合作行动达到集体收益最大化的理性结果。若信息不对称就可能造成成员企业经营者决策失衡，进而不能实现预期战略联盟目标，而导致战略联盟失败。发生信息不对称的情况有两种：一种是战略联盟建立之前，信息的不可观测和不可证实以及成员企业沟通不够造成的逆向选择问题；另一种是战略联盟建立之后，战略联盟各方追逐己方利益在行为选择中的不确定性造成的隐性行为道德问题。正如 Ng（2007）所阐述的，邮轮旅游具有旅游业内在的无形性和可变性的本质，往往导致信息不对称和机会主义行为，从而使得旅游伙伴之间的关系存在风险。

公司内部和外部环境的动态变化可能改变初始的收益条件，并且有助于合作关系结构生存能力的提高或退化[335]。当战略联盟所处的环境发生变化时，战略联盟成员会自主的评价环境利弊和预期目标实现的可能性，做出各种对战略联盟有益或有弊的决策。如果各方都选择了合作的态度，战略联盟的地位将进一步巩固，反之，如果战略联盟一方采取不合作的态度，就有可能引起连锁反应，战略联盟面临解体风险。但如果不能明确合作伙伴对于不确定冲击的反应，战略联盟内企业面临的不确定性就会增加。不确定性会使企业不断分析合作对象的行为并预测它的意图，在信息不对称的情况下，投机、提前退出以及最终独自完成目标等最终成为企业自然的选择。因此，应建立战略联盟伙伴之间的适应性学习机制，根据环境的动态变化，不断评估调整合作伙伴预期的目标，以保证关系的持续性。在中国邮轮产业链任何一个节点的相关企业参与对应企业的横向战略联盟时，更要密切关注环境的动态变化，不断评估合作伙伴的预期目标。

本章小结

本章探讨了邮轮公司的国际市场行为及其在中国的市场行为，认为当前邮轮公司在中国的市场行为虽然开拓了中国的市场，但也形成了低价竞争困境，不利于中国邮轮市场的健康发展。不管是从邮轮行业的长远发展，还是邮轮公司开辟中国市场的需要，都要改造开拓中国市场的方式。

从目前来看，尽管已有中国企业参与邮轮市场的运营，但中国邮轮运营企业数量少、规模小。伴随中国相关政策措施的进一步完善，国有企业进入邮轮旅游市场步伐加快，市场结构将再次发生变化。对于中国邮轮旅游产业链不同环节的企业来说，与国际企业开展横向战略联盟，不仅有利于邮轮相关企业的成长，也有利于吸引更多的邮轮公司入驻，例如，中国船舶与嘉年华集团的战略联盟。另外，不管是旅游中间商还是船上物资供应商，甚至服务提供商，都可以与国内外的邮轮公司保持密切的合作，推动形成共担风险、共享利益的纵向联盟，从而在邮轮旅游市场竞争中占据更有利位置，例如，由 40 余家邮轮公司、邮轮专业旅行社、船代公司、高校共同发起成立的青岛邮轮旅游发展联盟。

第六章

中国邮轮旅游产业集聚发展思路与对策

邮轮产业具有产业链长、涉及单位多、连带效应强、辐射面宽、关系网络复杂等特点。邮轮港口是邮轮产业链条上的重要环节,港口竞争力的提升能够为新兴的邮轮产业快速发展提供支持,并促进港口沿线区域经济发展。因此,从港口或目的地来说,要力争成为国际邮轮公司航线设置中的一个环节,以吸引更多的邮轮停靠。然而我国沿海港口往往重视母港航线布局而忽略作为邮轮目的地的使命,使得邮轮港口作为挂靠港的吸引力严重不足[4]。对于邮轮公司而言,在航线规划设置时,不仅要考虑港口的自然环境、区位条件、经济规模和旅游资源,还会考虑岸上产品是否具有独特吸引力、岸上活动类型是否多样,乃至港口和所在城市的相关配套设施的完善程度。因此,对于港口和目的地来说,要发展邮轮产业,不仅要进一步完善港口和所在城市的相关配套设施,提供专业化、高效率一条龙服务,还必须通过腹地资源的合理配置来提升岸上产品的吸引力,吸引邮轮公司停靠。基于此,本章从产业集聚的角度,对邮轮产业内各类要素及其相互关系进行分析,以确定港口发展邮轮产业所需集聚发展的配套产业或腹地资源,并以福建省为例,探讨邮轮产业集聚发展的思路与对策。

第一节 邮轮旅游产业集聚研究概述

邮轮旅游产业是一种以邮轮为主要载体,结合休闲、观光、娱乐为一体,围绕造船、港口服务、后勤保障、交通、观光、餐饮、购物和银行保险等行业形成的产业链条。从产业构成来看,邮轮产业主要由3个产业,即运输业、观光休闲业、旅游业,交叉构成。从产业的链式关系来看,邮轮产业链主要由上游的邮轮设计制造环节、中游的邮轮运营环节、下游的邮轮到港环节等核心环节共同组成。邮轮相关延伸产业即产业链的成熟发展,是提供完善的邮轮旅游接待服务的基础,是港口城市成为邮轮母港或访问港,实现区域邮轮产业集群的重要条件。可见,邮轮产业符合波特(Porter,1998)关于产业集群的观点,即在某一特定领域中(通常是以一个主导产业为核心),大量的相关企业以及相关支撑机构在空间上集聚,并形成强劲、持续竞争优势的现象。

一、邮轮产业集聚本质

邮轮产业是一个对所在区域经济发展水平及港口现代化水平极具依赖性的集群式产业。当一个国家或地区的邮轮市场发展到一定阶段,为更好地满足邮轮旅客的旅游需求,专业化的邮轮码头及配套设施的建设、交通运输、航线运营、船供物资生产乃至邮轮旅客的住宿餐饮休闲观光等一系列产业活动得以集聚发展,并结合特定国家和地区的产业基础,逐步拓展邮轮研发、修造、邮轮注册登记、邮轮总部运营以及邮轮金融保险代理等相关服务活动,最后形成产业链式集聚发展的经济形态。可见,在邮轮设计与制造、邮轮公司运营、邮轮到港的港口配套服务和邮轮旅游接待等环节,都需要集聚大量的相关产业才能发展。

邮轮产业内部企业间、邮轮产业及相关产业之间存在技术和经济相互依赖关系。从纵向看,邮轮产业链集聚了邮轮制造维修业、邮轮营运业、邮轮服务、金融和旅游商贸等相关服务业[162]。在邮轮产业链的每个环节还可能形成产业链,不同链条环环相扣,形成一个相互依存的网络和共同价值创造的整体网络链条。在整体网络链条中,产业链上游的邮轮设计建造主要由邮轮设计研究院以及船厂进行,包括邮轮的设计研发、原料采购、生产建造、加工制造、设备装配、舾装布置等。邮轮设计建造需要极高的设计理念、技术工艺及材料设施,当前仍然集中在德国、意大利、芬兰和法国等欧洲国家,中国邮轮设计建造产业链尚未形成,产业集聚特征不明显。产业链中游的邮轮运营阶段则由邮轮公司为代表,进行航线设计、海上客运、酒店管理、购物休闲、市场推广等。很明显,邮轮公司是邮轮产业整体网络链条的核心控制环节,但全球邮轮市场呈高度垄断态势,全球前三大邮轮集团占据全球80%以上的邮轮市场份额,因而邮轮运营阶段的链式发展不够明显。对于中国现有较小的邮轮运营企业或船队规模,需要更多借助横向联盟以进一步发展壮大。邮轮产业链的下游是指以港口码头为代表的邮轮到港阶段,主要包括口岸服务、港口服务、船员服务、岸上观光、商贸娱乐、公共交通乃至船舶维修、船舶供应等。广泛涉及港口服务业、交通运输业、旅游观光业、商贸服务业及船舶维修业等。因此,当前中国邮轮产业的集聚发展问题探讨更多围绕以港口码头为代表的邮轮到港阶段。

二、邮轮产业集聚发展研究概述

对于特定的港口而言,能否吸引足够的邮轮挂靠与停泊关系到邮轮产业下游港口与所有相关企业的发展甚至生存。Rodrigue 和 Notteboom 认为,邮轮旅游产业销售的是由一系列邮轮港口组成的邮轮航线,而非旅游目的地本身[240],因而国际邮轮公司非常注重港口选择并进行邮轮航线设计。对于产业承接地来说,只有形成以邮轮港口为中心、以航线布局为辐射、以岸上旅游服务为支持的"点—线"融合态势,才能充分发挥邮轮产业对区域经济的带动作用[173]。从全球邮轮市场发展规律来看,拟发展邮轮经济的新兴地区关注的重点都在于思考如何结合当地的资源,发展邮轮配套设施和配套产业以吸引邮轮常驻和挂靠。因而,如何促使所在地区的港口具有特色,成为国际邮轮公司港口选择和邮轮航线设计中的关注点,成为港口发展的核心问题之一。

Castillo-Manzano 等围绕西班牙港口吸引邮轮航线的因素,提出决定一个港口拥有邮轮的因素包括港口的地理、当地的人口数量、旅游吸引力以及与其他类型港口交通共享的设施数量[342]。刘军提出具有优越的地理位置的城市适宜成为邮轮经济的辐射中心,方便的海陆空交通体系为邮轮游客提供有利的集散环境,是发展港口经济、运输、旅游等一系列活动的基础[343]。吴慧等认为国际邮轮港口应具备完善的配套服务设施,包括有足够的港口泊位数,以及提供便利的安检通关、行李搬运、邮轮补给等高质量的服务等[150]。孙晓东等认为邮轮港口应重点关注对邮轮的全方位服务,将邮轮港口打造成邮轮产业集聚区[173]。由此可见,邮轮母港经济的发展离不开邮轮相关配套产业的集聚发展,这不仅有利于吸引邮轮停靠,也有利于吸引游客。

现有研究针对邮轮港口及邮轮配套产业集聚发展的阐述大多从价值或供应链的角度加以探讨。例如,Wood 从邮轮产业价值链的角度,提出邮轮产业是一个全球化的产业,具有高度的流动性,可整合全球的资本、人才及邮轮停靠地特色文化等要素资源[347]。Vaggelas 和 Lagoudis 基于为消费者提供更好效用的角度考虑邮轮产业供应链的整合问题，涉及邮轮公司、旅行社以及停靠港口的各有关行业提供的各种产品和服务[345]。

对于中国而言，邮轮市场是一个新兴的市场，在本土邮轮制造业增长有限，邮轮公司和船队发展规模偏小的情况下，邮轮产业的发展重点应放在邮轮港口及配套产业的发展方面。中国邮轮旅游市场的不断发展，各个港口城市都在大力发展邮轮经济，因而以港口码头为聚集中心的邮轮产业集聚发展特征明显。本章主要关注邮轮产业链下游的港口城市邮轮产业链问题，首先探讨影响邮轮产业集聚的因素，进而以福建为例，说明基于产业集聚视角的邮轮产业创新与发展，最后提出港口城市邮轮产业集聚发展的对策。

第二节 影响邮轮旅游产业集聚的产业要素

邮轮产业经济的集聚性表现在两个方面：一方面，为邮轮及邮轮乘客服务的各类机构、相关产业（如宾馆、餐饮、陆空交通、景区）要集聚在邮轮码头附近，以便快捷地为邮轮及乘客服务。另一方面，优质的邮轮港能吸引更多邮轮集聚，而多艘邮轮的集聚又可大大促进本地经济。

一、邮轮产业对相关行业的集聚带动作用

从欧美邮轮产业发展历程及其对经济的贡献来看，邮轮产业的发展对相关行业的集聚带动作用明显，比如美国，邮轮产业发展涉及行业众多，几乎涵盖美国所有行业。按照美国邮轮产业带动相关产业的产值大小，各行业排序为：①专业服务及政府服务；②制造业；③运输业；④金融、保险、不动产、租赁；⑤农业、矿业、城市管理服务业、建筑业；⑥批发及零售贸易；⑦信息服务业。其中，与邮轮产业发展最为密切的行业有七个：易耗品生产业、专业及技术服务业、旅游服务业、耐用品生产业、金融服务业、航空运输业、批发贸易业[245]。

国际邮轮航运协会（CLIA）2015年发布的关于欧洲邮轮产业对经济影响的报告指出，邮轮产业总体经济影响涵盖的产业范围包括：①农业与采矿业；②制造业（包括耐用消费品和非耐用消费品，其中制造业中的造船行业达到35%的产出）；③批发和零售业；④交通运输业（交通运输及相关设施）；⑤住宿业；⑥金融和商业服务；⑦个人服务和政府[66]。美国商业研究和经济

顾问公司（BREA）2015 则称加勒比海、墨西哥和拉丁美洲的 35 个邮轮旅游目的地在 2014/2015 邮轮季创造的邮轮旅游直接收入高达 31.6 亿美元，邮轮行业在该邮轮季为相关目的地提供了 75050 个工作岗位，职员的工资收入总共达 9.76 亿美元，邮轮乘客在景区的总花费为 24.5 亿美元，包括岸上观光游览、当地工艺品和纪念品、餐饮服务[243]。

Wang 等人以得克萨斯州的加尔维斯顿为例，借助一个考虑环境因素的经济影响平台框架分析发现，在港口期间旅客和邮轮公司的年度总支出为 7.42 亿美元，其中有 52%（约 3.86 亿美元）直接由区域经济获得，支持了大约 2600 个直接就业岗位。州一级的经济支出率占 63%，这些支出效应具有乘数效应，创造了超过 7 亿美元的销售额，并在当地经济区域创造了 6800 多个就业岗位。而国家一级的直接支出更高，为 70%，这些支出刺激了约 10 亿美元的销售和支持 11400 个就业岗位[346]。

由于邮轮产业对所在区域经济发展水平及港口现代化水平极具依赖性，邮轮港口所在城市相关延伸产业的成熟发展，是提供完善的邮轮旅游接待服务的基础，是城市成为邮轮母港，实现邮轮产业集群的重要条件。从国际较为发达的邮轮母港国家的邮轮经济发展来看，其国际邮轮产业经济发展离不开产业要素的集聚以及产业的延伸，包括成熟发达的邮轮接待产业、独具优势的邮轮运营产业和系统完善的邮轮配套产业[347]。优质的邮轮港口能吸引更多邮轮集聚，从而促进相关产业及当地经济的发展[134]。尤其是邮轮母港，作为客源市场最为集中、产业集聚度最高的邮轮港口，除满足基本的邮轮靠泊和旅客上下船需求外，还需要具备更多的出入境口岸查验、邮轮燃物料补给、船员休息交换以及旅客候船、购物、娱乐等功能[244]。更重要的是，为更好地满足大规模的邮轮旅游需求，邮轮母港需要具备邮轮航线常态化运营管理的功能，包括邮轮公司的运营、邮轮维修保养、邮轮船供集散等。因而，邮轮母港会因邮轮公司集聚而更显著地带动整个港口经济的发展，因此国际邮轮产业较为发达国家往往通过充分利用当地独特资源，兴建港口及设施，发展相关配套企业，以吸引更多的邮轮停靠。

二、邮轮产业集群涵盖的行业范围

按照邮轮产业价值链的特征，邮轮产业集群所涵盖的行业应该包括以直接服务邮轮为主的相关产业、以间接服务邮轮为主的相关产业，以商务服务和休闲旅游为主的相关外延产业。具体来说，邮轮港口相关配套企业及相关支撑机构可以分为上游产业、中游产业和下游产业。上游主要为邮轮制造业服务，涉及邮轮设计、建造、修理及设施设备的中间产品供应等行业；中游主要为港口建设，涉及邮轮、港口运营及邮轮的抵离、停靠及其相关补给提供产品和服务的供应商；下游主要为邮轮运营服务行业以及其他配套行业，包括为邮轮运营提供专业技术服务（法律服务、广告服务、管理咨询服务、人力资源服务、工程和建筑服务、计算机咨询服务等）、耐用品制造、易耗品制造、旅行服务（包括旅行社、地面交通服务和邮轮停靠期间的短途旅行）、金融服务（包括银行、投资、保险、房地产等服务）、航空交通、批发和仓储等行业组成（还包括酒店、免税店及其他娱乐设施等）[348]。孙晓东等认为邮轮港口本身的功能配备主要服务于邮轮乘客及邮轮船舶的接待。对乘客的服务配套设施主要关注乘客到访，以及上下船的基本出游需求，可分为9个大类，分别是停车场、候船室、交通服务、行李服务、旅游信息、安全保障、网络服务、残疾人设施以及步道、邮轮、特殊租赁等其他基础设施。对邮轮船舶的接待侧重于邮轮船舶的全方位、多角度的接待，包括邮轮的到达与引航、泊位与停靠、安全检查、报关服务、装卸与物流、通讯与设备、维修与保养、燃油与物资等方面[173]。因而，港区应建成集商业、商务、餐饮、旅游、休闲、娱乐于一体的综合服务配套设施，以提升母港游客服务水平。

综上所述，在分析邮轮产业集聚的产业要素时，需要从邮轮母港建设吸引邮轮停靠和邮轮母港及周边能为邮轮公司提供配套服务产业的要求两方面考虑。同时，考虑到实际数据的可获取性，还要结合国民经济行业分类目录。因此，本章拟从住宿和餐饮业、批发和零售业、金融业、交通运输业和制造业等行业角度探讨邮轮产业的集聚情况。

第三节 邮轮旅游产业集聚度的区位熵分析

本节以福建省为例，探讨邮轮旅游产业集聚度及其导致的港口吸引力大小。

一、产业集聚度的区位熵衡量

当前对地区产业集聚的度量方法主要有区位熵指数、赫芬达尔指数、基尼系数和克鲁格曼专业化指数等。其中，赫芬达尔指数、基尼系数和克鲁格曼专业化指数测度产业的集聚度需要借助投入产出表，福建省的邮轮产业虽处于相对成熟阶段，但邮轮产业本身属于产业的细分领域，没形成邮轮产业有代表性的企业和投入产出关系，故剔除这几种方法。而区位熵法充分考虑了产业的空间集聚特性，是衡量一个地区产业专业化度和集聚度最常用的综合测定方法[349]，因而，本节选取区位熵指数对厦门市和福建省邮轮产业的集聚程度进行分析，运用产业间协同集聚度说明与邮轮产业相关产业的协同发展程度，以期对厦门市和福建省邮轮产业集聚发展的影响因素进行探讨。

区位熵数（LQ）是现代经济学中常用的分析区域产业布局和产业优势的指标。区位熵又称专门化率，它是一个地区某种产业生产产值（劳动力）在该地区所有产业产值（劳动力）中所占的比重与全国该产业产值（劳动力）占全国所有产业该指标的比重之比[350]。具体计算公式如下：

$$LQ = \frac{\left(\dfrac{d_{ij}}{\sum_{i=1}^{n} d_{ij}}\right)}{\left(\dfrac{d_i}{\sum_{i=1}^{n} d_i}\right)} \tag{6.1}$$

其中，LQ 为区位熵，d_{ij} 表示 j 地区 i 产业的产值①；$\sum_{i=1}^{n} d_{ij}$ 表示 j 地区所有产业的产值；d_i 为全国某产业的产值；$\sum_{i=1}^{n} d_i$ 为全国所有产业的产值。

当 LQ 大于1时，表明该产业在该地区的专业化程度较高，意味着该产业在该地区生产较为集中，具有相对规模优势和比较优势，LQ 值越大，专业化程度越高，比较优势越大。当 LQ 小于1时，表明该产业化程度低于全国水平，其规模具有比较弱势，LQ 值越小，比较弱势越明显，意味着该地区该行业的产出不能满足本地区的需求，还需要由区域外供给产品或服务。

二、应用区位熵分析厦门邮轮产业的集聚程度

根据前文关于邮轮产业集群的产业要素分析，并考虑实际数据的可获取性，

---

① 在实际应用时，区位熵公式中可使用的指标包括就业人数、产量、生产能力等。当使用区位熵指数对产业集群存在性进行识别时，人们通常使用的是行业就业人数，但由于邮轮延伸产业的行业就业人数存在统计口径问题，本节使用行业增加值。

第六章　中国邮轮旅游产业集聚发展思路与对策

本节选取了 2010～2017 年厦门市和福建省的住宿和餐饮业、批发零售业、金融业、交通运输业和制造业等产业产值（如表 6.1 所示），以全国总体发展水平作为参照系，计算区位熵并分析厦门市和福建省邮轮产业的专业化和集聚度情况。

表 6.1　厦门市、福建省和全国邮轮相关产业部门产值原始数据　　单位：亿元

产业	地区	2010 年	2011 年	2012 年	2013 年	2014 年	2015 年	2016 年	2017 年
住宿和餐饮业	厦门	52.3	66.2	73.3	73.8	78.5	80.8	84.9	89.6
	福建	266.47	300.35	337.48	353.23	374.61	389.35	421.51	465.07
	全国	7712.0	8565.4	9536.9	10228.3	11158.5	12153.7	13358.1	14690.0
批发零售业	厦门	249.4	294.5	319.7	328.5	351.0	353.7	372.2	409.7
	福建	1310.94	1511.29	1670.26	1789.88	1961.18	2046.29	2204.60	2392.78
	全国	35904.4	43730.5	49831.0	56284.1	62423.5	66186.7	71290.7	77658.2
金融业	厦门	145.9	190.6	227.7	254.2	308.1	371.4	409.2	482.0
	福建	767.58	862.41	1015.37	1264.72	1449.82	1681.33	1866.17	2055.53
	全国	25680.4	30678.9	35188.4	41191.0	46665.2	57872.6	61121.7	65395.0
交通运输业	厦门	113.5	152.2	176.5	191.9	251.1	285.2	336.1	365.6
	福建	871.16	963.85	1090.07	1176.19	1320.35	1547.30	1685.18	1889.69
	全国	18783.6	21842.0	23763.2	26042.7	28500.9	30487.8	33058.8	37172.6
制造业*	厦门	894.2	1148.71	1262.98	1305.49	1344.6	1369.7	1547.3	1672.2
	福建	6397.71	7675.09	8541.94	9455.32	10426.71	10820.22	11449.29	12674.89
	全国	165126.4	195142.8	208905.6	222337.6	233856.4	236506.3	247877.7	278328.2
生产总值	厦门	2093.06	2584.70	2869.04	3065.49	3337.36	3534.19	3861.74	4351.72
	福建	14737.12	17560.18	19701.78	21868.49	24055.76	25979.82	28519.15	32182.09
	全国	412119.3	487940.2	538580.0	592963.2	641280.6	685992.9	740060.8	820754.3

注：*因 2014 年以后制造业资料缺失，本表用工业数值替代制造业数值。
资料来源：厦门市、福建省和国家的相关产业资料分别来源于《厦门经济特区年鉴 2019》《福建统计年鉴 2019》《中国统计年鉴 2019》。

将表 6.1 中的数据代入公式（6.1）中，可得到厦门市与邮轮相关产业的区位熵系数，如表 6.2 所示。

表 6.2　　　　　　　厦门市邮轮产业集聚度区位熵系数

产业	2010 年	2011 年	2012 年	2013 年	2014 年	2015 年	2016 年	2017 年
住宿和餐饮业	1.34	1.46	1.44	1.40	1.35	1.28	1.22	1.17
批发零售业	1.37	1.27	1.20	1.13	1.08	1.03	1.00	1.01
金融业	1.12	1.17	1.21	1.19	1.27	1.23	1.29	1.42
交通运输业	1.19	1.32	1.40	1.43	1.49	1.58	1.66	1.74
制造业	1.07	1.11	1.08	1.10	1.07	1.09	1.06	1.07

资料来源：笔者计算得出。

从表 6.2 中可以看出，与全国水平相比，厦门市各行业的产业集聚度均大于 1，已达到一定水平，尤其是金融业和交通运输业，其集聚度水平高于全国平均水平，并且从 2010 年以来基本呈上升趋势。但住宿餐饮业集聚度水平从 2011 年开始不升反降。

从住宿餐饮业来看，国际邮轮客运中心附近不到 10 分钟的车程内聚集了可以为邮轮及邮轮乘客提供便捷服务的各类机构、相关产业如高星级宾馆、商业、娱乐、餐饮、休闲、景观设施等，包括湖滨北路商务中心区、思明北路银行中心区、中山路传统商圈、海湾公园等休闲设施也一应俱全，甚至从邮轮中心所在的东渡码头还有直达景点鼓浪屿的渡轮，这些企业集中在一起，形成密切而灵活的专业化分工，加上相关延伸产业的支持，使得该地区附近有可能形成一个邮轮核心产业集群区。

从交通运输业来看，其集聚程度越来越高。邮轮运输是邮轮经济的核心，在邮轮产业发展中具有关键性作用。厦门国际邮轮客运中心位于厦门岛西海域港区南侧的东渡路上，距离厦门高崎国际机场和厦门火车站不到 30 分钟车程，近几年厦门大力发展各类交通运输工具，尤其是高铁和动车的开通，高速公路、厦门国际机场的扩建，直飞全球各地的飞机和通往全国各地的高铁、动车提供了便捷的转运设施。这说明厦门市的旅游业正在良性发展，可促进邮轮产业的发展。

从制造业来看，厦门制造业的产业专业化程度也比全国水平要高，但深究制造业的具体构成，可以发现厦门现有的与交通运输设备有关的制造业仍处于薄弱阶段。由于土地资源有限，厦门市目前只有 16 家与铁路、船舶、航空航天和其他运输设备制造业相关的企业，其中的船舶制造业只有 3 家。2014 年，厦门铁路、船舶、航空航天和其他运输设备制造业的产值为 14.45 亿元，占厦门市生产总值的比重还不到 1%；2018 年，铁路、船舶、航空航天和其他运输设备制造业规模以上企业达19家,年营业收入34.99亿元,占规模以上工业企业的0.55%。

从金融业来看,由于厦门经济总量不大、业务拓展空间有限,使得金融业整体规模不大,法人金融企业数量偏少,跨地区业务辐射能力,收入结构和业务拓展能力有待进一步完善,与上海等金融业发达地区相比还存在一定的劣势。然而,伴随海峡两岸区域性金融服务中心的建设,厦门市金融业的专业化程度不断提高,厦门市金融业在市场主体、规模素质、对外开放以及对地方经济的贡献等方面都大幅提升,体现为金融业的集聚度不断上升。厦门金融业还将按照建设海峡两岸区域性金融服务中心的定位和要求进一步拓展集聚,更好地服务厦门邮轮母港的建设并提供相关配套服务。

从批发零售业来看,伴随厦门经济特区政策的弱化、电商的兴起,以及土地资源的限制,自2013年起,厦门批发零售业的发展受限,集聚度逐步降低。传统商业一片萧条,首当其冲的是百货商店,中闽百汇中山店、东百明发店、名汇主力店、集美万达百货等都纷纷关闭。此外,沿街店铺空置率高、转让频繁,就连原本最为繁华的禾祥西路商业街都有近三成店铺空置。唯有社区便利店一枝独秀,大型超市沃尔玛、家乐福、大润发、天虹等也都加入社区店的阵营,厦门知名品牌连锁便利店门店数量已超过550家。

三、应用区位熵分析福建邮轮配套产业的集聚程度

同样本节选取了2010～2017年福建省的住宿和餐饮业、批发零售业、金融业、交通运输业和制造业等产业产值(如表6.1所示),以全国总体发展水平作为参照系,计算区位熵并分析福建省邮轮产业的专业化和集聚度情况。

将表6.1中的数据代入公式(6.1)中,可得到福建省与邮轮相关产业的区位熵系数表,如表6.3所示。

表6.3　　　　　　　　福建省邮轮产业集聚度区位熵系数

产业	2010年	2011年	2012年	2013年	2014年	2015年	2016年	2017年
住宿和餐饮业	0.97	0.97	0.97	0.94	0.89	0.85	0.84	0.84
批发零售业	1.02	0.96	0.92	0.86	0.84	0.82	0.82	0.82
金融业	0.84	0.78	0.79	0.83	0.83	0.77	0.81	0.84
交通运输业	1.30	1.23	1.25	1.22	1.23	1.35	1.36	1.36
制造业	1.08	1.09	1.12	1.15	1.19	1.22	1.23	1.21

资料来源:笔者计算得出。

从福建省的产业集聚情况来看，除了交通运输业和制造业外，其他行业的产业集聚现象不明显，与全国平均水平相比，基本上处于劣势。福建省交通运输业略高于全国平均水平，这是福建这几年大力发展交通运输的成果，尤其福建省到周边省份的高铁开通，打破了福建山区以往只有单轨铁路进出的局面，铁路和公路建设项目大幅增加，福建交通运输业的快速发展，为厦门邮轮产业向福建腹地乃至周边省份的拓展奠定了基础，也为邮轮产业的集群化发展奠定了基础。福建的制造业产业优势也略高于全国，福建泉州的轻工制造业较为发达，可以为邮轮产业配套发展消费品。从福建的船舶制造业来看，与国内先进造船省份相比，依然存在规模总量小、起点低、企业分散、产业集中度差的特点，然而福建具有悠久的船政文化，若能立足高附加值和高技术含量角度发展大中型船舶修造，那么可借助一定的劳动力成本优势，从邮轮维修的角度介入邮轮产业链。

第四节 邮轮旅游产业集聚发展的思路

2015年发布的《全国沿海邮轮港口布局规划方案》，提出中国将形成7大区域8大港口的邮轮始发港格局。2017年发布的《港口岸电布局建设方案》及2019年发布的《关于建设世界一流港口的指导意见》对港口建设提出了新的要求：完善以邮轮母港为引领、邮轮始发港为主体、访问港为补充的邮轮港口布局，提升邮轮等客运码头综合服务功能，拓展邮轮产业链，改善旅客候船环境和陆岛客运码头条件，加强与城市公交和其他运输方式衔接，提升旅客体验和满意度。因此，未来的邮轮产业可借助邮轮港口群的建设，结合不同港口特色，按从北到南呈现为四大不同的板块，形成四大港口群集聚发展，各具特色，最终实现智慧绿色、安全便捷、经济高效、支撑有力、世界先进的港口建设。港口产业分布也可以根据不同港群特色分别建设。本节首先阐述国内可集聚发展的群落结构，并以福建厦门为例，阐述集聚发展的思路。

一、以邮轮母港为中心的港口群落集聚结构

（一）以上海为母港的国际邮轮港口群

国际邮轮港口群包括上海吴淞口、上海国客、舟山、温州等港口，以上海

港为始发港，服务长江三角洲及环渤海湾地区，大力拓展东北亚、台湾海峡等始发航线和国际挂靠航线，开辟环球航线，逐步构建完善的航线网络体系，健全邮轮服务功能，提升综合服务水平和邮轮要素集聚程度。相应发展宁波—舟山港。

在所有港口城市中，上海的邮轮旅游竞争力最强。上海地处太平洋西岸，长江三角洲前缘，东濒东海，南临杭州湾，北界长江入海口，得天独厚的区位条件对上海港口群邮轮旅游的发展起到了关键作用。作为一座历史悠久的文化城市、经济城市和金融大都市，上海融现代都市风光和历史怀旧遗迹于一体，不仅经济发达而且旅游资源丰富，对许多国外旅游者具有很大的吸引力。上海可依托佘山、天马山、凤凰山、横云山等山地类旅游资源开发登山、户外探险、高空滑索等探险型旅游项目；依托上海博物馆、上海自然博物馆、上海市历史博物馆、外滩、人民广场、南京西路建筑群等资源开发文化观光类旅游项目；依托崇明岛、长兴岛、佘山岛等沙岛类旅游资源开发浮潜、游泳、钓鱼、日光浴等旅游项目；依托中共一大会址、中共二大会址、孙中山故居、鲁迅故居、周公馆、毛泽东故居等革命遗址开发红色旅游产品；依托老城隍庙、吴江路、云南路、黄河路、乍浦路、仙霞路等饮食文化区及陆家嘴、徐家汇、新虹桥等商业街区开发美食、购物项目；依托上海迪士尼、欢乐谷、野生动物园等资源开发家庭之旅项目[4]。

舟山是我国唯一以群岛著称的海上城市。舟山可依托蓝天、碧海、绿岛、金沙、白浪等资源开发生态休闲游；依托普陀山、嵊泗列岛、岱山岛、桃花岛等岛屿类旅游资源开发游艇出海、沙滩玩沙、日光浴等旅游项目；依托古朴清幽的庙宇老天福寺、化成禅寺、普陀山普济寺、观音山广济寺开发宗教文化游[4]。

温州国际邮轮港位于温州港状元岙港区，北邻上海港、舟山港、南毗福州港、厦门港，是浙江口岸距离台湾高雄港、基隆港等港口最近的港口。温州在民间音乐、民间舞蹈、戏曲、造型艺术、民间美术、民间手工技艺、民间习俗等有着深厚的底蕴和独特的价值，温州可依托瓯越文化、山水文化、民族文化，借助境内名山秀水、旖旎风光和对应的旅游风景名胜区开发旅游项目。温州企业家创造的温州经济模式亦可成为邮轮产业发展的一种参考。

（二）以天津为母港的东北亚邮轮港口群

该港口群涵盖天津、青岛、大连、烟台等港口。在港口群内以山东半岛港口群八市及中原腹地为支撑。其中,津冀沿海,以天津港为母港,服务华北及其他地区,积极拓展东北亚等始发航线和国际挂靠航线,提升综合服务水平,吸引邮轮要素集聚。辽宁沿海,重点发展大连港,服务东北地区,开辟东北亚航线。山东沿海,以青岛港和烟台港为始发港,服务山东省,开辟东北亚航线。

在该港口群内,位于环渤海的直辖市天津是一座历史文化名城,资源丰富、内涵深厚,具有较强的资源、市场、经济、区位和环境优势,是环渤海邮轮发展的核心。天津港作为始发港,不仅依托大沽口炮台、天后宫、独乐寺、石趣园、霍元甲故居、石家大院、古式教堂等历史人文资源开发文化观光游;还可依托盘山国家级风景名胜区、黄崖关长城、九龙山国家级森林公园、八仙山国家级自然保护区、翠屏湖风景区等景点开发自然观光类项目。

青岛作为始发港之一,可依托得天独厚的海滨资源、海滨步行道开发城市观光游;依托康有为故居、老舍故居及具有哥特建筑风格的圣弥爱尔大教堂等历史人文资源开发名胜古迹观光游;依托青岛啤酒旧厂开发青岛啤酒工业旅游观光,依托海尔工业园开发海尔工业旅游观光;依托石老人国家旅游度假区、琅琊台旅游度假区、田横岛旅游度假区等资源开发中高端休闲度假游。

大连主要可依托大连湾、大窑湾、普兰店湾、长山岛、广鹿岛、獐子岛、长兴岛等众多的港湾和岛屿资源开发设计浮潜、海底探险、游艇、日光浴、沙滩排球、沙雕等项目;还可依托金石滩国家旅游度假区、棒棰岛、东海公园、老虎滩海洋公园等海滨旅游度假景点开发休闲度假产品;依托白云山、骆驼山等森林公园开发海滨泳浴、垂钓、渔业观光、风俗节事等旅游项目。

烟台港可依托烟台山、朝阳街、福建会馆、张裕酒文化博物馆、北极星钟表博物馆、滨海广场等反映烟台深厚历史底蕴、文化特色和城市风情风貌的"山—城—海—岛—港"的线路,形成精品旅游线路,以体现烟台水陆口岸开放、优雅迎宾的姿态。

(三) 以厦门和深圳为联合母港的海峡两岸邮轮港口群

该港口群依托海峡西岸和台湾岛,包括厦门、深圳、广州等港口,沿东南沿海铺开,其中,厦门和深圳是海峡两岸邮轮港口群的核心。邮轮市场覆盖港澳台地区。该港口群在珠江三角洲以深圳港为重点发展,服务珠江三角洲地区,开辟南海诸岛、东南亚等航线,相应发展广州港。东南沿海则以厦门港为始发港,福州港为挂靠港,服务海峡西岸经济区及其他地区,加快发展台湾海峡航线，拓展东北亚始发航线和国际挂靠航线，提升综合服务水平，吸引邮轮要素集聚。

深圳作为现代滨海城市，常年阳光普照、繁花似锦，深圳还是个移民城市，中西文化融汇交流，从而形成了独具特色的文化氛围。可依托良好的自然条件优势及小梅沙海洋世界、仙湖植物园、市野生动物园等景点开发家庭之旅及动植物关爱之旅。因此可依托世界之窗、锦绣中华民俗村等资源开发人文之旅，使游客进一步感受深圳文化。此外，还可依托欢乐谷开发探险之旅，满足小众群体的冒险需求。

广州的特色在于文物古迹众多，人文底蕴浓厚，可依托南越王墓、光孝寺、怀圣寺、广州起义烈士陵园、黄花岗七十二烈士墓、黄埔军校旧址、洪秀全故居等景点资源开发人文之旅；依托广州花卉博览园、花都香草世界、王子山森林公园、华南植物园等开发轻松休闲的家庭之旅；依托上下九路商业步行街、北京路商业步行街等开发美食、购物项目。

此外，厦门与台湾台北、高雄的航程也在半小时内，具有邮轮产业区域合作的比较优势，邮轮产业的集聚效应可扩大到海峡两岸。厦门可通过政策优势选择，考虑与台湾的高雄港、花莲港、台中港甚至基隆港合作，形成以厦门为母港，台湾各港口为挂靠港的发展模式，使海峡两岸的邮轮相关要素进一步向厦门集中，使邮轮经济达到极化效应或累积因果效应。

（四）以三亚为母港的东南亚邮轮港口群

该港口群包括三亚—海口—北海。主要以三亚为始发港，相应发展海口港和北海港，服务东南亚始发越南地区航线及国际挂靠航线，开辟东南亚始发航线和挂靠航线。海南邮轮旅游业发展潜力巨大，这从近年来三亚、海口接待国际邮轮旅游者次数增长率上就可窥见一斑，而海南省政府对邮轮旅游的重视和加大投入也是邮轮旅游发展的助推器。

其中，三亚不仅具备现代国际旅游5大要素——阳光、海水、沙滩、绿色植被、洁净空气，而且还拥有河流、港口、温泉、岩洞、田园、热带动植物、民族风情等各具特色的旅游资源。三亚在邮轮母港开发过程中，可依托亚龙湾、大东海、三亚湾等众多海湾开发水上娱乐活动，潜水、游艇、沙滩戏沙、日光浴等项目；依托南山佛教文化旅游区开发宗教文化观光游；依托亚龙湾天堂森林公园开发生态休闲游。

海口虽然是海南省的政治、经济、文化中心，有着独特的自然、人文资源。但海口更适合作为挂靠港,可依托琼山府城传统民居、海口骑楼建筑历史文化街区等开发文化观光游;依托荣堂村、儒道村、玉库玉墩村、美社村等传统村落开发乡村民宿旅游,亲近乡土生活;依托长堤路、海甸岛、新埠岛、盈滨半岛、金沙湾等资源开发沙滩排球、日光浴、垂钓等休闲游憩项目。

北海位于广西壮族自治区的北部湾海岸,旅游资源十分丰富,兼具海、滩、岛、山、湖、林、湾等自然景色和汉韵、欧风、南珠情等人文景观。北海邮轮码头可依托具有"天下第一滩"美誉的北海银滩开发亚热带海滨风情体验、休闲观光、沙滩排球、日光浴等项目;国家地质公园涠洲岛为火山喷发堆积凝结而成,浅海生长的珊瑚礁,是中国大陆架最大的活珊瑚群,可依托此景点开发海岛探险、海边垂钓、沙滩拾贝、潜水探奇等项目;此外,依托国家级山口红树林保护区开发动植物探索之旅,领略天然红树林的自然奥秘[4]。

二、以邮轮母港为中心,邮轮港口群落集聚发展的思路

在邮轮港口群落集聚发展过程,可结合邮轮产业链的特征,围绕邮轮产业的关键成功要素包括码头的用户便利性,地理位置的优越性,世界一流的交通基础设施,天然的深水港,连接性能以及进入和接近城市的理由[260]等方面,通过外生构建或外生与内生相结合的动力机制,探讨邮轮产业群落的核心区、次核心区和延伸区,充分发挥每个区域的优势产业,从而在地理上形成互补的邮轮产业经济集群。不同港口群落的港口码头、地理位置、交通基础设施等均有所不同,因而集聚发展的具体道路可能有所不同,但思路却可能一致。因而,本部分结合前面的集聚度分析,探讨以厦门市为核心区,厦漳泉为次核心区,环海峡旅游圈为延伸区的海峡两岸邮轮产业集群群落的集聚发展思路。

(一)以厦门为中心构建邮轮产业集群的核心区

厦门提出邮轮产业经济发展的目标:努力使厦门国际邮轮母港成为亚太区域主要的国际邮轮中心之一,成为东南亚地区及台湾海峡的"区域性国际邮轮枢纽港",促使福建邮轮配套产业成为支撑厦门国际航运中心地位确立的重要力量。充分利用"一带一路"建设、"环海峡旅游圈"建设等国家方针政策给邮轮产业发展带来的契机,结合福建省自由贸易实验区制度创新优势,以厦门国际邮轮母港建设为依托,打造福建邮轮产业集群,实现邮轮产业经济的集聚化发展。其中,厦门邮轮母港的建设是重中之重。

从国际成熟的邮轮母港发展来看,邮轮母港是市场发展到一定阶段的产物,通常由邮轮公司根据市场需求、城市依托条件和企业经营战略来确定。虽然企业(尤其是国际邮轮公司)的经营战略无法准确把握,但市场需求和城市依托条件却可以打造,因而厦门邮轮母港应在政府有序规划、统筹协调的基础上,充分发挥市场在厦门邮轮母港形成过程中的决定性作用,从市场需求和城市依托条件等方面进一步完善邮轮母港建设。厦门作为一个具有深厚文化底蕴的滨海城市,应充分挖掘自身的潜力,不断努力开拓市场。厦门可依托鼓浪屿音乐之岛、鼓浪屿万国建筑博物馆等开发人文资源游项目;依托日月谷温泉主题公园、翠丰温泉、盛之乡温泉等资源开发 SPA 类旅游项目;依托凯歌高尔夫球场、观音山游艇中心、五缘湾游艇帆船集散中心等开发高尔夫、游艇等高端娱乐项目;依托战地观光园内的英雄三岛军民史迹馆、国防教育馆等开发科普文化游。

厦门国际邮轮客运中心位于厦门岛西海域港区南侧的东渡路上,距离厦门高崎国际和厦门火车站不到 30 分钟车程,直飞全球各地的飞机和通往全国各地的高铁、动车提供了便捷的转运设施。国际邮轮客运中心附近不到 10 分钟的车程内聚集了可以为邮轮及邮轮乘客提供便捷服务的各类机构、相关产业如高星级宾馆、商业、娱乐、餐饮、休闲、景观设施等,包括湖滨北路商务中心区、思明北路银行中心区、中山路传统商圈、海湾公园等休闲设施也一应俱全,甚至从邮轮中心所在的东渡码头还有直达景点鼓浪屿的渡轮,使得该地区附近形成一个邮轮核心产业集群区成为可能。

因此,厦门要以邮轮母港为辐射中心,形成一个邮轮产业链经济综合体,综合体内实现以"四大基地、五个中心"为主体的发展模式。其中,四大基地包括邮轮始发基地、邮轮挂靠基地、邮轮后勤服务基地、邮轮供给物资基地,五大中心包括免税品销售中心、进口商品保税展示交易中心、进出境购物中心、精品会展中心、旅游集散中心。

(二) 沿厦漳泉构建邮轮产业集群的次核心区

厦漳泉三地具有共同的文化传统,厦门作为厦漳泉的龙头城市,应在传承和发扬闽南文化的过程中,以闽南文化和侨乡文化为纽带,联合漳泉打造区域文化旅游经济圈,通过海陆联动,使厦漳泉成为邮轮旅游目的地 100 公里范围内的游客接待景区景点。通过制定统一的厦漳泉区域文化旅游总体发展规划。通过建立文化旅游资源协调联动机制,统筹协调各级各类文化旅游发展规划,打破地区封锁和行业垄断，加快厦漳泉区域间的文化旅游资源整合，扩大文化旅游合作领域，推进厦漳泉大都市区文化旅游产业发展。同时，整合厦漳泉三地旅游文化名片，打响"闽南文化"旅游品牌。可以厦门为龙头，以特色景区为支点，以现有的闽南文化古迹和文化底蕴为依托，充分挖掘富有闽南地域风情和闽南文化内涵的特色文化资源，塑造特色鲜明的文化旅游主题，打造一批精品文化旅游景区，创造具有国际知名度的厦漳泉文化旅游品牌，并将闽南文化品牌推广到邮轮旅游目的地行程中。

此外，厦漳泉具有地理集中的基础，可结合厦漳泉同城化发展优势，依靠泉州在轻工制造方面的优势，拓展延伸邮轮产业的上下游环节，为邮轮产业提供配套产品。

（三）沿环海峡旅游圈构建邮轮产业集群的延伸区

发展邮轮产业并不仅仅局限在港口经济的范畴，而是要涉及城市经济和区域经济，并且可以成为第二、第三产业最佳结合的示范经济，是对区域经济具有推动力的源头经济。因此，应沿着厦漳泉、围绕福建省、海峡西岸经济区乃至环海峡经济圈，围绕邮轮配套产业的需求，形成地理集中的邮轮产业经济，促使邮轮相关延伸产业形成密切而灵活的专业化分工。厦门邮轮产业的集聚发展应抓住海丝机遇，沿环海峡旅游圈构建邮轮产业集群的延伸区，重点发展船舶修造配套业和交通运输业，同时延伸客源腹地。

作为邮轮产业的上游产业，邮轮制造业可以为当地带来巨额的利润。在整个邮轮产业链中，中国尚不能制造豪华邮轮，缺乏这方面的技术和经验。目前中资邮轮公司只有海航、天海、渤海轮渡3家，均为单船公司，所占市场份额不足5%；而且，在高附加值的邮轮设计、制造、装修方面，我国几乎是一片空白。然而，福建省具有悠久的船政文化。在2004年初，福建省重新致力于建设海洋大省，打造厦门、马尾、泉州、福安四大造船基地。要进一步结合自贸区的政策优势，引进邮轮制造相关的外商投资，形成与邮轮维修、制造相关的配套产业。

邮轮母港除了必须具有枢纽城市的功能之外，还必须具有巨大的客源市场。通过海陆空立体化的交通网络打造，将海上丝绸之路的重要旅游地整合起来，将福建省内陆的优势旅游资源整合起来，形成战略联盟，并与长三角、珠三角的母港城市联盟，以进一步延伸邮轮产业链，拓展目标客源市场，打造1000公里的经济腹地。

第五节

促进邮轮旅游产业集聚发展的对策

本节主要探讨邮轮港口城市如何借助完善的政策法规，建设完备的城市与港口依托条件，促进邮轮配套业的快速发展。

一、确定省市级邮轮产业专项发展规划

将邮轮产业和邮轮经济的发展纳入总体发展规划，确定邮轮产业专项发展规划，然后再根据专项发展规划，制定产业政策，进一步明确邮轮旅游产业功能定位、发展目标、空间布局、产业链条、配套服务等，促进邮轮港口和城市功能的优化提升。一方面，要规划构建两大产业链群，首先是争取打造以邮轮码头接待为代表的"邮轮服务产业链群"，其次是构建以邮轮公司运营为标志的"邮轮运营产业链群"，实现邮轮运营、邮轮船供、港口商贸、岸上旅游、邮轮维修服务的协同发展。另一方面，要规划完善邮轮产业公共服务平台，依托电子口岸平台的整合优势，推进跨部门、跨行业的综合信息共享平台建设，建立集邮轮旅游、信息服务、信息咨询、网上交易等功能于一体的综合信息应用平台，结合"智慧城市"建设，构建以数字化、网络化、智能化为主要特征的，多载体、多语种、全天候的邮轮旅游公共信息服务体系。同时，规划布局沿海各港口的功能，充分考虑港口周边的城市资源，完善配套设施，使沿海形成以现在相对成熟的始发港为母港，周边港口为始发港或访问港的港口布局，使得集群内各港口形成共生发展的格局。例如，海峡邮轮产业集群内，以厦门或深圳为母港，香港、澳门、台湾、广州、泉州、福州等港口为始发港或访问港的港口布局，使整个环海峡区域内形成港口共生发展的格局。

二、进一步优化邮轮港口集群内不同港口特色功能

要进一步优化邮轮港口功能，完善母港的邮轮签证，便捷通关程序。

1. 吸引社会资金参与建设邮轮港口，进一步完善港口设施和城市配套设施建设

邮轮港口是邮轮产业发展的核心，在邮轮产业链的建设过程中，离不开邮

轮母港的快速发展。根据交通运输部的指导意见，要建设区域性的邮轮母港，其港口条件包括：广阔的客源腹地，丰富的邮轮始发航线，完善的城市配套设施，能够同时靠泊多艘大型邮轮，并能吸引邮轮公司设立亚太地区总部或中国地区总部。

提高邮轮港口与其他交通枢纽站的便利性。邮轮港口到市区与其他交通要道，包括高铁、动车、机场等交通枢纽站的距离远近会影响邮轮乘客对目的港的选择。中国香港、新加坡以及马来西亚的巴生港，因拥有便利的航空设施，成为邮轮船队主要之转运点，被列入欧美邮轮全球旅程。当前国内大多数邮轮母港到各交通要道的道路交通虽然便利，但距离便捷还有一定的距离，应进一步完善邮轮港口到市区与其他交通要道，尤其是机场等交通枢纽站的快速通道建设。例如厦门，要在当前的地铁建设中增加厦门港附近地铁站点，使来厦邮轮游客能够快捷的转运到全国各地，争取加入欧美邮轮全球航程。

构建完善的金融支撑体系。政府部门、港口、投资方和相关从业单位是利益相关者，应该分配好各自的利益。在吸引邮轮航线进入港口时，单纯依靠前期合同或非正式的捆绑，可能最终无法长期留住邮轮航线。港口相关设施的建设，可采取公私合作模式（public-private-partnership，PPP），鼓励私营企业、民营资本与政府进行合作，参与公共设施的建设。企业主要参与项目前期科研、立项阶段，政府主要参与项目中后期建设管理运营过程，由于双方都是全程参与，可确保双方合作的时间更长，信息也更对称，有利于项目的长期建设与发展。在企业投资过程中，可考虑企业的性质，给予土地、税收和金融等多方位的政策支持。政府在邮轮产业发展初期保障开发企业的利润，对利润分配方的比例进行适当的调整，确保企业参与经营的积极性。同时，综合考察国内外邮轮码头运营商的税费结构，结合当前中国市场的具体条件，给予邮轮码头运营商一定的税费自主确定的弹性。

2. 进一步优化邮轮母港政策环境，便捷邮轮通关等程序

努力优化邮轮母港政策环境、争取突破邮轮旅客过境免签、内地与港澳台邮轮旅游便利化方面的政策，同时争取公海游政策落地。

旅游产业最重要的要素是"顾客体验"而不是"客流"。邮轮旅游产业的关键成功要素包括码头的用户便利性（包括船员和乘客），地理位置的优越性，世界一流的交通基础设施，天然的深水港，连接性能以及进入和接近城市的理由[260]。尤其是邮轮游客在停靠港停靠的时间短暂，通常要求在最短的时间内可以通关上岸。根据国际邮轮产业发展的经验，1个小时内邮轮上的游客

通关上岸对游客的体验最好，也成为国际邮轮公司选择停靠港的一个重要依据。

进一步优化母港出发乘客的签证政策，加快国内外航线邮轮到港旅客的通关速度。一方面，可免费提供前站证照查验，或可与邮轮必经的前一站点（例如台湾、香港、上海、天津）等处设置签证办事处，简化通关程序。给予到港旅客及船员或旅游业者签证上的便利，对国内外旅客可不限次数实施72小时落地免签，若旅行社登轮随船带团至国内不同港口旅游，给予特别免办签证或签证上的便利。

进一步优化邮轮港口群旅游圈的邮轮签证政策。在"预申报，分类放行""关前托运"等便捷通关政策的基础上，协商确定在港口群邮轮圈落地免签或"72小时过境免签"的政策，以促进游客随邮轮在72小时内搭乘邮轮游玩周边的地市。在福建，可借助对台先行先试政策，争取对从厦门港出发搭乘邮轮到台湾旅游的乘客，不受入台证每次只能使用一次的规定，以方便邮轮两次进出基隆港和其他港口，对所有邮轮放开每日陆客到台湾的限制（2014年搭乘中远之星的邮轮乘客免受配额限制）。同时，搭乘邮轮旅游乘客的身份也不应受限于大陆只开放13个省份居民到台湾的限制。

争取发展相关邮轮母港为免税港。邮轮母港的建设还需要良好的配套服务，包括旅行社、免税店、邮轮供应、商务会展等邮轮衍生服务业务。然而，当前大多数邮轮母港的购物免税或优惠政策是空白的，这些邮轮母港城市应加大邮轮衍生服务业的发展，可采取类似海南岛的政策，尽快向上级争取邮轮购物免税政策，争取在港区内设计免税店和免税延伸店，以便于跨境游客尤其是搭乘邮轮到台湾或香港旅游甚至到公海无目的地旅游的游客购物。

三、拓展目标客源腹地，培育优化邮轮市场

通过海陆空等渠道优化运输，拓展目标客源腹地，培育优化邮轮市场。

1. 丰富邮轮始发航线，拓展邮轮停靠航线

采取差异化策略设计长短程搭配的邮轮航线产品。不同邮轮港口群应突出各自的特色，以形成特色鲜明、主题多样、长短结合的布局态势。例如厦门邮轮港口的建设应突出海峡邮轮圈的特色，结合国家"一带一路"倡议，采取邮轮母港建设和停靠港建设并重的策略，重点发展适合自身实际的定期航线、不定期航线和近洋国际邮轮航线，尝试开发连接欧美乃至全球的远洋国际邮轮航线。

第一，强化与港澳台地区的航线合作，在原有线路基础上争取开辟邮轮公海游。我国目前已逐步放开部分地方的公海游限制政策，作为未来我国邮轮产业发展的重要计划，福建省可以进一步争取下一轮的公海游试点。

第二，在现有日本、韩国等地近海邮轮航线的基础上，开展一些富有特色的高端邮轮旅游，包括系列主题游、个性定制游等。

第三，结合"一带一路"倡议，联合"一带一路"沿线国家和地区，积极推动以厦门港为母港的厦门—台北邮轮直航，并争取延伸到东南亚直航的旅游航线；同时，与珠三角港口群合作，开辟东北亚的避暑旅游航线。

第四，考虑在停泊费、码头服务费等费用方面降低一定的收费标准，以吸引更多的邮轮公司驻点，积极吸引欧美邮轮公司将邮轮不定期航线安排在厦门作为停靠港。通过与邮轮公司谈判，结合国内市场的需求状况，引进更多的邮轮，使得邮轮朝高端化、休闲化方向发展。服务设施更高级，增设一些新的免费项目，包括SPA馆、起居室，提高邮轮的服务能力。其中，旅行社作为邮轮公司与游客之间的纽带，应充分发挥自己的平台作用。旅行社和邮轮公司之间以及旅行社之间都要通过共同合作，共同开发丰富邮轮产品，根据中国游客的旅游习惯设置配套服务，以更好地服务于游客。

2. 实行海峡西岸邮轮联盟式的区域发展模式

通过海峡西岸经济区内各港口城市合作，组建海峡西岸邮轮联盟，开辟双母港目的地航线。通过加强合作，一致行动，共谋发展，充分发挥沿海流域各城市的旅游资源、港口和市场优势，共同开发邮轮航线，拓展沿海流域的合作范畴。

第一，加强与香港邮轮母港合作，利用香港免税购物特点，开辟邮轮旅游购物航线。从厦门港出发的旅客，经停若干个具体的旅游目的地城市或景区停靠点，到香港KTCT港下船，结束邮轮假期，转乘飞机、高铁或大巴等其他客运载体回家。另一批旅客则从香港邮轮母港出发，经停靠若干个具体的旅游目的地城市或景区，到厦门港下船，结束邮轮假期。双母港结构的邮轮航线可减少海上巡航的时间，尤其适用于部分对船舶巡航时间短的客户群体。同时要协调各种酒店业和旅游活动，以便在邮轮访问香港时能够丰富邮轮乘客在香港的体验。

第二，加强与台湾的高雄、花莲、基隆港合作，开辟闽台两岸文化观光旅游航线。重点开辟厦门—高雄—花莲—基隆—福州的定期或不定期环岛航线运作模式，游客可从厦门或福州出发，一路经停台湾地区的几大港口并上岸观光旅游，同时，可考虑与铁路或航空部门合作开辟优惠旅游套票，例如，在厦门、福州上邮轮的乘客,均可免费获得往返福厦两地的动车票,便于旅客就近选择港口。为争取航线开通,可采取特案方式,向台湾相关部门争取政策,确保搭乘邮轮的乘客不受入台证每次只能使用一次的规定,方便邮轮进出台湾地区的各个港口,同时,邮轮上的乘客也不限于每日开放的限额,乘客身份不受现行大陆只开放13个省份居民到台湾的限制。同时,还可与香港、上海、天津等母港合作,以厦门为挂靠港,开辟从天津、上海到台湾四大港口的定期或不定期航线。

3. 与邮轮产业链上的不同行业组建战略联盟

通过组建战略联盟,加大旅游目的地资源开发条件,开拓客源腹地,以实现1000公里范围内游客接待景区景点海陆空联动。

第一,加大对邮轮旅游市场的调研,可以由省市旅游局或统计局牵头,委托所在省市相关专业老师和专业的调查机构合作,对母港及周边港口群的游客有针对性地进行邮轮旅游消费情况展开调查。摸清邮轮旅游消费群体的年龄、消费偏好、对邮轮旅游的需求等具体情况,有针对性地设计适合母港客源腹地旅游需求的邮轮航线。现有的邮轮产业对年轻一族的吸引力不够,可通过进一步的调研,确认年轻一族的邮轮旅游倾向,在差异化航线的基础上,通过提供差异化的服务,如更多滨海活动选择、改变邮轮持续性、价格和旅游路线等,以达到不同背景、年龄和兴趣的旅游者的预期目标。

第二,寻求与邻近省份建立紧密联系,以开发更大范围的邮轮行程和信息交换平台。经营邮轮航线需要持续不断的客源供应。一些小的港口城市的人口规模和客源腹地目前可能仍无法满足邮轮港口城市1000万人口规模的要求。因此,作为邮轮产业的三要素旅行社、邮轮公司和邮轮码头等各方资源应形成合力,通过与邻近省份建立紧密联系以开发更大范围的邮轮行程和信息交换平台。尤其是应充分利用港口城市的海陆空三位一体的立体交通网络的便捷通道,借助高铁动车和空中航线向其他省份"揽客",主动对接不同港口群(如长三角、珠三角),向内陆省份腹地拓展客源,不同邮轮母港之间如天津、上海等共同培育客源市场。

邮轮停靠港口城市开通了省内外的高铁、动车快速交通,形成具有资源互补优势的2小时旅游圈,增强了国内外游客通过乘坐邮轮到福建旅游的吸引力。可利用福建省自贸区建设先行先试的政策优势,向上级部门申请试点,让富有经验的国外旅行社涉足经营邮轮出境游业务,通过"鲶鱼效应"带动国内旅行社的转型升级。

邮轮产业的发展涉及不同行业，尤其是在邮轮配套服务上，需要整合政府相关部门、与邮轮运行相关的企业，形成战略联盟。整合旅游局、旅行社、高铁、动车等部门，加强邮轮业务的营销；整合省内外不同城市间的旅游业者，使之能够提供一致性的旅游品质；整合运输业提供优惠套票服务，方便旅游路线安排（例如可与高铁、动车相结合）；同时，可与航空业相结合，推出海空联运优惠票价（采取海去空回或空去海回），促使形成二元化的旅游工具与旅客行程安排。

四、发展配套服务产业，挖掘延伸邮轮产业链

发展配套服务产业，挖掘上、下游产业价值，以进一步延伸邮轮产业链。

1. 大力发展船舶修造业，挖掘上游产业链价值

立足高附加值和高技术含量，加快邮轮产业链本地化，挖掘上游产业链价值是邮轮产业发展的一个思路。未来福建船舶工业要立足本省实际，立足高附加值和高技术含量，开发"新、特、专、精"的船舶产品，并大力发展大中型船舶修造。一方面，借助国家鼓励邮轮本土化设计与制造的政策优势，积极与邮轮集团、欧洲造船企业合作，引进中外合资的邮轮设计与制造企业打造豪华邮轮，并开展邮轮设计理念及外观、舱室艺术设计等关键技术研究。另一方面，可结合福建造船业的具体分工，以泉州打造修船业为契机，争取从承担豪华邮轮的维修项目入手，在邮轮修理、船配船饰上做大做强。

2. 加快船供等批发零售业发展，挖掘下游产业链价值

在邮轮船供方面，继续做好保税燃料油加注，加强综保区与邮轮供应的对接，争取对部分邮轮物资（如高档烟酒等）给予免税政策，在邮轮码头附近设立免税仓库，同时要增强港口、海关、商检、商务等主管部门的工作合力，使货物进出更加便利。

3. 加大岸上产品的开发和设计，提升港口岸上产品的吸引力

邮轮航线吸引力很大程度上取决于岸上产品的供给情况，因而要全面提升港口岸上产品的质量和数量，不断打造优质的邮轮旅游目的地[173]。

五、加快邮轮产业综合人才培养

当前，国内邮轮产业从上游到下游所需要的管理、经营、技术、航海等人

才供应不够及时。福建省和厦门已经在人才引进方面出台了大量的优惠政策，但引进人才的步伐还不够，而且在国内普遍缺乏邮轮产业高层次人才的情况下，高层次人才可选择的面很广。因此，当前福建省更切实的措施应该是实施人力培训计划，增加在职培训机会以鼓励人们加入邮轮产业，尤其应注重合作培育国际化高端邮轮人才。可以利用省内集美大学等本土的师资力量，积极与国外邮轮公司合作，共建国际邮轮人才培训中心，培育出与国际接轨的高端邮轮人才。

本章小结

邮轮产业链长，涉及船东公司、船旗国、运营港口、乘客来源国等不同主体。全球化时代使产业链各方利益交织互连，你中有我、我中有你。未来，要积极构建合作共赢的邮轮命运共同体。借助技术创新重塑行业发展形态。中国科技企业经历了新冠病毒的考验，未来可在邮轮疾控管理系统、全球预警平台、邮轮大数据等方面给出中国方案，为世界邮轮产业的发展建设提供中国力量，共同铸造邮轮命运共同体。

第七章

中国邮轮旅游产业可持续发展利益冲突与协调

经济的发展、居民生活水平的提高以及大众消费观念的转变，邮轮旅游逐渐被中国大众所认可，邮轮旅游的需求不断增加，促使邮轮旅游产业发展为旅游业中最具活力、增长最快、潜力最大的产业之一。然而，邮轮旅游对沿海和海洋环境、当地经济和港口社区社会文化的负面影响也引起了人们的关注。从邮轮旅游可持续发展的角度来看，这种负面影响无疑对当地政府、社区和邮轮行业都形成了一定的挑战。

因此，本章基于利益相关者理论探讨中国邮轮旅游产业发展过程中的利益冲突与协调问题，并提出促进邮轮旅游产业可持续和负责任发展的措施。文章首先对国内外邮轮旅游利益相关者理论进行评述，然后阐述邮轮旅游产业发展对当地经济、文化和环境可能造成的负面影响；随后借助利益相关者理论界定中国邮轮旅游产业发展的核心利益相关者，确定不同利益相关者在邮轮旅游产业发展过程各自的利益诉求及其相互间存在的冲突和矛盾，探讨邮轮旅游产业产生负面影响的可能原因；最后，针对冲突和矛盾，提出邮轮旅游产业要减少负面影响以实现可持续和负责任发展，关键就在于处理好不同利益相关者的合作竞争关系。也就是说，要在邮轮旅游管理中实施利益相关者共同参与治理的经济型治理模式，形成邮轮旅游产业发展的内部制衡和约束，在促进各利益相关者的利益形成和有效保护的同时，促进邮轮旅游行业内企业社会责任的实现。本章的研究不仅丰富了邮轮旅游产业可持续发展的相关理论，亦有助于为业界提供解决邮轮旅游产业发展负面影响的措施，可为中国邮轮旅游产业可持续和负责任的发展方式提供有益的参考。

第一节

邮轮旅游利益相关者理论研究概述

利益相关者理论产生于20世纪60年代的英、美等国,广泛应用于管理学、伦理学、法学和社会学的研究。从1963年有关利益相关者概念提出至今,已多达20多种代表性的概念表述,其中尤以弗里曼(1984)和卡拉克森(1994)提出的定义最具代表性。

旅游领域的利益相关者研究起步于20世纪80年代。世界旅游组织大会于1999年10月召开的十三届会议通过的全球旅游伦理规范中,明确使用"利益相关者"一词,提出旅游业发展过程中不同利益相关者行为的参照标准。其中的利益相关者包括旅游者、居民、旅行社、当地政府、各级旅游管理部门、媒体、学术界以及其他一些组织机构。随后国内外学者纷纷将利益相关者理论应用于旅游业的研究中,并取得了丰厚的研究成果。邮轮旅游作为旅游业的一个分支,必然涉及各种利益相关者,但目前有关邮轮旅游产业的利益相关者的研究成果并不多见。因此,本节在评述国内和国外旅游业利益相关者研究侧重点及区别的基础上,分析邮轮旅游产业利益相关者的研究现状及重点。本节的研究将为后续的理论分析奠定基础。

一、国外旅游业利益相关者研究概述

国外旅游利益相关者研究对象广泛,涉及国家旅游、区域旅游、社区旅游、校园旅游或遗产旅游、乡村旅游、自然旅游等,其研究内容主要集中在旅游利益相关者的界定、旅游利益相关者的权力、利益和关系等方面,研究领域涉及旅游开发与规划、旅游可持续发展、旅游参与、生态旅游、旅游营销以及旅游伦理等方面。因此,本小节将从界定旅游利益相关者着手,围绕旅游利益相关者的权力、利益和关系,比较利益集团间的利益主张,探讨利益相关者在旅游规划开发、政策制定、企业管理、社区与旅游可持续发展过程中的利益冲突与合作的最新进展。

(一)旅游利益相关者界定及分类

国外旅游界关于"利益相关者(stakeholder)"一词,首次出现在1988年发表在ATR(*Annual of the Tourism Research*)上的一篇文章《负责任和响应灵

敏的社区旅游规划》(Responsible and Responsive Tourism Planning in the Community)中。当前关于旅游利益相关者的界定更多采用援引管理学中利益相关者的定义方式进行列举式界定,因而旅游利益相关者的概念界定及分类因不同类型的旅游组织或旅游地而不尽相同。

(二) 旅游利益相关者的利益诉求和冲突

在国外,旅游业利益相关者利益诉求通常涉及经济利益、生态效益、文化保护、休闲游憩、地区发展以及教育功能等。利益冲突可能发生在产品设计、资源开发、经营管理和利益分配等不同环节。学者们通常围绕引发冲突的主体开展研究,针对旅游企业、游客和当地居民间的冲突是利益相关者冲突研究的焦点。尽管不同研究者探讨了不同利益主体的利益诉求问题。但也有学者指出,在旅游目的地发展中要兼顾到各个利益主体的利益诉求时可能会面临成本增加、合理利益相关者难以界定以及利益相关者参与能力参差不齐的问题。例如,Hatipoglu等认为由于缺乏有效协作和领导的制度结构,阻碍了利益相关者对规划过程的参与;此外,尽管当地社区参与了规划过程,但利益相关者狭隘的视野、缺乏战略导向和基于自身利益的财务关注,可能会阻碍可持续旅游的实现[351]。De Leon等探讨了利益相关者感知对保护区的影响,发现由于各利益相关者所提供的生态系统服务之间的竞争,城市保护区的土地利用冲突十分明显[352]。

(三) 旅游利益相关者的利益协调与合作

由于不同利益主体间的利益冲突可能带来各种不利的影响,如何有效协调多元利益主体之间的冲突,保障旅游地的可持续发展,成为旅游业发展过程中亟待解决的现实问题。越来越多的学者开始探寻不同旅游业利益相关者协调与合作的方法和措施。

在协调旅游业不同主体之间的利益冲突问题时,国内外学者普遍认同,让旅游利益相关者参与制定旅游规划是协调旅游地利益冲突最有效的途径之一[353],可尝试使用"权利—关系"矩阵确定不同利益主体之间的冲突协调[354],并主张以圆桌会议的程序和方法使不同利益主体"参与谈判"和"共同决策"[355]。越来越多的学者倡导实施适应性协同管理(adaptive co-management)理念,强调集体合作与个体适应,以平衡生态旅游利益相关者间复杂多变的利益关系[356]。研究者还建立了多主体的利益博弈和合作博弈,探讨利益合作的方式以及不同利益相关者扮演的角色,比如作为生态旅游的重要利益相关者,非政府组织(NGO)将不再仅仅作为生态保护的倡导者,而是拓展自身实力,向旅游企业经营和管理等领域不断深化,以扮演越来越重要的角色。对于社区居民而言,由于缺少建立、经营生态旅游企业所必要的勇气,其他利益相关者可以帮助其克服制约因素[357]。

不仅旅游规划阶段需要利益相关者的协调与合作,旅游的可持续发展更需要利益相关者的协调与合作。Carey 等认为可持续的旅游发展依赖行业内所有利益相关者(供应商、运营商、中介机构、公共部门、消费者)的有效合作[358]。旅游业经营者应该为《全球旅游伦理规范》道德目标中提到的环境、社区、企业家和游客等利益主体寻求价值增值,其关键在于构建基于旅游利益相关者管理、分享的合作机制[359]。然而,不同利益相关者的合作地位可能不尽相同。目的地营销/管理组织(DMO)和拥有关键资源的利益相关者(如酒店和景点)在实现利益相关者之间的合作以实现目的地可持续发展方面具有最高的中心地位[360]。影响旅游利益相关者合作的因素也不一定一致。包括不同个人和利益相关者群体感知权力的差异以及权力促进利益相关者间合作的方式[361]。也可能包括经济效益、意识和信息、自上而下的治理和资源使用权[362]。在不同的政治文化背景下,旅游目的地的利益相关者参与的程度与方式是不同的,尤其在发展中国家,社区参与受到操作方式、结构和文化的限制。而且缺乏有效协作和领导的制度结构将阻碍利益相关者对规划过程的参与,社区利益相关者狭隘的视野、缺乏战略导向和基于自身利益的账务关注可能会阻碍可持续旅游的实现[351]。

后续研究者又对不同利益主体参与旅游发展的意愿、路径等进行了探讨,如 Waligo 等开发了一个包括吸引、整合和管理利益相关者参与的"多利益相关者参与管理(MSIM)的框架,确立了有效的利益相关者参与机制[363]。De Leon 和 Kim 分析了当地政府、管理局和居民对生态系统服务的看法和彼此间的无效协作,提出需要对城市保护区土地利用冲突给予政策保障[352]。

二、国内旅游业利益相关者研究概述

国内旅游业利益相关者研究起步于 2000 年,以《旅游学刊》刊发的由张广瑞翻译的《全球旅游伦理规范》报告中出现"旅游利益相关者"术语为标志。经过近 20 年的发展,国内旅游利益相关者研究也取得了大量的研究成果,早期的研究更多局限于不同领域利益相关者的概念界定与层次划分(如利益相关者图谱),后期逐步拓展到旅游利益相关者的利益诉求、利益相关者之间的关系、社区参与、存在的问题与对策等,最新的研究则开始探讨影响旅游利益相关者协调与合作的机制以及具体的合作机制等。研究对象不仅包括旅游景区、旅游目的地和旅行社等特定区域或主体,还针对特定的旅游概念如生态旅游、乡村旅游等,进而推广到旅游规划、旅游可持续发展、旅游教育、旅游协调合作等领域。本小节同样围绕概念界定、分类、利益相关者的利益诉求与冲突、合作与协调等方面探讨国内旅游业利益相关者研究进展,并说明其与国外研究存在的差别。

(一) 旅游利益相关者的界定和分类

在旅游领域,利益相关者的界定与分类是研究的重点。在旅游利益相关者的概念界定,国内学者大多参照 Freeman(1984)和克拉克森(1996)对利益相关者的概念界定。不同的旅游研究对象,利益相关者的类别存在很多差别。研究者围绕特定旅游主体如旅游景区、旅行社、旅游集团公司,特定旅游概念如乡村旅游、生态旅游对利益相关者进行了分类,并且构建了对应的利益相关者图谱。然而旅游业不同细分领域的具体利益相关者可能有所差别,但通常包括政府、社区、企业和压力集团(NGO 组织及行业协会、专家及研究机构、媒体、旅游者)四类旅游利益相关者。其中,政府、旅游企业、当地社区居民和旅游者通常是四类旅游利益相关者中的利益主体。

(二) 旅游业利益相关者的利益诉求和冲突

旅游业的发展过程涉及不同的利益主体,不同旅游利益相关者的利益诉求各不相同,从而利益冲突和矛盾也不尽可相同。在政府角色错位、社区参与旅游不足和保障机制不健全、权力分布不均、劳动分工不当以及不同主体的利益诉求不同的情况下,就可能导致当地收益漏损、旅游服务及设施匮乏、利益分配不均并最终造成利益冲突。当前的研究主要围绕以上四大利益主体的利益诉求及利益冲突展开。

1. 旅游企业的利益诉求及可能的利益冲突

旅游企业(包括旅游景区开发商)是旅游业的经营主体,其主要利益诉求在于追求投资回报以实现自身利益最大化,旅游相关企业希望得到政府的政策支持,同时又要确保旅游者能享受到方便满意优质的服务以促进旅游业的协调发展。从可持续发展的角度来看,还要考虑经济利益与环境保护之间的关系[364]。

作为旅游企业,与政府的利益冲突则可能体现为政府通过政策法规对旅游企业形成约束、监管,以及为获得税收及盈利分配而采取政治或经济手段限制旅游企业的发展。反过来，旅游企业也可能捕捉政府的漏洞而逃避监管或减少应承担的成本。

2. 旅游者的利益诉求及可能的利益冲突

旅游者作为旅游活动的主体和基础，游客在旅游活动中的消费需求是构成居民和旅游开发商经济利益的基础。虽然在旅游活动中的利益诉求呈现一定的经济性和非经济性，但更重要的是享受到愉悦的旅行体验。游客在旅游活动中追求物质、精神、文化的需求满足，可能是身体放松，也可能是一种精神上的满足。

然而，旅游者的利益诉求可能对旅游活动的其他利益相关者如旅游企业或旅游目的地居民的利益诉求产生影响。旅游者可能与当地居民发生矛盾冲突，主要体现在过多旅游者对当地的生活习惯、文化风貌、交通与自然生态环境的影响。游客在旅游过程中的不文明行为可能会侵犯其他利益相关者的利益诉求，影响旅游业的可持续发展[364]。旅游者与旅游企业的利益冲突则可能表现为旅游企业强买强卖、价格欺诈及销售名不符实的旅游产品等损害旅游者的行径。

3. 当地居民的利益诉求及可能的利益冲突

当地居民既可能享受到旅游业发展带来的积极影响，也避免不了要接受旅游业产生的消极影响。当地居民在旅游业发展中的利益冲突可能涉及游客、当地政府以及旅游企业。

社区居民与游客的冲突不仅包括游客对当地社区可能带来的负面影响，还包括当地居民的短视行为导致旅游者满意度降低，从而对旅游业的发展产生消极影响。社区居民与政府的冲突可能是因为政府着眼于旅游企业的利益诉求却忽视了当地居民对旅游活动的参与权或话语权，从而导致旅游地利益分配不均；也可能是因为旅游资源过度开发、破坏居民的生活环境或破坏当地的文化习俗；还可能是因为居民自身文化素质或环境条件限制而未能参与旅游产业的发展中，得不到应有的利益分配，保障机制不健全。

与旅游企业的冲突可能是因为旅游企业追求自身利益最大化而未能满足当地居民对就业收入的要求，影响了居民生活条件的改善；也可能是因为旅游企业占当地资源进行旅游开发，对当地居民生产生活或生态环境造成破坏等。当地旅游业发展所带来的利弊会影响当地居民的态度。如果参与旅游经营活动能够给社区和自身发展带来极大利益，如保证稳定就业、增加收入和改善生活质量，居民就能够支持当地旅游业的发展，并参与旅游业可持续发展战略制定或具体实施[365]。当然，如果旅游业的发展对当地居民的生活环境、日常生活带来的消极影响大于其所获得利益时，当地居民就会抵制旅游业的发展。

4. 地方政府的利益诉求及可能的利益冲突

地方政府则希望借助旅游业的发展，带动当地经济的发展及其他相关行业的发展，一方面获得税收收入，另一方面促进当地人口就业，提高居民生活水平，甚至提升当地知名度和美誉度。作为政府，在旅游业发展过程中可以起引导、扶持、主导以及协调的作用，但具体履职过程中，可能存在越位和部分职能缺失问题。

5. 其他利益主体的利益诉求及可能的利益冲突

在中国，其他旅游相关企业，如住宿业、旅行社等的利益诉求及其与四大主体间的利益冲突也是分析的一个侧面。在实际分析中，研究者还可能针对旅游过程的所有参与者探讨利益主体间的多元利益诉求与冲突问题。例如，李磊等（2018）针对安徽省的温泉旅游规划，提出了包括政府、企业、社区居民和旅游者在内的多元利益冲突[366]。时少华和孙业红（2016）利用社会网络分析工具揭示了世界遗产旅游地元阳哈尼梯田遗产旅游发展过程中16个利益相关者的利益关系结构特征。也可能以单个利益相关者为重点，说明其与其他利益相关者存在的冲突。吕宛青（2019）针对云南石林景区附近的居民的研究发现，由于多数家庭收入来源于景区旅游经营活动，因而产生了强烈参与可持续遗产旅游战略决策制定和具体实施的意愿并付诸实施[365]。

（三）旅游业利益相关者的利益协调与合作

不同国家可能因为制度差异而形成不同的利益相关者的合作与协调办法。虽然具体办法有所不同，但研究领域却没有本质差别，国内最新的研究大多围绕特定区域、特定范围的旅游规划开发和旅游可持续发展展开，可能针对所有利益相关者提出利益协调和合作的方法或具体模式，也可能针对其中的某一群体尤其是弱势群体参与利益分配提出具体的对策建议。

1. 利益相关者参与利益协调与合作方式

针对特定旅游项目的不同利益相关者间的协调与合作方式，往往是一种多主体的利益协调方式。例如，生态旅游就是一种将环境保护、社区参与和可持续发展相融合的旅游形式。生态旅游强调自然区域的保护、游客的教育和社区的经济利益，力图实现多方受益的良好效果。李磊等明确不同利益主体的角色定位，关注不同主体的利益诉求，协调多元主体间的利益冲突，以保障旅游地可持续发展[366]。杨琴和田银华（2018）提出乡村旅游资源集体合作化可以更有效解决或避免反公共地悲剧的出现，促进乡村旅游资源集体合作化的利益分配协同效应对反公共地悲剧具有显著影响。

也有学者针对个别利益主体尤其是旅游目的地社区居民的利益缺失问题，探讨了其参与利益合作的具体措施。如张伟和吴必虎（2002）使用利益主体理论对区域与城市发展战略规划中多方面利益集团进行了意见征求和处理，认为要将公众意见纳入旅游规划编制。保继刚和孙九霞（2003）强调通过向社区居民提供参与旅游规划、发展决策的机会，对社区居民进行教育与培训等途径与方式以促进其参与区域旅游发展。其中，如何保障社区居民这些弱势群体利益相关者参与旅游发展的权利和参与度是学者们关注的重点。张海燕和李岚林（2011）提出可通过制度增权、组织赋权、文化增权和社会增权的方式来促进旅游产业利益相关者弱势群体参与旅游发展。古红梅（2012）认为乡村旅游的可持续发展关键在于构建利益分享机制，如向当地旅行社区提供财政支持和转移支付，以旅游业促进农村弱势群体增权等措施充分调动各利益相关者参与旅游发展的积极性。时少华和李享（2019）认为确定利益相关者的信任关系和利益关系之间的关联效应，可促进利益相关者利益不均衡问题的解决[367]。

2. 利益协调与合作的具体模式分析

研究者针对不同利益主体参与发展的意愿和路径，提出协调旅游地多元利益主体矛盾的具体模式，例如李进兵（2010）构建了两个利益相关者群体（开发商和当地居民）的演化博弈模型，认为在满足一定的条件后，收益分成模式能促进旅游业的可持续发展。阎友兵和肖瑶（2007）提出了利益相关者的经济型治理模式，认为直接利益相关者可采取内部治理模式，而间接相关者则可采用外部治理模式。王庆生等（2019）提出乡村旅游扶贫优化应结合共生理论中的对称互惠共生行为模式和一体化共生组织模式，实现多方联合、一体化的对称互惠共生的模式[368]。

综上所述，国内外旅游利益相关者的研究成果已较为丰富，研究涉及面广，早期的研究以定性分析、规范研究为主，后期逐步增加了定量研究和实证研究。旅游业作为一个综合性的产业，涉及的利益相关者比其他大部分行业更多，不同类型的旅游组织或旅游地，对利益相关者的界定不尽相同，而且以不同的行为主体为中心会涉及不同的利益相关者。此外，国内外研究成果也有所区别。国外的研究除了涉及供需双方的满意度、偏好外，对不同利益相关者主观方面的研究也有涉及，包括对相关部门和团体的意见。但中国学者的研究大多集中在社区居民和旅游者，往往忽视其他利益者，可能无法全面整体地洞悉市场参与者的状态。尽管如此，旅游业利益相关者研究的理念和思路给后续邮轮旅游利益相关者研究奠定了基础。

三、邮轮旅游利益相关者研究概述

邮轮旅游作为旅游业的一个分支，必然涉及各种利益相关者。虽然在一般的旅游文献中可找到大量的关于利益相关者的文献，但与邮轮旅游相关的利益相关者文献却很少，围绕邮轮基础设施发展计划和邮轮目的地利益相关者与邮轮公司关系的文献更少[246]。从所掌握的资料来看，当前的文献主要从政府、邮轮运营者、居民等利益相关者视角讨论邮轮旅游带来的负效应以及对应的环境管理或可持续发展问题。

一是从邮轮旅游目的地角度，例如，Jonhson 探讨了邮轮运营商和邮轮旅游目的地在邮轮旅游环境影响的潜在策略，提出邮轮旅游目的地的决策者不能仅仅考虑预期的短期经济收益，而要与运营商紧密合作，以促进综合废物管理、代际和社会内公平[24]。Lester 和 Weeden 以依赖旅游业的加勒比地区为例，认为由于不同利益相关者的不同需求、各利益相关团队之间权力关系的不平等，需要借助协作和规划发展，才能有效管理该潜在利益相关者之间复杂的关系[25]。Esteve-Perez 和 Garcia-Sanchez 从邮轮港口角度探讨了利益相关者，将邮轮乘客人数与港口腹地的吸引力、港口基础设施和港口设施管理相联系[256]。Stewart 和 Draper（2006）以北极加拿大地区为例，探讨了管理和规划元素对其邮轮旅游活动可持续发展的重要性，以及利益相关者从邮轮旅游管理和规划中可能得到的益处[369]。

二是从居民或旅游者的角度。虽然有学者认为邮轮母港或停靠港的居民是重要的利益相关者，其对邮轮旅游的态度对邮轮旅游的发展起着重要的作用[86]。但在邮轮旅游发展过程中，对社区居民态度的研究却比较少[60]。Stewart 等以北极地区努纳武特的剑桥湾和池塘湾两个社区的居民作为研究对象，提出要使社区居民作为邮轮旅游发展的积极参与者，则居民的态度和愿望应是明确的、尊重的和可采取行动的[87]。Van Bets 等（2017）针对斯瓦尔巴特群岛的探险旅游相关行动者进行案例研究，思考环境管理推动的集体自治如何朝可持续邮轮旅游的方向发展[81]。Jordan 等认为邮轮港口的发展与运营让社区居民感到压力，这种压力感主要来自于邮轮旅游期望满足的不确定性、负担过重的基础设施、拥挤的生活空间、增加的生活成本、环境污染甚至警察的骚扰等[83]。

三是从政府的角度。例如，Johnson 等以加拿大北极地区的探险邮轮业为例，从联邦政府利益相关者关注因素的视角进行阐述，提出联邦政府需要制定更多与该地区邮轮行业发展相关的指导方针、政策和法规[370]。

四是综合考虑不同的利益相关者的合作与竞争问题。例如，Dawson等通过对社区居民和关键的利益相关者的访谈，探讨了北极邮轮行业发展面临的治理挑战，认为当前的邮轮旅游发展处于没有中央权威的多司法管辖的监管框架下，这可能无法避免邮轮旅游中长期发展带来的人类、环境和安全问题[75]。London和Lohmann探讨了在邮轮基础性设施的实质投入需求过程中邮轮目的地利益相关者和邮轮公司间权力的作用和表现，提出了在邮轮港口提议、成熟和衰退过程中邮轮公司和目的地不同利益相关者的收益和风险[246]。MacNeill和Wozniak探讨了邮轮旅游对拉丁美洲部分地区的经济、社会和环境影响。发现在低税收和低监管环境下，缺乏社区发展和参与的倡议，大型邮轮旅游项目可能无法为当地居民提供利益，邮轮旅游不仅没有改善当地的就业、收入，反而导致当地居民提供生活必需品和获得充足食物的能力恶化，腐败现象增加，对环境造成了严重的负面影响[73]。Asero和Skonieczny以地中海地区邮轮母港威尼斯为例，认为邮轮旅游是一个与可持续发展模式相关的复杂问题，其发展争论源于不同的观点不同的参与者，这些参与者包括游客、邮轮公司、地方政府、供应商、当地企业以及环境和遗产保护协会，这些参与者以不同的方式和时间跨度来确定邮轮产业的利益和成本[373]。

在国内，纪洁将邮轮公司作为切入点运用了利益相关者理论，构建了邮轮旅游可持续发展的利益相关者图表[372]。较为完整地阐明了邮轮旅游发展中主要的问题及其对邮轮旅游可持续发展的消极影响，并且为邮轮旅游的可持续发展提出了相关建议，为本书的研究提供了参照空间。本书拟从邮轮产业链的角度对邮轮旅游产业的利益相关者进行界定和分析。

第二节

邮轮旅游产业的负效应

邮轮旅游不仅能够提供海上的度假和各种休闲娱乐活动，而且能为游客提供岸上观光和购物的旅游活动，是一种把娱乐和观光相结合的高端休闲产品。随着全球邮轮市场不断向东移动，中国邮轮旅游产业作为亚太地区邮轮市场的一个核心组成部分，受到了广泛的关注。随着邮轮经济的规模不断扩大，邮轮产业链的不断优化以及邮轮产业政策体系的不断健全，中国邮轮旅游迅速发展，一定程度上推动了地方经济的发展。但邮轮旅游产业发展带来的负面影响如空气污染、海洋污染、环境破坏、公共资源被挤压、物价上涨、文化冲突等问题亦随之而来。特别是对于特定的邮轮目的地港口城市来说，在缺乏严格的法律和标准、缺乏全面的管理和评估策略的情况下，大量邮轮船舶的停靠和邮轮游客的涌入会加剧环境的负面影响[197]。

一、邮轮旅游产业发展的负面外部性

邮轮旅游的快速发展不可避免地对环境有各种不利影响，邮轮港口建设、邮轮航行、补给物资运输、游客涌入等，可能造成空气污染、水污染、固体废弃物污染等对环境和生态系统造成威胁。特别在排放方面，邮轮使用的燃料、制冷剂、船上焚烧接收设备等，包含二氧化碳、硫氧化物、氮氧化物、颗粒物和挥发性有机物等大气污染物的排放，将造成严重的空气污染，有学者提出，邮轮每天产生的颗粒物相当于100万辆汽车，甲板上的空气质量可能与世界上污染最严重的城市一样糟糕[80,259]。按照Johnson的生命周期理论，从邮轮的基础设施改造、基础设施运营、乘客运输及物流配送、消耗和利用以及废弃物排放等全过程，邮轮旅游都有可能对环境造成影响[24]，如表7.1所示。

表7.1　邮轮旅游发展对目的地港口城市环境的负面影响

影响种类	具体表现
施工污染	邮轮公司办事处建设、船舶建造和维修、邮轮港口建设、邮轮相关旅游基础设施建设的粉尘、材料装卸过程中产生的扬尘、噪声、施工废气、施工废水、建筑垃圾等对港口自然环境、生态系统的破坏
运营污染	邮轮在海上航行期间的能源消耗，如水和电，以及邮轮起航和进港时对海底生态系统的破坏；邮轮公司运营期间所造成的水污染、空气污染、固体废弃物污染等
分配污染	邮轮公司在运送游客出行过程中和在物料补给过程中产生的污染，包括游客从居住地到达港口的交通运输过程中物料遗撒或泄露，到访港口的交通运行等对环境的影响
消费污染	游客大量涌入对港口目的地的污染、游客不文明行为如乱丢垃圾造成生态破坏、为了满足一时猎奇的心理对濒危物种的影响等；邮轮公司和员工对天然气、汽油和煤等不可再生能源的消耗
废物污染	邮轮产生生活污水如"黑水"和"灰水"、固体废弃物和废电池等有毒废物等对环境的影响；邮轮港口废弃阶段闲置、拆卸、改造过程中产生的废气、废水、固体废弃物及对生态的影响；邮轮公司办事处废弃资源对环境的影响

资料来源：参照Johnson，D（2002）[24]加以整理补充。

邮轮活动产生的污染不仅仅在港口，还会对港口城市有影响。Perdiguero

和 Sanz 的研究发现，一艘邮轮到达、停留或离开港口时都会影响空气质量，离港口越近，邮轮活动产生的污染水平越高，离港口越远，影响会逐步递减，但在 7~10 公里的距离内都会产生影响[373]。因此，对于邮轮港口与市区毗邻的地区，邮轮活动将对整个城市及城市周边的一些地区产生污染。

根据 IAPH（2007）的研究发现，邮轮活动导致的污染增加可能引发港口城市的人口健康问题，导致过早死亡、哮喘、支气管炎和心脏衰竭等。Corbett 等人发现，船舶排放的颗粒物（PM）每年导致约 6 万人过早死亡[374]。邮轮活动导致的污染增加也加大了港口城市的外部成本。例如在地中海地区的比雷埃夫斯客港，有学者估计船舶排放产生的外部成本约为每年 5100 万欧元[375]，沿海旅客和邮轮造成的健康问题的外部总成本约为每年 2630 万欧元[376]。

二、邮轮旅游产业发展对部分港口地区的经济贡献有限

从经济角度来看，理论上邮轮旅游产业具有很强的综合性，能够促进产业集聚，带来规模效应、成本效应和竞争优势，提升区域经济竞争力，成为沿海城市重要的经济资源。国际邮轮协会（CLIA）每年发布的报告均显示邮轮行业给主要港口城市带来巨大的直接经济贡献和间接经济贡献，也促进了当地的就业增长。对于目的地管理者和港口当局而言，海岸游览也被认为是一个关键的价值来源。大多数研究者也认为不管是邮轮母港还是挂靠港，邮轮旅游都会促进当地消费水平的上升，从而促进经济发展。

但是，也有学者认为邮轮旅游对有些港口地区的经济贡献有可能是微不足道的。其主要原因在于邮轮游客在目的地港口（母港和挂靠港）城市的停留时间长短不一，而港口停留时间是影响邮轮旅游消费者消费的重要因素。如 Brida 等（2013）分析了邮轮游客的体验特征及其对邮轮母港的经济影响，结果表明大多数邮轮游客在目的地港口城市的停留时间较短，对当地经济的贡献微不足道[377]。Larsen 等（2013）对到访挪威的邮轮游客和非邮轮游客的消费支出进行对比，发现邮轮游客中仅有少量的高消费者，不仅邮轮游客的日均消费支出低于其他旅游者，而且邮轮游客在每个消费类别中消费的数额都比较少，其主要原因就在于邮轮旅游者在目的地停留时间较短[113]。也有学者认为邮轮旅游对邮轮母港经济的影响可能较大，对挂靠港经济的影响较少。因为相对于陆上游客，邮轮乘客在访问港的停留时间更短，花费更少[263]。

而且，邮轮旅游目的地管理者和港口当局并不能假定岸上旅行产生的货币

价值和非货币价值会自动流向目的地[261]。比如在邮轮访问港，邮轮运营商销售的岸上短途旅行产品，当地的旅游运营商只能收取往返的费用和游客在岸上游览费用的 25% 和 50%[262]。如果邮轮公司实现了供应链的垂直整合，那么邮轮旅游收入的大部分可能从港口地区经济漏出，而不是流向能够提供相同服务的当地企业[253]。此外，尽管邮轮行业支持的研究机构坚持每名乘客在世界各地的港口支出高达 100 美元，但是由非邮轮行业支持的独立研究人员得出的乘客支出数据显示，邮轮行业支持的邮轮乘客支出的报告不断被夸大，实际港口乘客支出的数字要低得多[264]。

当前中国邮轮旅游市场供给主要依赖外籍邮轮，邮轮旅游市场被三大国际邮轮公司所占据，缺乏本土邮轮船队，一方面导致邮轮旅游的非本地就业，另一方面邮轮公司购买其他地方生产的商品/服务，可能会导致国内资金流往国外，对本地经济拉动不足，并不一定真正促进当地经济发展。而且国内一些港口收入主要来自港口服务、物料供应、船票代理等方面，邮轮旅游发展在港口使用费、码头设施的建设和维护、邮轮收益分配给当地经济的公平性中存在诸多问题。虽然邮轮港口的收入不多，但是相当一部分港口城市在港口建设过程中，往往急于分享邮轮经济的成果，急于改建扩建港口基础设施，却没有真正结合市场需求和城市总体规划，造成邮轮港口资源闲置，邮轮靠泊量水平较低以及港口的功能定位不清晰等，不仅对人力、物力、财力等资源造成损耗和浪费，而且存在盲目性的重复建设导致同质化的恶性竞争。另外，从邮轮产业全球价值链来看，尽管中国已经开始建立自己本土化的邮轮公司，也开始进入修造业的前期摸索阶段，但邮轮产业链还不够成熟，仍以处于低附加值的环节为主。可见，邮轮旅游产业对目的地港口城市经济的贡献可能十分有限。

三、邮轮旅游产业发展对社会和文化的冲击

在邮轮旅游发展的过程中，地方社区在规划发展时不可避免地会挖掘和保护当地的特色文化艺术等，并结合国内邮轮旅游产业的特点和当地文化传统不断推陈出新，从而发扬地方社区民族特色文化。但是，游客往往带着猎奇心理，难以深入理解发现当地的特色文化所蕴含的丰富价值。

另一方面，在经济利益的诱惑下，当地特色文化经过改造包装可能会丧失个性和特性，失去原有的真实面貌，逐渐庸俗化、过度商业化和同质化。此外，文化传统的多样性也会被削弱，只有受到旅游者欢迎和接受的文化传统才会被优

先考虑，并得到妥善保存，而其他具有相同文化价值的文化传统将逐渐被遗忘，甚至被抛弃。这将导致相当部分文化传统在日益商业化的社会中无法生存。

此外，邮轮旅游的引入还可能改变邮轮目的地的性质，比如佛罗里达的基韦斯特，因为邮轮导致人群拥挤、快餐店和纪念品商店增加，但酒店数量却大幅度减少，因为邮轮乘客几乎不在岸上过夜[82]。

综上，在发展邮轮旅游产业的同时，必须清楚地认识到邮轮旅游产业带来的种种负面问题，正确处理邮轮旅游产业经济发展与环境保护、文化传承之间的关系，及时规避邮轮旅游产业的不利影响，以减少产业的后续发展风险。在这一过程中，需要确定邮轮产业发展过程中不同利益相关者的利益诉求及可能的利益冲突，以提出可行的解决方案及对策建议。

第三节
邮轮旅游产业利益相关者的界定及其诉求分析

邮轮体验是由当地邮轮供应商（旅游景点、港口和运输公司）和全球邮轮公司共同创造的，邮轮目的地利益相关者的有效参与是创造和优化价值的基础[378]。邮轮公司与当地邮轮供应商之间的高度合作，刺激了供应商提供服务的意愿，积极影响邮轮到达时当地价值的创造[378]。中国邮轮旅游产业的发展，从上游的邮轮修造业，到中游的邮轮港口以及下游的邮轮运营商，涉及众多的利益相关者。London 和 Lohmann（2014）认为利益相关者可以分为四大类：邮轮公司利益相关者、监管方利益相关者、港口利益相关者及岸上利益相关者[246]。本节围绕这四个大类，从权力的视角探讨邮轮旅游产业的利益相关者，并对利益相关者的利益诉求和利益冲突进行分析。

一、邮轮旅游产业利益相关者的界定及分类

从利益相关者理论的研究历程中可以清楚地发现，从不同的角度出发界定的利益相关者不同，不同利益主体存在不同的利益相关者种类。本节借鉴 London 和 Lohmann（2014）和纪洁（2015）关于利益相关者的分类，基于权力视角对邮轮旅游产业发展过程中的利益相关者进行界定并加以分类。

（一）邮轮旅游产业利益相关者的概念界定及分类

根据 London 和 Lohmann（2014）的观点，利益相关者要么对邮轮目的

地感兴趣，要么受到与邮轮相关的活动的影响，结合中国的实际，本节亦将利益相关者分为四大类，即邮轮公司利益相关者、监管方利益相关者、港口方利益相关者以及岸上利益相关者。其中，邮轮公司利益相关者包括股东、执行方/管理方、船舶公司、邮轮乘客及主要的邮轮行业集团等；监管方利益相关者包括监管官员、航空公司和其他长途运输供应商等；港口方利益相关者包括港口所有者、经营者和管理者、邮轮码头业主及运营商、港口代理、船舶提供商等；岸上利益相关者数量最多，包括国家政府和地方政府、开发人员/投资者、当地旅游运营商和地勤人员、目的地管理组织、旅游和景点的所有者和经营者、当地的运输供应商、本地企业和企业组织、应急卫生和安全部门、当地居民包括环保和激进组织、调解人如传媒、学者顾客及说客等，如表7.2所示。

表7.2　　邮轮旅游产业利益相关者及其角色

类别	利益相关者
邮轮公司利益相关者 （拥有、营运及管理邮轮公司、其商业关系及其船只）	股东 执行/管理 船舶公司 邮轮维修建造商 邮轮乘客 主要的邮轮行业集团
监管方的利益相关者 （决定船舶、乘客和船员是否能够访问给定的邮轮目的地）	监管部门 航空公司和其他长途运输供应商
港口方利益相关者 （涉及港口和邮轮码头区域内的船舶和旅客）	港口所有者、经营者和管理层 邮轮码头业主及运营商 港口代理 船舶服务提供商
岸上利益相关者 [在目的地，与岸上的乘客（和船员）有关]	政府（国家、州和地方） 开发人员/投资者 入境旅游运营商及地勤人员 目的地管理组织 旅游和景点的所有者和经营者 当地的运输供应商 本地企业和企业组织 应急、卫生和安全部门 当地居民包括环保和其他激进组织 调解人（包括传媒、学者、顾问及说客）

资料来源：London 和 Lohmann（2014）[246]。

从表 7.2 可以看出，在邮轮旅游产业发展过程，涉及各种利益相关者，而且不同利益相关者之间关系错综复杂，但不同利益相关者之间的利益关系并不确定，因而可根据利益相关者的利益关系大小加以区分。

（二）中国邮轮旅游行业利益相关者的图谱

本节主要遵照不同利益主体的利益性质和影响手段，从关注度、参与度和影响度三个方面作为中国邮轮旅游产业利益相关者的分类依据。

（1）关注度。邮轮旅游发展对不同利益相关者存在着不一样的吸引力，因此每个利益相关者对邮轮旅游产业的关注程度不同，而关注度不同导致利益相关者对邮轮旅游发展采取不同的态度和措施。

（2）参与度。不同的利益相关者对邮轮旅游产业的发展存在着不一样程度的影响，而且每个利益相关者在邮轮旅游发展中的能力和利益大小不同，因此在邮轮旅游产业发展中每个利益相关者存在着不同程度的参与。

（3）影响度。一方面，每个利益相关者之间存在着不同的相互影响程度，利益相关者的文化、环境及社会影响等都会因利益相关者的不同而有着不同程度的改变；另一方面，利益相关者对于邮轮旅游发展的影响程度和范围有大有小，往往是因为利益相关者拥有的不同的权力[372]。

因此，参照关注度、参与度和影响度的三种分类标准，按产业链条的上中下游环节，将中国邮轮产业的利益相关者划分为：上游的邮轮修造企业和邮轮修造配套企业；中游的邮轮公司，邮轮中间商（或地面运营商），邮轮旅游者，非邮轮旅游者；以及下游的邮轮港口/目的地，包括港口目的地政府部门，港口开发商或投资者，当地社区居民和社区其他团体如行业协会、媒体、学者等，港口运营、管理企业，邮轮配套服务企业如景区/景点相关企业、商业服务企业（包括餐饮、零售、酒店、交通等）、邮轮船供相关企业（包括食物、水等配套服务及物流服务等）以及其他航运企业等，如图 7.1 所示。

下面基于核心层、战略层和外围层角度分别阐述邮轮旅游产业链不同节点或环节的利益相关者及其利益关系。

1. 邮轮旅游产业链核心层利益相关者

核心利益相关者对邮轮旅游产业发展的有着高关注度、高参与度和高影响度，他们有着最强烈的利益诉求，并且对邮轮旅游产业发展的经济、社会、文化三个方面具有最为直接和具体的影响。在中国邮轮旅游产业中，邮轮公司、邮轮旅游港口/目的地、邮轮旅游者、邮轮地面运营商是核心层利益相关者，

中国邮轮旅游产业的创新与发展

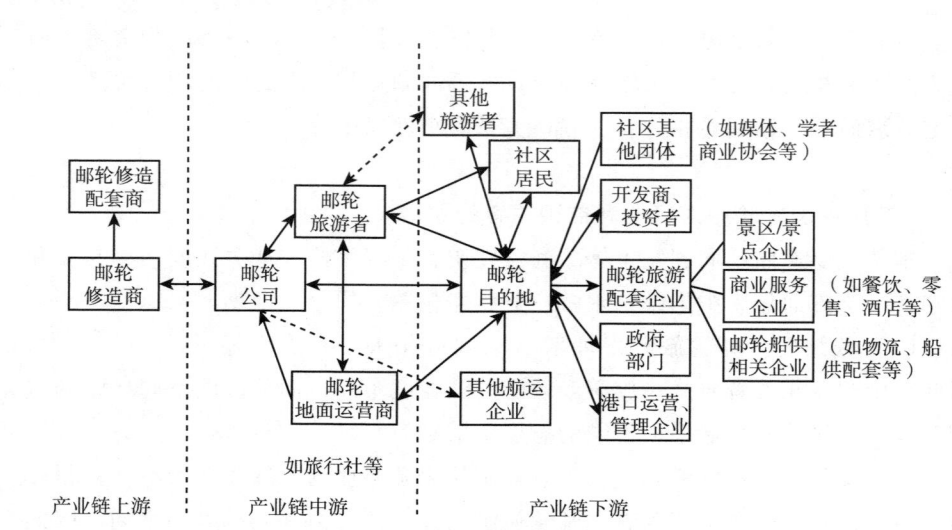

图7.1 我国邮轮旅游产业利益相关者示意

并且以邮轮公司和邮轮港口/目的地为中心，向外不断延伸，形成错综复杂的战略层或外围层利益相关者。其中邮轮公司通常是区域邮轮旅游产业发展的最核心部分。

2. 邮轮旅游产业链战略层利益相关者

战略层利益相关者相比核心层利益相关者的参与度、影响力等都相对比较小，但他们同样发挥着重要作用。战略层利益相关者主要包括产业链上游的邮轮修造商、邮轮修造配套企业，邮轮产业链下游的港口/目的地政府主管部门、港口开发商或投资者、当地社区居民、港口运营/管理企业、邮轮目的地景区/景点相关的企业。

3. 邮轮旅游产业链外围层利益相关者

外围层的利益相关者的关注度、影响度和参与度相对较低，但其影响度可能低也可能高。这些利益相关者虽然不与邮轮旅游发生直接商业关系，但客观上会影响邮轮旅游或受到邮轮旅游的影响，外围层的利益相关者主要集中在下游环节，比如与邮轮旅游产业发展相关的企业如商业服务企业（如餐饮、零售、住宿、交通等）、邮轮船供相关企业（如食物、水等配套服务及物流服务等），港口目的地所在社区的其他团体（如行业协会、媒体、学者等），港口目的地其他政府部门（应急、卫生、安全等相关部门），以及其他航运企业等。除此之外，在旅游目的地的其他旅游者也可能因为邮轮旅游者的光顾而间接影响目的地的旅游发展。

4. 邮轮公司内部利益相关者

除了邮轮旅游产业链不同环节的利益相关者之外，在邮轮公司内部，也存在着利益相关者，即邮轮公司投资者或债权人、相关执行/管理部门以及邮轮公司员工。但这不是本书分析的重点。

二、邮轮旅游产业利益相关者的利益诉求及实现途径

在邮轮旅游运营过程中，以邮轮公司、邮轮港口/目的地、邮轮旅游者和邮轮地面运营商（如，旅行社）为核心点，港口/目的地政府、运营管理企业、邮轮物资供应商、港口或目的地景区以及社区居民均为邮轮旅游运营提供了资源，从而构成了邮轮旅游行业的战略层利益相关者。他们之间既有共同利益目标，也存在差异，使得利益相关者之间形成相互制衡、相互牵制的关系。邮轮旅游产业各利益相关者会根据手中掌握的权力实现各自的利益诉求[246]。

本节主要根据中国邮轮旅游产业发展的实际情况确定其邮轮旅游运营过程的核心层利益相关者，这些利益相关的利益诉求及实现方式如表 7.3 所示。

表 7.3　邮轮旅游产业利益相关者的利益诉求及其实现途径

利益相关者	利益相关者的诉求	实现途径
邮轮公司	获得高额利润回报 获得长期生存和发展 获得良好的企业形象 为邮轮旅游客提供休闲度假场所 获得更多的政府政策支持	运用手中的权力 与政府部门协商解决 运用各种法律手段
邮轮地面运营商	获得高额的利润回报 获得良好的企业形象 为邮轮旅游客提供休闲度假场所	采用适当的营销宣传 优惠的促销策略销售邮轮产品
邮轮旅游者	参与邮轮旅游活动 享受邮轮旅游产品及服务 获得良好的旅游体验	购买邮轮旅游产品 向政府机关和邮轮协会投诉 求助并运用法律手段
港口/目的地企业	吸引客源市场 获得高额利润	提供港口服务等业务 与其他港口合作

续表

利益相关者	利益相关者的诉求	实现途径
港口/目的地政府	带动相关产业发展，优化产业结构 改善当地的经济状况 为当地居民提供致富和就业的途径 保护当地的自然环境	制定相关法律政策 协调利益相关者利益
港口/目的地社区	增进经济发展 提升生活水平 增加就业机会 促进基础设施建设与完善	参与旅游经营活动 借助媒体与舆论监督 运用法律手段维权

从表7.3可以看出，不同利益相关者的利益诉求及实现途径有所不同。

（一）邮轮公司的利益诉求及实现途径

任何一个企业最终目标都为了最大限度地获得利润回报，对于邮轮公司而言，首要的或最核心的利益诉求就是追求利润最大化。邮轮公司主要通过建立良好的商业经营模式来创建自身的竞争优势和获取更大的市场份额。邮轮公司还通过对目的邮轮码头的最佳使用或访问来获得最大的商业利益。因而，根据利润或收益最大化原则，选择他们访问的港口及扩大市场份额的区域，是邮轮公司实现其权力的一个基本表现。其次，邮轮公司为了获得利润最大化，需要吸引更多的游客，提供良好的公司形象以及为邮轮游客提供符合需求的休闲度假产品是获得消费者接受的重要手段。

（二）邮轮旅游者的利益诉求及实现途径

邮轮游客是邮轮旅游产品的消费者，他们希望通过消费邮轮旅游产品来获得物质和精神上的享受，主要是要求邮轮旅游产品质量符合其期望体验，还要求邮轮旅游产品和服务能够与其付出的价值等同，其中，最核心的利益是旅游体验的质量与其产品价格的关系，邮轮旅游提供产品是否达到预期的期望水平，即达到一定的满意度。

（三）邮轮地面运营商（中间商）的利益诉求

邮轮中间商利益诉求是希望占据更多的市场份额，提升自身在邮轮分销市场的形象和品牌影响力。邮轮中间商为了刺激市场，增加自身销售份额并吸引价格敏感型顾客，采用某些低价吸引策略和买船票送岸上游的捆绑销售策略，力求短期内最大化自己的销售数量[364]。

（四）邮轮港口/目的地运营、管理者的利益诉求及途径

作为港口，通常希望自己成为邮轮母港或混合港，因为邮轮母港和混合港的城市可能会伴随着旅游相关设施的投资而获得更高的知名度，而且邮轮母港或混合港还能给所在社区带来更多的收入，包括乘客和船员在邮轮前后的住宿，以及额外的零售、食品、饮料和当地交通消费[263]。

但要作为邮轮母港或混合港，通常需要具备邮轮物资供应、行李托送、废弃物处理、票务销售、邮轮维修保养等服务。因此，邮轮港口通过整合邮轮旅游产业上下游的参与者、拓展邮轮港口服务功能领域提升配套购物、餐饮、娱乐、休闲、船员休息等服务能力等方式，吸引邮轮公司在其港口开辟邮轮航线，与旅行社等形成良好的合作关系，实现产业集聚效应，推进邮轮港口建设，实现港口可持续发展。

在国外，邮轮港口或邮轮目的地为了吸引邮轮停靠，可能向邮轮公司提供邮轮码头的管理或所有权角色[253]。但在中国，邮轮港口主要对访问该港口的邮轮给予金融或其他奖励，也有部分港口采取与邮轮公司签订协议的方式促进邮轮公司的积极停靠（比如皇家加勒比与上海港的合作协议。）

（五）目的地港口政府的利益诉求及实现途径

政府是公共利益的代表，伴随城市间的竞争日益激烈的环境中，邮轮码头往往被地方决策者和规划者视为增强目的地竞争力的一种手段[247]。

对于新兴的邮轮旅游港口城市，政府希望投资兴建具有吸引力、高效和创新的邮轮码头，以吸引邮轮、旅客和收益到达目的地，提升港口城市的形象和知名度。同时，邮轮公司造访带来的邮轮旅游的发展，可以吸引投资者、潜在的游客聚集，从而吸引新的服务业进入更广泛的港口区域，带动当地邮轮相关产业的发展，这不仅可以促进当地经济发展，促进产业结构优化升级，还可为当地居民就业提供更多的机会，扩大就业，增加税收。此外，为吸引邮轮入驻，政府可能利用棕地（旧工业区）进行港口改造，这也有利于改善城市和周边地区的环境质量，提升社会福利[247]。

（六）邮轮港口/目的地社区居民的利益诉求及实现途径

社区居民可以分为参与邮轮旅游发展的居民和不参与的居民，这两类社区居民都要求改善社区基础设施，提高生活水平。此外，直接参与的社区居民希望管理者为其提供各种优惠政策、多样化的培训等；其他社区居民则希望有更多的就业机会，同时要求不破坏其生活环境等。在对港口/目的地社区管理模式进行创新时，必须考虑社区参与原则，要保持与社区的联系，使社区成员与机构真正参与在邮轮旅游的开发规划及日常运营中。

三、邮轮旅游产业利益相关者之间的利益冲突

邮轮旅游产业的利益相关者之间都有不同的利益诉求，而且每个利益相关者都追求自身的利益最大化，而且一般都仅从自身角度考虑去实现自己的利益诉求，因此不同利益相关者之间形成了利益分歧，产生了冲突，给邮轮旅游产业发展带来了若干问题。

（一）邮轮公司和邮轮地面运营商（中间商）的低价竞争困扰

国际上传统的邮轮销售方式是邮轮公司聘请有丰富销售经验的团队，通过"一对一"的服务模式，向旅游者提供目的地推荐、路线选择、船票订购，还包括购买后的交通衔接、酒店预订、登船服务、岸上旅游等服务，因此，邮轮产品是可以让旅游者自助选择组合式旅游产品[364]。然而，我国邮轮市场主要采取包船和切舱的销售模式，邮轮产业的格局是由从事中游的邮轮经营并且向产业链下游销售邮轮产品的国外大型邮轮公司所主导，国内邮轮中间商则主要专注于销售邮轮船票和邮轮旅游产品。

但是，为了扩大自身的市场份额和吸引价格敏感型顾客，中间商会通过短期低价的邮轮船票价格和捆绑岸上游的销售策略，使其在短期内最大化自身的销售额。邮轮公司受到中间商的影响，可能会通过降低邮轮品质并增加收费项目来弥补成本，但这种做法会使消费者的邮轮体验感下降，影响邮轮公司自身形象，导致下一轮的销售的减少[364]。在我国，邮轮公司和邮轮中间商是为旅游者提供服务和利益捆绑在一起的命运共同体，这种命运共同体就像一个囚徒困境博弈，决定了二者要合作才能更好地生存。一旦相互竞争，其结果就会更糟糕。以下将采用博弈论中囚徒困境的模型对邮轮公司和邮轮中间商博弈进行分析。

1. 构建博弈模型

假定邮轮公司和邮轮中间商作为理性经济人进行产品价格博弈，其目标为

追求自身经济利益最大化。在邮轮旅游套餐价格决定过程中,邮轮公司和邮轮中间商面临是否构成同盟的同时决策,其策略选择为:合作,不合作。如果邮轮公司与邮轮中间商同时选择合作时,邮轮公司和邮轮中间商均获得1亿元的收益;如果他们都选择不合作,各自仅赚取0.8亿元的收益,如果仅有一方选择不合作,则选择不合作者赚取1.4亿元的收益,而合作者仅得0.25亿元的收益,如图7.2所示。

		邮轮中间商	
		合作	不合作
邮轮公司	合作	(1, 1)	(0.25, 1.40)
	不合作	(1.40, 0.25)	(0.8, 0.8)

图7.2 邮轮公司与邮轮中间商博弈矩阵(单位:亿元)

2. 博弈模型分析

经过对博弈过程的分析,可以发现这是一个囚徒困境的博弈模型,即当邮轮公司选择合作时,邮轮中间商会选择不合作,赚取1.4亿元的收益;邮轮公司选择不合作时,邮轮中间商同样会选择不合作,赚取0.8亿元的收益。无论邮轮公司选择哪个策略,邮轮中间商都应选择不合作。不合作是邮轮中间商的优势策略。由于博弈模型的对称性,邮轮公司的优势策略也是不合作。因此,(不合作,不合作)是该博弈的纳什均衡解,但邮轮公司和邮轮中间商的收益和整体收益都不是最优的。而且,只要邮轮公司和邮轮中间商都选择合作,他们的收益就都能够得到改善。

但是,双方都追求自身的利益最大化,都有自己的优势策略,因此,无论对方选择什么,邮轮公司和中间商都从利己角度出发选择策略,选择(不合作,不合作)这个结果,具体来说,邮轮公司为了降低其在中国市场的经营风险,采用包船或切舱的模式,将邮轮产品的所有权给中间商,提前收回成本,保证了利润;中间商可以对邮轮产品进行包装改造,并且拥有定价的自主权,中间商为了扩大市场而采取低价策略,但这种做法将影响到邮轮公司,最终使中国邮轮市场陷入"低价魔咒"[372]。

(二)邮轮公司航线、目的地选择与政府监管的矛盾

政府希望通过发展邮轮旅游产业带动当地经济的发展,增加税收,促进就

业和居民经济收入的提高。因此,政府部门尤其是港口/目的地政府会采取各种激励措施吸引邮轮停靠。

然而邮轮公司基于自身利益最大化的考量,在具体航线设置和港口目的地选择时,会根据顾客的需求变化不断地更新或替换港口,从而可能导致原来的港口被废弃。邮轮公司也可能尽最大努力,把船舶本身作为旅游目的地,以最大限度增加套餐外产品销售收入的最大化,从而使得港口相关企业难以获得相应的收入。

同时,邮轮公司的最终目的是实现利润最大化,邮轮公司可能由于过于注重自身利益,在开发经营过程中不可避免的采取了损害或破坏资源、环境的行为,而这些行为都与政府可持续发展的目标不相符,这需要政府加强监管和指导。

另一方面,当资源出现严重短缺、新环境污染源被发现或者灾难事故突发等情况出现时,政府就会进一步调整和完善现有的政策法规,提升对违规违法的惩处标准,实行更加全面和完备的监管,维护和保障广大人民群众的权益,邮轮公司不得不进行改革提升以适应新的法规制度,在这过程中邮轮公司也增加额外成本。而且对于港口/目的地,港口开发不一定能够吸引邮轮停靠。

(三) 邮轮港口不合理开发或设计导致居民利益受损

当地居民希望邮轮旅游的发展可以帮助其提高收入水平,获得更多的就业机会和改善生活质量等。但在大多数现实情境中,当地居民不仅没有获得利益,反而会有利益剥夺感,认为自己非但没有享受到邮轮旅游发展所带来的福利,反而承受着邮轮旅游发展带来的负面影响。这些负面影响可能是因为从邮轮运营商和游客处获得的收入低于预期,也可能是认为邮轮旅游对遗产和历史地区的负面影响,甚至可能认为海滨区域的发展利于游客而不是当地居民等[246]。

例如,居民认为政府在设计和建造新的海滨和邮轮码头设施时没有征询他们的意见,认为政府更关注提升区域的旅游形象,接纳区域以外的投资者或开发商而不是让本地人受益[379]。世界自然基金会(WWF)就曾经批评国际海事组织在制定极地规则的过程中没有与沿海北极社区进行任何磋商[380]。而且,部分地区的居民可能还担心新的邮轮码头的建设会导致当地社区被疏远或被边缘化[246]。

又如,邮轮公司在目的地港口城市开展经营活动时,不可避免地会影响到当地居民的生活。如邮轮公司难免在开发经营过程中因过于追求利润而过度开发,但是当地的文化、自然环境等是居民赖以生存的家园,他们并不希望生活环境因开发邮轮旅游而遭到破坏。此外,邮轮公司在发展邮轮旅游的同时也会对当地文化资源进行挖掘,为了满足部分游客的需求,邮轮公司对当地文化进行包装,使当地文化失去了其真实面貌,逐渐商业化、庸俗化,这些都是矛盾所在。

随着经济和教育水平的提高,当地居民将会更加全面地了解邮轮旅游的积极和消极影响,同时居民的自我保护意识和维权意识方面也有所提高。如果邮轮公司无法补偿对当地居民造成的损失,如通过增加对基础设施建设的投资和加大对环境治理的投入等方式,建立和当地社区的良好关系,就会使当地居民出现排斥的态度,出现抵制邮轮旅游开发和排斥邮轮旅游者的现象,阻碍邮轮旅游产业的发展。

(四) 旅游者与当地居民的资源使用矛盾

邮轮旅游的发展一方面促进了当地经济的增长,改善了当地居民的生活水平,但另一方面伴随邮轮市场规模不断扩大,游客数量的不断增加,可能会给当地居民带来许多负面问题,包括社会文化、自然环境、交通住宿等的问题。比如,当邮轮到达港口会导致人群拥挤,挤占了当地的公共资源,增加了交通住宿等设施的承载压力。同时,大量游客涌入,可能导致短期内的过度拥挤,甚至会给原来宁静的岛屿带来各种噪音[67]。除此之外,为了接待急剧增加的游客,当地大量增加快餐店和纪念品商店,导致旅游目的地的性质变化。而且,游客涌入可能造成当地物价大幅度上涨,给当地居民生活造成困扰。不同地域的旅游者与当地居民之间存在不同的文化,引起文化交流和碰撞,不可避免地产生文化冲突和文化干涉,给当地的文化造成消极影响,如外来游客的价值观和生活方式给当地造成社会动荡,以及部分旅游者可能存在不文明行为等使当地历史古迹的原始风貌甚至其存在寿命受到威胁。此外,大量的旅游者来访可能使土地、水和空气的质量下降,加剧对自然环境和生态系统的破坏。

当地居民可能因承担了上述所有的负面影响,而产生消极情绪和排斥心理,从而采取一些不良做法,如对旅游者进行讹诈、乱收费等,都会影响到邮轮旅游者的体验感和满意度,反过来又将阻碍当地邮轮旅游产业的发展。

(五) 其他利益相关者的负面影响

在港口目的地的其他利益相关者包括社会大众、媒体、其他商业企业、邮轮配套相关企业等。社会大众对邮轮旅游产业的正负面态度会影响旅游者对邮轮旅游的感知，从而影响其购买意愿，例如，陆地游客可能不喜欢在目的地看到邮轮游乘客，并且抱怨邮轮产生的噪音[67]。媒体可以在公众对邮轮港口、公共交通等基础设施发展过程缺乏透明度的回应中发挥重要作用，尤其在意识创造运动和影响与邮轮行业相关的立法进程中，媒体和非营利组织的作用是非常深远的[381]。

除此之外，邮轮也可能对港口内的相关企业造成负面影响。例如，理论上，在母港与邮轮配套服务相关的当地企业能够从邮轮的停靠补给中获益，但如果邮轮公司垂直整合其供应链，当地企业就可能无法实现其收入。在停靠港内，其他商业企业如酒店业，可能因为邮轮乘客的特殊性而被挤出港口区域，只剩下零售业、餐饮业；对于零售业或餐饮业，则可能因为邮轮乘客不下船或去大型连锁店或免税店购物而无法从邮轮及乘客的到来中获得收益。如果该停靠港是混合港口，则可能因为邮轮船舶的要求比较高而挤占其他航运企业的码头空间。

第四节

基于利益相关者视角的中国邮轮旅游产业可持续发展策略

在邮轮旅游产业的发展中要尽量科学筹划，做到统筹兼顾，重视邮轮旅游产业中各方利益相关者的利益诉求，对利益相关者之间产生的矛盾进行合理的协调，处理好每个利益相关者之间的关系。

一、搭建邮轮旅游产业相关利益者沟通的公共平台

利益相关者拥有共同目标、一致的思想才能行动一致，才能共同合作推动邮轮旅游产业的发展，为邮轮旅游产业的发展贡献自己的力量[382]。因此，要实现邮轮旅游产业的可持续发展，要加强邮轮旅游利益相关者间的合作，协调相关者的关系，找出各利益相关者的共同利益。根据利益相关者参与评估的框架[383]，对邮轮产业的空间规划参与过程进行规划和评估，搭建各利益相关者的良性互动平台。

（一）完善邮轮旅游产业各方利益相关者的协商机制

不同利益相关者之间进行平等的协商和讨论，是实现科学建设和治理的有

效途径之一。首先,应该建立相应的制度规则,保证各个利益相关者都能理解决策信息,促进利益相关者在竞争中合作,从而推动邮轮旅游产业的发展。此外,还应引导各方利益相关者积极表达和交流自己的观点,引导各方利益相关者分阶段分类别地有序表达各自的利益诉求,避免协调朝简单化与形式化的方向发展。同时,扩大邮轮旅游产业的协商者范围,给予邮轮公司、政府、居民、旅游者等利益相关者提出意见和建议的权利,并且对他们提出的意见和建议进行分析和回应。

此外,对特定景区或旅游景点,可采取一定程度的集体自治方式[81],以便在获取可持续发展的知识、解决冲突和遵守规则方面对政府监管进行补充。

(二) 充分利用现代信息技术,打造智能化的互动平台

通过微博、微信等手机 APP,建立以邮轮旅游产业利益相关者为基础的沟通平台,促进邮轮旅游产业中各方利益相关者间以及社会公众的联系,鼓励邮轮旅游产业利益相关者之间联合互助,让所有的利益相关者积极行动起来,自觉为邮轮旅游业发展打广告、做宣传,并且持续、及时、全方位发布邮轮相关信息,快速有效地传递邮轮旅游建设的特色和新进展。

二、政府继续发挥宏观调控作用,引导邮轮旅游产业发展

为推动邮轮旅游产业的健康有序发展,政府需要制定更多与国家或区域邮轮行业健康发展相关的指导方针、政策和法规[370]。政府作为市场中"有形的手",必须充分发挥其宏观调控作用,发挥政府的职能,通过制定相应的法律法规引导邮轮旅游的发展趋势,包括制定控制邮轮旅游活动排放的指导性政策,尤其要制定相关的绿色能源政策以规范邮轮相关企业行为,减少污染物的排放。不同政府部门或不同省份的政府部门还可以相互合作,以建立一个计划或发展独特旅游资源的特殊部门[250]。

为了减少邮轮对环境的污染,国际组织和各国政府制定了控制航运污染的条约,建立了完善的法律法规和标准体系。20 世纪下半叶,各国际组织和欧美邮轮业发达国家政府制定了一系列国际法规和公约,对港口的污水排放进行了严格限制,如 IMO 制定《MARPOL73/78》防止污水、废弃物等排放,欧盟 2008 年制定并发布了《海洋战略框架导则》等。为了减少空气污染,欧洲实施的第一个措施是颁布《空气质量框架指示 96/62/EC》,该指令为各种污染物

制定了标准,2005年,欧洲委员会建议将该框架指示及其他有关指示合并为单一的《环境空气质量指示》,并作为2008/50/EC通过。《环境空气质量指示》及《2004/107/EC指引》为欧盟控制空气污染提供参考架构。在西班牙,《皇家102/2011号法令》就一系列污染物的浓度制定了空气质量目标[376]。

在中国,国家和地方政府也制定了一系列的政策治理邮轮船舶带来的环境问题。2013年交通运输部发布了《绿色港口等级评价标准》,2015年发布《关于印发船舶与港口污染防治专项行动实施方案(2015—2020年)的通知》,这些政策都对邮轮污染物的排放做出了强制性规定,以减少对海洋环境的污染损害,推动邮轮船舶防污染设备开发和应用,改善海洋和沿海或内河港口城市空气质量,为生态环境的保护和改善做出重要贡献。但是,这些政策的落地实践还需要地方政府、邮轮企业、港口目的地等相关企业一起行动。

三、加强邮轮公司与邮轮中间商的合作,实现"共赢"

在邮轮产品的销售者中,邮轮公司和邮轮中间商为命运共同体,由上文的分析可知邮轮公司与邮轮中间商处于"囚徒困境"的状态,而破解的最佳策略是坚持永远不背叛对方,即双方应建立良好的信誉,应建立长期的合作关系才能取得"共赢"的结果。

邮轮公司和邮轮中间商建立密切并保持长期的合作关系,需要双方进行更深入的沟通以促进相互了解,包括熟知双方的产品特性等,以便更好地利用分销平台和系统为消费者传递邮轮旅游产品的相关信息,收集邮轮产品消费者的需求,从而更好地维护邮轮市场的发展。此外,邮轮公司还需加强渠道方面的管理,选择合适自己的分销伙伴,相互建立对对方的信任和联系,保证良好的合作关系,相互促进共同成长。

四、培育邮轮文化,提升居民认可度

通过政府的权威力推动邮轮文化的扩散。例如,政府可以通过创办国际邮轮文化节,激发居民对邮轮旅游的注意、认知和理解。如上海的北外滩邮轮文化节、宝山邮轮节等。另外,政府也可以创建专门的邮轮文化网站。在新媒体时代,借助网络媒体的强大影响力有利于提高居民对邮轮文化的认知度。如创建专门的邮轮文化网站,通过图文并茂的方式普及邮轮旅游知识。

通过对邮轮文化的培育，让居民了解邮轮旅游，取得居民的理解、信任与支持。积极鼓励当地的居民参与到邮轮旅游的发展与维护中，同时要做好引导与管理，避免因为社区居民的不好行为方式产生消极的影响。此外，培育邮轮文化也有利于旅游者更好地体验邮轮文化。旅游者通过对邮轮文化的了解，进而对邮轮旅游应有的文化行为方式有一定的认知和遵循，从而减少邮轮旅游中的冲突，提升旅游者的满意度。

五、充分发挥其他利益相关者的积极作用

邮轮相关行业协会在企业与政府间应发挥沟通桥梁和纽带的作用，协调政府和邮轮公司的关系，加强双方的合作互动，维护市场秩序；充分关注社会大众对邮轮旅游产业发展的负面影响并努力消除。社会大众对邮轮旅游产业的正负面态度会影响旅游者对邮轮旅游的感知，从而影响其购买意愿，尤其在意识创造运动和影响与邮轮行业相关的立法进程中，媒体和非营利组织的作用是非常深远的[384]。例如，媒体可以在公众对邮轮港口、公共交通等基础设施发展过程缺乏透明度的回应中发挥重要作用。因此应充分关注社会大众对邮轮旅游产业发展的反应，适时考虑社会大众的反应。

本章小结

邮轮旅游作为一种新型旅游形式，有利于促进区域经济和与邮轮相关产业的发展，同时也会给经济、社会以及环境带来许多的负面影响。邮轮旅游产业的发展涉及不同的利益方，随着邮轮旅游产业的发展，妥当调节分配邮轮旅游利益相关者的利益，解决好邮轮旅游发展可能带来的负效应，对于促进中国邮轮旅游可持续发展至关重要。本章根据我国邮轮旅游产业发展的实际情况，从利益相关者视角研究我国邮轮旅游产业的发展问题，构建邮轮旅游产业发展的利益相关者的图谱，并对邮轮旅游利益相关者的利益诉求以及利益冲突进行分析，有针对地提出协调利益相关者之间冲突的对策，为邮轮旅游产业发展提出合理的建议参考，希望有助于促进中国邮轮旅游产业的有序发展。

第八章

民营企业在中国邮轮旅游产业创新发展中的作用

党的十九大报告指出,要在中高端消费等领域培育新增长点,形成新动能。邮轮是国际传统高端旅游行业,在中国乃至亚洲都是高速成长的新兴产业,是未来中国高端旅游产业发展的制高点。环海峡旅游圈的邮轮旅游作为中国邮轮旅游发展蓝图的重要构成部分,如何深化供给侧结构性改革,从可持续发展的角度,更好更快地建设和发展邮轮产业链,是值得研究的重要议题。本章以环海峡旅游圈为例,从民营企业参与邮轮产业链视角,探讨在中国邮轮旅游产业创新发展过程中民营企业的作用。

环海峡旅游圈,是指福建省打造以海峡为主题的旅游经济圈。其目的主要在于培育香港(澳门)—台湾—厦门邮轮航线,打造两岸及港澳"一程多站"旅游精品线路。伴随国际邮轮业务向亚洲市场转移,国内港口城市纷纷上马各种项目,以承接国际邮轮的转移,邮轮母港之间的竞争日益激烈。当前,以厦门邮轮母港为核心的环海峡旅游圈的邮轮旅游产业已进入快速发展期。然而,由于设施不够完善和供给邮轮产业的地方经济供应链没有充分发展,邮轮旅游对环海峡旅游圈的经济影响十分有限,对社会、文化尤其是环境的影响却不容忽视。环海峡旅游圈在激烈的竞争中要取得一席之地,就需要激发与邮轮旅游产业发展相关的众多利益相关者的活力。民营企业是邮轮产业链建设的重要利益相关者之一,是党的十九大报告提出要支持发展并激发活力的各类市场主体之一。更早让民营经济参与环海峡旅游圈的邮轮产业发展,将有利于更好地激发其活力,并在竞争中胜出。

第一节 环海峡旅游圈民营企业参与邮轮旅游产业建设现状

从产业链角度来分析,邮轮产业是以邮轮为主要载体,以休闲、旅游、观光等为主要内容,由邮轮制造、邮轮营运、港口服务、后勤保障、交通运输、餐饮购物、银行保险以及旅游商贸等行业形成的产业链条[138]。环海峡旅游圈邮轮产业链的建设正在不断完善中，从原来以中下游的配套服务为主，包括邮轮港口配套设施建设、邮轮运营配套服务等，逐步向上游的邮轮制造业转变。招商局集团、中交建设集团、港口旅集团等大型国企已陆续从不同方向布局邮轮新兴产业，但民营企业参与邮轮产业链的步伐还有待进一步提升。

一、民营资本涉足邮轮维修建造，但项目进展缓慢

由于邮轮维修建造的技术要求高，尤其是针对邮轮推进部分的核心技术以及邮轮稳定性和舒适性的提高，对中国而言始终是一个挑战和难题。环海峡旅游圈内的民营企业从2012年开始就不断涉足邮轮维修建造环节，但目前仍未取得重大突破。2012年6月，山海树集团·厦门环球邮轮有限公司以山海树集团的名义出资，与厦门船舶重工股份有限公司签署了总吨位10万吨级的豪华邮轮（当时暂定名称为"中国厦门号"或"妈祖号"）委托建造协议，邮轮将由厦船重工负责建造，邮轮的设计则由山海树集团联合英国PFJ海事咨询公司、厦船重工共同成立科研队伍完成，这成为民营企业参与厦门建造国内第一艘豪华邮轮项目的标志。然而，截至2016年上半年，该邮轮建造项目仍未正式启动。

但是，以厦门重工为代表的造船企业，以环海峡旅游圈为维修建造基地，不断向邮轮维修建造环节冲刺。2017年4月，厦船重工与芬兰著名邮轮公司——维京公司签订了（1+1）艘2800客邮轮型客滚建造合同，开创了福建省承接建造该邮轮型船舶的先河，并进一步推动福建省豪华邮轮产业链的发展。

二、民营资本试水邮轮港口码头建设，相关配套服务还有待提升

邮轮港口码头及配套服务建设不仅需要投入巨额资本，还需投入配套的经营管理理念及相适应的管理。

（一）山海树集团投资邮轮母港码头改造和全新航站楼建设

为进一步提升厦门邮轮母港的硬件接待能力，以满足国际邮轮靠泊吨位不断上升的需求和日益增长的邮轮配套服务需求，从2016年开始，山海树集团作为邮轮母港的投资主体之一，参与了厦门港务集团和厦门邮轮母港集团组织的厦

门邮轮码头泊位的升级改造以及全新航站楼的建设。

（二）民营企业尚无动力参与环海峡旅游圈邮轮环境污染防治

邮轮能源物质消耗和废弃物排放远高于其他类型船舶，且因邮轮多以母港为轴心开展旅游活动，因此，其对港口周边的环境累积影响极其显著。而且原来的船舶停靠港口期间，用柴油发电机供电，排放出大量污染物。邮轮污染导致海洋生态环境恶化，破坏了海洋生物重要栖息地，降低了海洋旅游资源质量，甚至对沿海周边居民身体健康造成损害，增加了生态成本和社会成本。目前每年在厦门停靠的邮轮数量达到近80艘，其对厦门港口环境的污染不容忽视。

国家交通运输部于2014年就发布《关于促进我国邮轮运输业持续健康发展的指导意见》，2015年8月更是颁布了《船舶与港口污染防治专项行动实施方案（2015—2020年）》，方案中明确要求，到2020年，全国主要港口90%的港作船舶和公务船舶靠泊使用岸电，50%的集装箱、客滚和邮轮专业化码头具备向船舶供应岸电的能力。厦门也高度重视包括邮轮母港发展在内的航运产业环境污染问题，但应对措施有待进一步加快。厦门港现已有远海、海润等2个集装箱码头建成了船舶岸电系统，2017年至少有3个码头（海天、邮轮、嵩屿）还将建设船舶岸电系统，这是厦门加快推动港航业供给侧结构性改革，"降成本、优环境、补短板、提效率"的诸多措施之一。但是民营航运物流企业出于自身经济利益考虑，主动选用先进设备、开展环保技术改造的意愿不高，急需政府出台奖惩政策进行引导。

三、民营企业参与邮轮运营管理环节较多，但力度仍需加强

（一）以邮轮航线运营为突破口，涉足邮轮管理乃至邮轮产业链建设

华澳世纪邮轮管理有限公司[①]在2017年4月开始以厦门为母港服务中国邮轮市场，实现了民营参与投资邮轮产业链，推动产业链完善的进程。华澳公司从2016年就计划与世界三大邮轮公司（皇家加勒比、嘉年华、云顶）合作，

---

① 华澳世纪邮轮管理有限公司是一家由中控国融新能源开发有限公司控股，专注中国邮轮产业发展的专业管理公司。2016年公司成立之初，就研讨、论证、定位了"邮轮产业"方向问题，并且在2016年底定位了公司的管理机构、人员培养、产业发展、文化宣导、经营模式、服务理念、特色经济等方面。

采取邮轮租赁方式，并委托邮轮公司来管理和经营。2017年，华澳世纪邮轮管理公司又开始主打"生命经济"为主题的"精准医疗"国际邮轮公司理念，利用美国哈佛大学"细胞源"技术和国内中源协和"干细胞"存储技术，通过"生命经济"产业链的研发、生产、销售等经营活动，解决邮轮客源流量的问题，为厦门港邮轮产业发展探索出一条资源整合的新路子。2017年4月，华澳世纪邮轮管理公司旗下邮轮开启首航，并提出要高标准高质量推进中国邮轮旅游发展建设，参与投资邮轮旅游产业链，着力完善邮轮产业体系和配套建设，推动粤港澳邮轮旅游优势互补、协同发展。

（二）大幅度参与邮轮旅游开发配套服务，但邮轮船供仍以国企为主

在邮轮配套服务环节，不管是出发前旅客的召集、接待还是到达后的地接陪同，以及船供产品的供给，也以国有企业为主，但民营配套服务明显增加。众多中小民营企业主要根据某个细分领域参与产业链的建设，包括邮轮售票环节、易耗品船供等。

1. 民营旅行社通过包船售票方式参与邮轮旅游运营

当前，厦门邮轮出发前的旅客召集、接待以及邮轮到达时的地接陪同主要以厦门建发国旅和中国国旅（福建）国际旅行社为主。但伴随厦门邮轮旅游的增长，一些实力较雄厚的民营企业也开始发力邮轮旅游市场。山海树集团厦门环球邮轮有限公司在2011年10月包租运营"海洋神话号"，从厦门邮轮母港成功首航台湾。2012年3月起又圆满完成以厦门为始发港口的日韩春季航线，2013年起包租"海洋航行者号"以厦门为母港开展邮轮航线运营。厦门春辉国际旅行社在2016年6月采取独家包船模式，包下以厦门为母港的"蓝宝石公主号"首航航次，载客近1.3万名，创下厦门母港有史以来邮轮载客的最高纪录，也成为2016年福建省最大规模的单船单团出境游。

2. 邮轮的补给物资多在境内市场直接采购

从2016年开始，厦门国际邮轮母港成了皇家加勒比、天海邮轮、渤海邮轮在厦门地区的区域物供总代理，也是丽星邮轮在厦地区供应商，当年物供业务总货值达472万元。蔬菜水果鲜花等易耗品的船供方面，以厦门国际邮轮母港集团为中心，向全球范围内的所有企业招投标采购。目前主要由厦门国际邮轮母港集团和平公司负责，根据邮轮公司的需求，从全国范围内寻求合适的供应商。例如2016年开始，从厦门始发的国际豪华邮轮上，有一道美味烤鸡，它的原材料"西装鸡"来自山东。由于邮轮的需求量大，厦门市场上无法供给满足邮轮船供标准的数量要求,于是厦门国际邮轮母港集团和平公司经过多方协调,最终从山东调到货,及时保障了邮轮供应。

(三) 民营企业参与邮轮信息建设的空间巨大

在邮轮港口和邮轮协会层面,欧美国家均具有丰富的邮轮信息化建设经验。在欧美港口的官方网站上,一般均有"Cruise"业务信息的链接,信息内容侧重于码头信息、港口交通指示、港口规划建设信息、停车设施信息、港口服务信息、游客服务信息、邮轮公司及其邮轮班期等。此外,在邮轮业务属当地重点发展业务的港口,当地港口单位会建设专门的邮轮信息官方网站,成为邮轮港口的信息平台,包含的信息内容比较全面而丰富。邮轮协会的信息化建设主要体现在行业动态、统计数据的发布、研究分析与区域规模等方面。由港口组成的协会,其信息侧重港口邮轮产业与经济发展的综合信息,由邮轮公司组成的协会则侧重邮轮市场信息。

当前厦门邮轮母港的信息化硬件建设方面稳步推进,成效显著,但在信息化软环境、软实力方面,尤其是邮轮信息系统建设方面,与境外著名的国际航运中心信息系统相比,仍存在明显的不足,主要表现在以下方面:一是信息收集渠道、基础信息的详尽程度不够,覆盖面小;二是信息产品的深度和多样性较差;三是信息传播的国际化程度和信息咨询的国际认可程度低;四是信息、咨询业与相关产业的融合度低。更重要的是,由于信息受到部门和企业的局限,不同部门和企业的信息未能有效融合,没有形成信息服务链。民营企业参与信息化建设空间巨大,政府也要鼓励民营企业参与系统开发,开放数据给民营企业用于大数据挖掘应用,促进民营企业、企业与政府之间的信息互联互通等。

(四) 民营企业对邮轮服务人才的培训不断增长

随着世界邮轮产业的逐年发展,国内市场不断壮大,合作接轨于国际多家顶级邮轮公司,对邮轮人才的需求不断上升。然而,邮轮服务人员工作的特殊性,邮轮服务者必须按国家规定学习相关的法律法规,参加海员基本安全和保安意识、国际航行船舶船员英语、客服等培训,考取海员专业培训合格证,办理国际海员证等相关证书。邮轮人才稀缺成了邮轮发展面临的难题之一。基于此,国内出现一批专门从事邮轮服务人才培训的民营中介企业。在环海峡旅游圈内,类似的中介培训机构包括厦门海陆海事服务有限公司和厦门海乘海事咨询服务公司等。其中,厦门海陆海事服务有限公司就是一家经国家工商局注册,福建海事局批准的专业从事国际邮轮船员劳务合作业务的公司。自1996年起,已累计向欧美、新加坡、中国香港各邮轮公司累计培养派出各职级邮轮船员近万人次,在全国邮轮船员派遣业务中名列前茅,目前已成为国内最具影响力的邮轮船员培训派遣服务机构。厦门海乘海事咨询服务有限公司成立于2006年,其前身为厦门市翔安区海乘邮轮英文培训中心,于1994年开始服务海外邮轮船员派遣工作,与国外多家邮轮公司包括美国皇家加勒比国际游轮、美国嘉年华邮轮的公主邮轮、意大利歌诗达邮轮、意大利地中海邮轮、马来西亚丽星邮轮以及星梦邮轮等均有合作。

第二节 民营企业参与邮轮旅游产业建设面临的机遇与挑战

一、民营企业参与邮轮旅游产业建设面临的挑战

(一) 邮轮建造与欧美、日韩差距明显

邮轮建造有非常大的难度和挑战,中国目前船厂建造邮轮的整体水平与日韩还有差距,与垄断建造市场的欧洲船厂的差距更大。邮轮业不仅仅是造出邮轮如此简单。邮轮业还需要稳定且持久的供应链来制造并维修豪华的邮轮。就拿供应网络来说,如何才能有与邮轮相衬的奢华家具、地毯以及隔音材料,就很成问题。正如劳氏中国总经理林立(音)所说的"邮轮就是一个海上的酒店,一艘游轮的运营至少需要数百个供应商。"

(二) 邮轮市场供给呈现寡头垄断格局,中资自营邮轮公司刚起步

目前全球邮轮市场供给总体呈现寡头垄断格局。全球8大邮轮公司隶属于三大邮轮集团——嘉年华集团、皇家加勒比邮轮集团和丽星邮轮集团,占有全球邮轮旅游市场约85%的市场份额。其中嘉年华集团就占有全球市场56%份额。中国自营邮轮公司目前刚刚起步,截至2018年,国内市场载客量占比仅达到11.31%,而三大邮轮集团在国内的载客量占比达到82.7%[384]。作为民营邮轮公司,要想在全球邮轮市场分享一杯羹,其难度可想而知。然而,要形成本土的邮轮企业,就要本土的运营管理,以便改变当前"同质化价格竞争,

缺少差异化的产品设计，不考虑消费者的不同需求"的现状，从而为邮轮文化的形成奠定基础，而这都有待于民营邮轮企业去突破。

（三）运营管理能力缺失，表现为缺乏大量的邮轮人才

邮轮不仅仅是一艘轮船，更是一整套服务。邮轮运营管理人才需要培训的项目众多，包括服务礼仪和服务技巧、常用外语培训、邮轮物供业务学习、邮轮接待相关知识培训、海关出入境相关管理规定的讲解培训。邮轮运营最基本的服务要求，就是邮轮工作人员向不懂汉语的外国游客提供翻译服务。在邮轮旅游最发达的加勒比海地区，被邮轮旅游组织（CTO）认可的33个国家中，目前有70个旅游和培训机构分布在22个国家中[385]，负责邮轮公司所需人才的培训。虽然国际邮轮业享有最灵活和最具全球性的劳动力市场，但严重受限于应聘者特殊的政治、经济以及文化背景，使得该行业面临潜在的劳动力短缺问题。保守估算，到2020年，我国培养出的邮轮人才为两万人左右，邮轮人才供应缺口仍达28万人。

（四）中小型民营企业缺乏足够的资金进行转型升级，以参与邮轮产业链的建设

邮轮产业是一种资本密集型产业，邮轮产业链的建设是一个复杂且需要巨大资本投入的工程，尤其在邮轮产业链上游的建造环节和下游的邮轮码头建设环节，哪怕是邮轮运营期间，也需要巨大的资金支持。因而，邮轮建造及邮轮经济的发展需要更加多样、灵活的融资模式来推动。然而，目前我国邮轮融资渠道相对单一，主要资金来源于政府，以银行贷款为主；来源于民间资本的资金相对较少。同时，我国信贷市场上的利率管制、价格和数量歧视导致中小型邮轮企业融资困难，金融市场的行政管制也增加了邮轮企业的融资成本[384]。因此，对于参与邮轮建造环节的大部分民营企业而言，企业的融资难题是不得不面对的。

二、民营企业参与邮轮旅游产业建设面临的机遇

（一）旅游供给侧改革给环海峡旅游圈邮轮产业发展提供强大的背景

国家"一带一路"倡议和旅游供给侧改革为环海峡旅游圈邮轮产业发展提供了发展大背景。2017年9月，在金砖国家领导人会晤上，习近平同志提

出从结构性改革、可持续性等角度入手，在创新创业、产业产能等领域拓展利益汇聚点，交流以分享经验，助力彼此经济发展。2017年10月，习近平同志在党的十九大报告中指出，进一步深化供给侧结构性改革，建设现代化经济体系，必须把发展经济的着力点放在实体经济上，把提高供给体系质量作为主攻方向。

在国家积极推进"一带一路"倡议和旅游供给侧改革大背景下，邮轮产业围绕"一带一路"沿线经济带发展的格局已经起步。中国邮轮产业正在以中国沿海城市及"一带一路"沿线经济体城市为核心，积极寻求"一带一路"经济带上各个邮轮旅游城市的合作，力求实现共商、共建、共享、共赢。而21世纪海上丝绸之路重点方向是从中国沿海港口过南海到印度洋，延伸至欧洲；从中国沿海港口过南海到南太平洋。民营企业可通过加强旅游合作、扩大旅游规模，互办旅游推广周、宣传月等活动，联合打造具有丝绸之路特色的国际精品旅游线路和旅游产品，提高沿线各国游客签证便利化水平，推动21世纪海上丝绸之路邮轮旅游合作。

（二）中国邮轮需求的蓬勃发展，为民营企业进入邮轮建造市场提供了契机

在世界邮轮市场，邮轮船舶一直是产业界凤毛麟角、罕见的稀缺产品。一方面，目前大型邮轮制造中心主要在欧洲市场，只有少数欧洲船厂垄断了建造市场，而且不少企业的订单已排到2025年，为中国船企实现大型邮轮本土建造提供了机遇。另一方面，从中国市场的发展来看，不同城市、不同海域、不同航程，应有不同的邮轮系列产品（包括1万吨、3万吨、5万吨、7万吨、12万吨、13万吨、15万吨、22万吨等级别），客观上需要有不同的船厂来满足不同的产品市场，仅靠少数欧洲船厂的建造能力满足不了新的邮轮增长需求，这为国内企业包括大型民营企业进入邮轮市场提供了契机。

此外，中国民营造船业在造船方面的实力日益显现。伴随2017年BDI指数一路盘旋而上，在散货船市场逐渐回暖的同时也带来了一波近年难得一见的订单潮，下半年散货船订单更是有增无减，仅仅3个月散货船新船订单量已经超过100艘，几乎是今年上半年的一倍，而中国船厂无疑是今年这波散货船订单潮中的最大赢家。最大的民营船企扬子江船业则接获了其中的大部分散货船新船订单，民营船企成为"弄潮儿"，为后续进军邮轮制造维修奠定了基础。民营船厂黄海造船于2015年交付了一艘客货两用邮轮给法国CPTM公司旗下SASAranui Cruises后，在2019年，又与其新签订了一艘400客位的豪华邮轮

"Aranui 6"（阿拉努伊 6）号，标志着民营造船在建造邮轮领域又迈出了坚实的一步。

（三）中国庞大市场为民营企业进军邮轮市场提供了试错机会

当前，中国邮轮仍处于起步阶段，邮轮市场的占有率不到 0.3%，而欧美国家的市场占有率已达到 3%，甚至 5%。此外，尽管国际邮轮旅游增长速度远远超过整个旅游市场，但邮轮旅游的规模仍然非常小，尤其在中国，占全部旅游市场的比例非常小，邮轮旅游开发前景仍然非常巨大。按照这样的比例计算，中国还有巨大的潜在客户群体可以挖掘。中国庞大的邮轮市场为民营企业进入邮轮产业提供了各种试错机会，大多数民营企业通过试错式创新，以中国民众普遍认可的接受程度，不断调整并适应中国邮轮旅游的需求，发展中式豪华邮轮，并有可能弯道超车成功。

（四）中国邮轮全产业链模式的空缺

中国邮轮产业的集团式冲锋是全产业链的，不仅仅是造船环节的，还有港口、金融、研发、服务和配套等产业环节，是许多国家产业缺少和具备不了的。

1. 船舶工业的配套保障效率有待进一步提升

2017 年以来，中国骨干船舶企业已批量承接了极地探险等一批高技术、高附加值的船舶订单。在快速发展的过程中，中国造船业正逐步从低附加值市场转向大型邮轮、LNG 船和大型集装箱船等高附加值造船市场[386]。但是中国船舶工业的配套保障效率还需进一步提升，尤其是邮轮全产业链模式仍处于空缺状态。

2. 中国邮轮衍生产品开发将是未来发展的重点

邮轮经济对区域经济的贡献巨大，其中船上各类物资、食品的消费占据了很大的比例。按照惯例，国际邮轮公司总部根据船队需求进行国际采购，并将所采购物资通过各地区母港进行船舶供应，配送方式为自启运港装箱空运或海运至邮轮挂靠母港，以转关方式报关报检后直接送抵邮轮船上，手续相对快捷。虽然目前国内进口食品转关业务可以实现，但由于食品转关报检程序复杂、手续烦琐而无实际操作的可能性，且海关方面仍要求相关食品获得进口食品检验检疫的"通关单"。邮轮食品等物资的保税转关供应是邮轮母港配套最基本的功能之一，但是目前中国母港邮轮却只能在韩国或日本港口进行转关供应，一旦因恶劣天气、地缘政治或公共卫生事件等原因变更航线，则会出现补给无法及时供应上船的问题，给邮轮公司及供船方带来极大不便。

（五）国家及地方政策的支持

中央政府相关部委以及环海峡旅游圈等省市相继出台了促进邮轮产业发展的一系列政策措施。早在2008年6月，国家发改委提出《关于促进我国邮轮业发展的指导意见》，随后，一系列的相关政策陆续出台。早期出台的政策主要涉及邮轮码头配套服务、邮轮运营及邮轮供给配送环节，2015年开始出台相关政策鼓励邮轮的维修建造。

邮轮运营及邮轮码头配套服务的政策发布较早。2011年12月，交通运输部《中国国际邮轮船队建设与经营政策研究》主要涉及邮轮船队的建设及邮轮公司的组建。2014年3月，交通运输部《关于促进邮轮运输业持续健康发展的指导意见》明确，要提升邮轮供给配送能力，壮大邮轮物流产业规模，吸引邮轮全球采购商品在我国港口集中配送。同时还发布《游艇码头设计规范》为强制性行业标准。2014年4月又发布了《全国沿海邮轮港口布局规划方案》，提出要在2030年前，在全国形成12个始发港。2010年9月，海关总署通过《国际邮轮通关政策研究》，针对港口通关提出相关的指导性政策。

鼓励邮轮维修建造及配套产业的政策主要从2015年开始。2015年8月中旬国务院在《关于进一步促进旅游投资和消费的若干意见》中提出要鼓励国内自主邮轮建造。2015年10月初，工信部、国家发改委、交通运输部等六大部委联合出台《关于促进旅游装备制造业发展的实施意见》，进一步强调中国将加快实施邮轮自主设计和建造。当前，国家已将邮轮制造业视为"中国制造2025"计划的一部分，这一计划旨在提升中国的制造业水平，并在制造业中提供更多的就业机会。进一步，2017年1月，工信部等六部门联合印发了《船舶工业深化结构调整加快转型升级行动计划（2016~2020年）》，特别强调船舶工业配套，加强配套保障以提升中国船舶工业的整体效率。目前中国已经开始建造国产豪华游轮，这种船更需要强大的配套能力[386]。这无形中为部分民营制造企业的转型升级提供了方向。

从环海峡旅游圈来看，政策侧重点在于邮轮的配套服务及运营环节。2008年2月，厦门市提出《厦门邮轮经济恢复振兴计划》；2009年11月，交通运输部提出《海峡两岸邮轮发展政策研究》；2015年又提出《厦门市开展邮轮运输试点示范工作方案》；2015年12月，厦门港口管理局，厦门旅游局和厦门财政局联合发布《关于进一步促进邮轮经济发展的通知》，确定扶持厦门港邮轮经济发展相关事项，确定扶持对象（邮轮公司、邮轮经营人、租赁（或包租）邮轮的企业、招徕游客在厦门登轮出游的大陆地区组团旅行社）及对应的扶持措施。从2016年下半年，厦门检验检疫局出台了《推进供船食品"进口直供""保税物供"模式工作方案》《关于推进邮轮供船食品"进口直供""保税物供"模式有关建议的函》等相关政策，进一步优化了厦门邮轮母港的通关政策环境。

第三节

促进民营企业参与环海峡旅游圈邮轮旅游产业建设思路

邮轮产业链的建设涉及邮轮研发建造、邮轮运营管理、邮轮码头建设、邮轮旅游服务。根据党的十九大报告提出的"进一步深化供给侧结构性改革，建设现代化经济体系，必须把发展经济的着力点放在实体经济上，把提高供给体系质量作为主攻方向"的思路，环海峡旅游圈邮轮产业链的建设，应以邮轮服务为核心，重点发展和集聚维护保养、补给采购、信息服务、集疏通关、船供物流等产业，力求成为在东南亚地区具有较强竞争力的专业性邮轮服务基地；聚集旅游休闲、商业零售为配套产业，大力发展邮轮旅游、生态旅游、工业旅游、红色旅游以及高端商业、配套商业；发展金融、中介、研发、培训、文化创意、会展贸易等现代服务业为延伸产业，构筑完善的邮轮延伸产业体系，成为厦门现代服务业发展的新亮点。其中，民营企业作为邮轮产业发展的一支生力军，应该在人才培训、设施改造、服务设计等方面深度参与环海峡旅游圈邮轮产业链建设。

一、主动参与邮轮产业链建设

民营企业可凭借特定领域的技术优势及政府政策支持，主动参与邮轮产业链建设。

（一）主动参与邮轮维修建造环节

从邮轮产业关键环节转移和配套环节转移的特征出发，从关键环节的链式吸引模式和配套环节的横向聚合模式探讨邮轮产业转移对区域产业结构优化的路径。

1. 成立合资企业，参与邮轮新建、装修和改造工程

例如，借鉴韩通船舶重工的做法，利用国家关于鼓励国内加快实施邮轮自主设计和建造的契机，采取中外合资乃至港澳台合资的方式，获取国家资金支持，以资金入股的方式入股，组建合资公司形式进入船舶修造市场，进一步加大对邮轮修造环节的研发与投入。又如，也可以借鉴兆祥集团（我国第一家进入豪华邮轮设计与修造业务的民营邮轮科技集团）的做法，以民企为主，联合其他所有制企业，采取集团式冲锋，抱团进入邮轮制造，参与全产业链建设。

2. 提供邮轮建造所需的零部件

在邮轮制造过程中，需要整合造船产业链的丰富资源。当前，国内的大型国企已着手邮轮建造，包括 2017 年 3 月招商局工业集团签订的为 SunStone Ships 建造船舶的协议，以及 2017 年 4 月厦门船舶重工赢得芬兰维京公司的 1.94 亿欧元订单。环海峡旅游圈内与造船行业相关的民营企业可借此契机，通过充分了解邮轮研发建造环节所需要各种设备和相关仪器件，争取研发供邮轮维修企业使用的精密仪器件，主动参与关键设计装修的配料及工艺的供给，实现转型升级。也可专注邮轮运营管理的具体环节，开辟邮轮行业的细分市场。例如，毕升集团是国内首家从事邮轮管理系统软件开发服务的高新技术企业，通过提供邮轮管理系统软件开发服务，开辟国内邮轮产业的关键环节，弥补了中国独立自主研发的邮轮信息化整体解决方案的空白。

（二）以各种方式投身邮轮运营管理及配套服务环节

在邮轮运营管理及配套服务过程中，民营企业应增加参与度与活跃度，成为做大做强邮轮配套服务的生力军。中国邮轮旅游最大的危机，在于缺乏丰富和优质的目的地。尤其在现有日韩邮轮航线的目的地更具丰富性和精彩性的情况下，如何进一步优化环海峡旅游圈的配套服务，吸引邮轮公司乃至邮轮乘客，是当前各地政府需要集思广益，密切合作思考的问题。

1. 直接成立或合资成立民营邮轮公司，参与邮轮运营并开拓国内邮轮市场

例如，可参照钻石国际邮轮旗下的首艘豪华邮轮"辉煌号"的做法，以全民营方式投资邮轮公司。或者参照海航邮轮旗下的"海娜号"、渤海邮轮旗下的"中华泰山号"、携程旗下天海邮轮的"新世纪号"，采取国内民营企业参与运营的方式。还可以参照凯撒旅游的做法，与国外著名的邮轮公司签署战

略合作协议，拓展中国市场。又如，可借助温州商人参与投资经营的"中华之星"邮轮的做法，借助民间资本投资建立本土邮轮团队。

2. 合作培养邮轮运营管理人才

运营管理最重要的环节在于邮轮运营管理人才的培养。然而，当前在中国，尤其在环海峡旅游圈内，与邮轮旅游相关的旅游和培训机构不多，而且培训出来的邮轮运营管理人才不一定能得到邮轮公司的认可。因此，环海峡旅游圈的私立院校和专业的中介机构，应采取更有力的措施参与邮轮公司合作，培训邮轮运营管理人才。通过对邮轮公司的调研，明确在中国运营的邮轮船队或邮轮公司对不同层次运营管理人才的特殊要求，成立专门的招聘公司，负责邮轮人才的招募。

3. 创新邮轮旅游航线中的船上服务模式

可结合中国人特殊的需求情况，一方面，以发展中式豪华邮轮作为邮轮配套服务发展的重点，结合中国邮轮高端客户的美食习惯、健康养生习惯和精神文化追求，提供与西式邮轮不同风格的邮轮旅游服务。结合厦门城市发展与产业转型的机遇，主动落实地方服务业的升级换代来嫁接国际邮轮产业，使作为高端商务旅游服务的邮轮旅游真正成为厦门的新型产业，促进邮轮产业价值最大化和邮轮产业效应在区域内的扩散。同时，借助金砖会议，广泛开展"一带一路"旅游；借助沿海沿线众多岛屿，开辟近海岛屿旅游，形成与西方邮轮旅游业的差异化竞争、良性互动的势态。另一方面，可参照欧美国家的做法，努力打造邮轮养老产业，使老年人将邮轮旅游作为一种养老方式，通过辗转于各条邮轮，环游亚洲乃至世界。厦门作为一个适合打造高端养生产品的城市，可重点围绕高端客户的健康养生习惯，在旅游淡季推出阶段性的邮轮养老服务，打造邮轮养老产业。在起步阶段，可以在环海峡旅游圈内，围绕上海、舟山、台湾、香港、海南等地开辟航线，以低吨位船舶为主，借助邮轮即旅游目的地的思路，紧抓银发老人的养老需求，提供衣食住行等养老服务。发展到一定阶段后，还可以沿近海岛屿、"一带一路"沿线国家和地区、借助免签等便利措施，实现养老一族长期乘船，下岸游览的需求[387]。

4. 突破邮轮地面服务零售代理的局限

伴随邮轮旅游的快速发展，传统包船模式的船票销售方式已无法满足消费者的需求。民营旅行社可借此契机，通过服务设计实现与邮轮公司在零售代理方面的突破。一方面，借助民营旅行社小而全的特点，实现服务设计的灵活性运作；另一方面，可积极参与邮轮信息化平台的建设，通过线上平台与线下实体店相结合的方式,为相关的邮轮线上平台提供地面服务。

二、政府可适当加大对不同市场主体的政策与资金支持

党的十九大报告指出,赋予自由贸易试验区更大改革自主权,探索建设自由贸易港。因此,为加快环海峡旅游圈邮轮产业链的建设,政府可进一步针对不同市场主体,采取特定的政策,并辅之以资金支持。

(一) 进一步鼓励国外邮轮公司及其他民营企业乃至民营资本参与邮轮码头建设

当前环海峡旅游圈的邮轮码头虽已具一定规模,但邮轮码头数目相对单一,与邮轮船型的多样化发展不匹配,为增加停靠港的丰富性和多样性,可采取一定的措施,在合适的沿海港口增加邮轮停靠港的建设。由于邮轮码头投入资本大,建设和维护的周期长,以往国内的邮轮码头建设通常由政府进行。因此,一方面,要鼓励国外邮轮公司参与邮轮码头和相关设施的建设。可以通过给予25年或25年以上的长期特许权方式,鼓励有资金实力的邮轮公司参与邮轮码头的建设,以确保邮轮公司有充足的时间去发展和执行其组织策略,包括垂直整合其海上和岸边的活动,有利于邮轮公司更好地控制其相关的成本,获取潜在的优势,维持预期的服务和质量水平[246]。另一方面,要鼓励其他民营资本乃至民间资本以公私伙伴关系(public private partnerships,PPP)的方式投入建设与运营。根据DiVaio等的研究,发现民营企业进入码头特许经营公司的所有权可以提高邮轮基础设施的性能,尤其当邮轮公司既是邮轮码头的股东又是客户时,技术效率会进一步提高[388]。因此,当前的邮轮产业链尤其是邮轮码头的建设可采取公共和私人合伙经营的方式。例如,温州民间资本投资就通过建立中国邮轮公司的形式,用金融手段组合资本带动当地产业转型引导实业回归的方式,对游走于灰色、非法边缘的民间资本实现转型,迈向阳光化、合法化、规范化,以解决民间资本的出路。

(二) 鼓励并扶持民营高新技术企业参与邮轮港口环境治理

当前,国家可持续发展、绿色发展的理念深入人心,在邮轮旅游发展过程中,邮轮港口环境预防与治理也是需要考虑的重要问题之一。厦门作为生态文明城市之一,不仅要引导绿色高能效型邮轮港口的建设,还要尽可能使用清洁

可再生能源，注重生态健康可持续发展。推广岸电技术是当前诸多邮轮母港减少污染物排放的措施之一，国家也出台了相关政策鼓励和吸引邮轮港口和邮轮公司进行岸电建设和设施改造。对环海峡旅游圈内的岸电发展计划，除了可对岸电研发和建设给予先期的资金和政策扶植，还可进一步对民营高新技术企业进入岸电领域提供扶持，在资格审查、资金获取、岸电定价、技术推广等方面给予更多灵活优惠措施。

（三）鼓励民营企业参与邮轮信息化平台建设

根据国务院和相关部委发文要求，中国邮轮旅游信息平台将努力打造成全球供应链服务的节点、综合资源配置、集有形商品、资本、技术信息为核心竞争力的邮轮旅游信息平台，以便为政府监管部门、邮轮游客、船员、运输工具、邮轮经济上下游企业、岸上经营企业等多种角色提供一个信息分享与互动平台。厦门邮轮母港理应整合旅行社、邮轮公司、邮轮码头等各方资源，充分发挥民营企业在信息建设方面的优势，建设功能多元、服务高效的厦门国际邮轮综合信息平台，为邮轮旅客提供便捷服务。

具体措施：第一，在开展与国外港口、国内不同邮轮港之间的信息共享时，可鼓励民营企业参加电子化单证的开发与共享，以保证信息的准确、安全与一致性。第二，邮轮进出境（港）要向海关、检验检疫、海事、边防、港务局、航道局等多个口岸监管单位进行申报，可通过民营企业之间、企业与政府之间的信息互联互通等，加深平台与口岸监管单位系统的深层次数据协作，进一步改善口岸通关环境、提升服务水平，提高管理效率。第三，构建区域层面的邮轮大数据中心，设计邮轮产业相关数据指标，通过各种途径与手段收集基础数据，汇总形成不同的主题库。在此基础上，可开放数据给民营企业用于大数据挖掘应用，不仅强化政府的预测与预警功能，也可加强民营企业的预测与预警能力。第四，根据政企与公众客户需求，鼓励民营企业参与开发个性化APP平台及其相关系统开发，针对特定业务推出移动应用，进一步巩固平台行业地位与影响力。

三、充分发挥协会组织作用，联结协调民营企业参与邮轮产业链建设

借助协会组织的桥梁作用，联结并协调厦门民营企业的中坚力量，鼓励其

抱团冲锋式参与邮轮产业链节点的建设。

邮轮产业在发展过程中涉及众多政府部门及企业,因此协调政府各部门及相关企业间的关系就成为促进邮轮旅游产业发展的重要因素。日本邮轮旅游产业的发展过程中,相关民间组织的建设在行业标准制定、部门间协调、宣传及市场培育等方面起到了十分积极的作用。环海峡旅游圈的各行业协会理应充分发挥作用,切实帮助民营企业解决在经营、生产方面的问题,同时继续出台多种优惠扶持政策,鼓励更多的民营企业参与到邮轮产业链的建设过程中。例如,可参照温州市协调中华之星到舟山首航的做法,各级政府部门领导应高度重视,可由旅游部门牵头,集合口岸办、工商、金融、招商、港航等相关部门召开协调会,各部门积极配合,采用现场办公等形式,全力支持资金实力雄厚的民营企业参与邮轮运营,鼓励民营企业引进邮轮公司增加新的邮轮航线。

参考文献

[1] Vega-Muñoz A, Arjona-Fuentes J M, Ariza-Montes A et al. In search of 'a research front' in cruise tourism studies [J]. International Journal of Hospitality Management, 2020 (85): 102353.

[2] Dowling R K, Vasudavan T. Cruising in the New Millennium [J]. Tourism Recreation Research, 2000, 25 (3): 17-27.

[3] Hobson J P. Analysis of the US cruise line industry [J]. Tourism Management, 1993, 14 (6): 453-462.

[4] 孙晓东, 倪荣鑫. 国际邮轮港口岸上产品配备与资源配置——基于产品类型的实证分析 [J]. 旅游学刊, 2018, 33 (7): 63-78.

[5] Toivonen M, Tuominen T. Emergence of innovation in services [J]. Service Industries Journal, 2009, 29 (7): 887-902.

[6] Santangelo R A. What's happening in the cruise industry [J]. Journal of Travel Research, 1984, 23 (2): 3-5.

[7] Hobson J S P. Increasing consolidation within the cruise line industry [J]. Journal of Travel & Tourism Marketing, 1996, 2 (4): 91-96.

[8] Lawton L J, Bulter R W. Cruise ship industry - patterns in the Caribbean 1880-1986 [J]. Tourism Management, 1987, 8 (4): 329-343.

[9] Hall J A, Braithwaite R. Caribbean cruise tourism: A business of transnational partnerships [J]. Tourism Management, 1990, 11 (4): 339-347.

[10] Mescon T S, Vozikis G S. The economic impact of tourism at the port of Miami [J]. Annals of Tourism Research, 1985, 12 (4): 515-528.

[11] Foster G M. South seas cruise a case study of a short-lived society [J]. Annals of Tourism Research, 1986, 13 (2): 215-238.

[12] Field D R, Clark R N, Koth B A. Cruiseship travel in Alaska: A profile of passengers [J]. Journal of Travel Research, 1985, 24 (2): 2-8.

[13] Marti B E. Cruising: Small – vessel population characteristics [J]. Journal of Travel Research, 1986, 24 (4): 25 – 28.

[14] Marti B E. Passenger perceptions of cruise itineraries: A Royal Viking Line case study [J]. Marine Policy, 1992, 16 (5): 360 – 370.

[15] Marti B E. Marketing aspects of consumer purchasing behavior and customer satisfaction aboard the Royal Viking Queen [J]. Journal of Travel & Tourism Marketing, 1996, 4 (4): 109 – 116.

[16] Dwyer L, Forsyth P. Economic significance of cruise tourism [J]. Annals of Tourism Research, 1998, 25 (2): 393 – 415.

[17] De La Viña L, Ford J. Economic impact of proposed cruiseship business [J]. Annals of Tourism Research, 1998, 25 (4): 205 – 208.

[18] Braun B M, Xander J A, White K R. The impact of the cruise industry on a region's economy: a case study of Port Canaveral, Florida [J]. Tourism Economics, 2002, 8 (3): 281 – 288.

[19] Dwyer L, Douglas N, Livaic Z. Estimating the economic contribution of a cruise ship visit [J]. Tourism in Marine Environments, 2004, 1 (1): 5 – 16.

[20] Seidl A, Guiliano F, Pratt L. Cruising for colones: cruise tourism economics in Costa Rica [J]. Tourism Economics, 2007, 13 (1): 67 – 85.

[21] Wilkinson P F. Caribbean cruise tourism: delusion? Illusion? [J]. Tourism Geographies, 1999, 1 (3): 261 – 282.

[22] Klein R A. Adrift at sea: The state of research on cruise tourism and the international cruise industry [J]. Tourism in Marine Environments, 2017, 12 (3): 199 – 209.

[23] Loehr L C, Beegle – Krause C J, George K et al. The significance of dilution in evaluating possible impacts of wastewater discharges from large cruise ships [J]. Marine Pollution Bulletin, 2006, 52 (6): 681 – 688.

[24] Johnson D. Environmentally sustainable cruise tourism: a reality check [J]. Marine Policy, 2002, 26 (4): 261 – 270.

[25] Lester J A, Weeden C. Stakeholders, the natural environment and the future of Caribbean cruise tourism [J]. International Journal of Tourism Research, 2004, 6 (1): 39 – 50.

[26] Butt N. The impact of cruise ship generated waste on home ports and ports

of call: A study of Southampton [J]. Marine Policy, 2007, 31 (5): 591 -598.

[27] Cloesen U. Environmental impact management of ship based tourism to Antarctica [J]. Asia Pacific Journal of Tourism Research, 2003, 8 (2): 32 -37.

[28] Singh A. Growth and development of the cruise line industry in Southeast Asia [J]. Asia Pacific Journal of Tourism Research, 1999, 3 (2): 24 -31.

[29] Singh A. The Asia Pacific cruise line industry: Current trends, opportunities and future outlook [J]. Tourism Recreation Research, 2000, 25 (2): 49 -61.

[30] Marti B E. Trends in world and extended - length cruising (1985 ~ 2002) [J]. Marine Policy, 2004, 28 (3): 199 -211.

[31] Ma M, Fan H, Zhang E. Cruise homeport location selection evaluation based on grey - cloud clustering model [J]. Current Issue in Tourism, 2018, 21 (3): 328 -354.

[32] Wang Y, Jung K, Yeo G et al. Selecting a cruise port of call location using the fuzzy - AHP method: A case study in East Asia [J]. Tourism Management, 2014 (42): 262 -270.

[33] Chen J M, Nijkamp P. Itinerary planning: Modelling cruise lines' lengths of stay in ports [J]. International Journal of Hospitality Management, 2018 (73): 55 -63.

[34] Teye V B, Leclerc D. Product and service delivery satisfaction among North American cruise passengers [J]. Tourism Management, 1998, 19 (2): 153 -160.

[35] Qu H, Ping E W Y. A service performance model of Hong Kong cruise travelers' motivation factors and satisfaction [J]. Tourism Management, 1999, 20 (2): 237 -244.

[36] Testa M R, Skaruppa C, Pietrzak D. Linking job satisfaction and customer satisfaction in the cruise industry: Implications for hospitality and travel organizations [J]. Journal of Hospitality & Tourism Research, 1998, 22 (1): 4 -14.

[37] Sirakaya E, Petrick J, Choi H. The role of mood on tourism product evaluations [J]. Annals of Tourism Research, 2004, 31 (3): 517 -539.

[38] Duman T, Mattila A S. The role of affective factors on perceived cruise vacation value [J]. Tourism Management, 2005, 26 (3): 311 -323.

[39] Petrick J F. The roles of quality, value, and satisfaction in predicting cruise passengers' behavioral intentions [J]. Journal of Travel Research, 2004, 42 (4): 397 – 407.

[40] Petrick J F. First timers 'and repeaters' perceived value [J]. Journal of Travel Research, 2004, 43 (1): 29 – 38.

[41] Petrick J F, Tonner C, Quinn C. The utilization of critical incident technique to examine cruise passengers' repurchase intentions [J]. Journal of Travel Research, 2006, 44 (3): 273 – 280.

[42] Gabe T M, Lynch C P, McConnon J C. Likelihood of cruise ship passenger return to a visited port: The case of Bar Harbor, Maine [J]. Journal of Travel Reasearch, 2006, 44 (3): 281 – 287.

[43] Morais D B, Kerstetter D L, Yarnal C M. The love triangle: loyal relationships among providers, customers, and their friends [J]. Journal of Travel Research, 2006, 44 (4): 379 – 386.

[44] Petrick J F. Are loyal visitors desired visitors? [J]. Tourism Management, 2004, 25 (4): 463 – 470.

[45] Miller A R, Grazer W F. Complaint behavior as a factor in cruise line losses: An analysis of brand loyalty [J]. Journal of Travel & Tourism Marketing, 2003, 15 (1): 77 – 91.

[46] Teye V, Leclerc D. The white Caucasian and ethnic minority cruise markets: Some motivational perspectives [J]. Journal of Vacation Marketing, 2003, 9 (3): 227 – 242.

[47] Thurau B B, Carver A D, Mangun J C et al. A market segmentation analysis of cruise ship tourists visiting the Panama Canal watershed: Opportunities for ecotourism development [J]. Journal of Ecotourism, 2007, 6 (1): 1 – 18.

[48] Petrick J F. Segmenting cruise passengers with price sensitivity [J]. Tourism Management, 2005, 26 (5): 753 – 762.

[49] Henthorne T L. An analysis of expenditures by cruise ship passengers in Jamaica [J]. Journal of Travel Research, 2000, 38 (3): 246 – 250.

[50] Petrick J F, Li X, Park S. Cruise passengers' decision – making processes [J]. Journal of Travel & Tourism Marketing, 2007, 23 (1): 1 – 14.

[51] Viña L D L, Ford J. Logistic regression analysis of cruise vacation mar-

ket potential: Demographic and trip attribute perception factors [J]. Journal of Travel Research, 2001, 39 (4): 406 – 410.

[52] Wie B. A dynamic game model of strategic capacity investment in the cruise line industry [J]. Tourism Management, 2005, 26 (2): 203 – 217.

[53] Toh R S, Rivers M J, Ling T W. Room occupancies: cruise lines out – do the hotels [J]. International Journal of Hospitality Management, 2005, 24 (1): 121 – 135.

[54] Weaver A. The Mcdonaldization thesis and cruise tourism [J]. Annals of Tourism Research, 2005, 32 (2): 346 – 366.

[55] Johnson D. Providing ecotourism excursions for cruise passengers [J]. Journal of Sustainable Tourism, 2006, 14 (1): 43 – 54.

[56] Lois P, Wang J, Wall A et al. Formal safety assessment of cruise ships [J]. Tourism management, 2004, 25 (1): 93 – 109.

[57] Testa M R, Williams J M, Pietrzak D. The development of the cruise line job satisfaction questionnaire [J]. Journal of Travel Research, 1998, 36 (3): 13 – 19.

[58] Testa M R. Leadership dyads in the cruise industry: the impact of cultural congruency [J]. International Journal of Hospitality Management, 2002, 21 (4): 425 – 441.

[59] Sun X, Jiao Y, Tian P. Marketing research and revenue optimization for the cruise industry: A concise review [J]. International Journal of Hospitality Management, 2011, 30 (3): 746 – 755.

[60] Papathanassis A, Beckmann I. Assessing the 'poverty of cruise theory' hypothesis [J]. Annals of Tourism Research, 2011, 38 (1): 153 – 174.

[61] Wondirad A. Retracing the past, comprehending the present and contemplating the future of cruise tourism through a meta – analysis of journal publications [J]. Marine Policy, 2019 (108): 103618.

[62] Sun X, Feng X, Gauri D K. The cruise industry in China: Efforts, progress and challenges [J]. International Journal of Hospitality Management, 2014 (42): 71 – 84.

[63] Hung K, Wang S, Guillet B D et al. An overview of cruise tourism research through comparison of cruise studies published in English and Chinese [J].

International Journal of Hospitality Management, 2019 (77): 207-216.

[64] Weeden C, Lester J, Thyne M. Cruise tourism: Emerging issues and implications for a maturing industry [J]. Journal of Hospitality and Tourism Management, 2011, 18 (1): 26-29.

[65] Dowling R. The growth of cruising in Australia [J]. Journal of Hospitality and Tourism Management, 2011, 18 (1): 117-120.

[66] Wild G, BREA. Contribution of Cruise Tourism to the Economies of Europe 2014 Edition [R]. CLIA, 2015.

[67] Marušić Z, Horak S, Tomljenović R. The socioeconomic impacts of cruise tourism: A case study of Croatian destinations [J]. Tourism in Marine Environments, 2008, 5 (2-3): 131-144.

[68] Diedrich A. Cruise ship tourism in Belize: The implications of developing cruise ship tourism in an ecotourism destination [J]. Ocean & Coastal Management, 2010, 53 (5-6): 234-244.

[69] Hefner F, Mcleod B, Crotts J. Research note: An analysis of cruise ship impact on local hotel demand — An event study in Charleston, South Carolina [J]. Tourism Economics, 2014, 20 (5): 1145-1153.

[70] Vayá E, Garcia J R, Murillo J et al. Economic impact of cruise activity: the case of Barcelona [J]. Journal of Travel & Tourism Marketing, 2018, 35 (4): 479-492.

[71] Lester S E, White C, Mayall K et al. Environmental and economic implications of alternative cruise ship pathways in Bermuda [J]. Ocean & Coastal Management, 2016 (132): 70-79.

[72] Brida J G, Pulina M, Riaño E et al. Cruise passengers' experience embarking in a Caribbean home port. The case study of Cartagena de Indias [J]. Ocean & Coastal Management, 2012 (55): 135-145.

[73] MacNeill T, Wozniak D. The economic, social, and environmental impacts of cruise tourism [J]. Tourism Management, 2018 (66): 387-404.

[74] Chen J M, Petrick J F, Papathanassis A et al. A meta-analysis of the direct economic impacts of cruise tourism on port communities [J]. Tourism Management Perspectives, 2019 (31): 209-218.

[75] Dawson J, Johnston M E, Stewart E J. Governance of Arctic expedition

cruise ships in a time of rapid environmental and economic change [J]. Ocean & Coastal Management, 2014 (89): 88 – 99.

[76] Scherrer P, Smith A J, Dowling R K. Visitor management practices and operational sustainability: Expedition cruising in the Kimberley, Australia [J]. Tourism Management, 2011, 32 (5): 1218 – 1222.

[77] Dragović B, Tzannatos E, Tselentis V et al. Ship emissions and their externalities in cruise ports [J]. Transportation Research Part D: Transport and Environment, 2018 (61): 289 – 300.

[78] Carić H, Mackelworth P. Cruise tourism environmental impacts: The perspective from the Adriatic Sea [J]. Ocean & Coastal Management, 2014 (102): 350 – 363.

[79] Korbee D, Mol A P J, van Tatenhove J P M. Ecological considerations in constructing marine infrastructure: The Falmouth cruise terminal development, Jamaica [J]. Marine Policy, 2015 (56): 23 – 32.

[80] Eijgelaar E, Thaper C, Peeters P. Antarctic cruise tourism: the paradoxes of ambassadorship, "last chance tourism" and greenhouse gas emissions [J]. Journal of Sustainable Tourism, 2010, 18 (3): 337 – 354.

[81] Van Bets L K J, Lamers M A J, van Tatenhove J P M. Collective self – governance in a marine community: expedition cruise tourism at Svalbard [J]. Journal of Sustainable Tourism, 2017, 25 (11): 1583 – 1599.

[82] Hritz N, Cecil A K. Investigating the sustainability of cruise tourism: A case study of Key West [J]. Journal of Sustainable Tourism, 2008, 16 (2): 168 – 181.

[83] Jordan E J, Vogt C A, DeShon R P. A stress and coping framework for understanding resident responses to tourism development [J]. Tourism Management, 2015 (48): 500 – 512.

[84] Del Chiappa G, Abbate T. Island cruise tourism development: a resident's perspective in the context of Italy [J]. Current Issues in Tourism, 2016, 19 (13): 1372 – 1385.

[85] Brida J G, Chiappa G D, Meleddu M et al. A comparison of residents' perceptions in two cruise ports in the Mediterranean Sea [J]. International Journal of Tourism Research, 2014, 16 (2): 180 – 190.

[86] McCaughey R, Mao I, Dowling R. Residents perceptions towards cruise tourism development: the case of Esperance, Western Australia [J]. Tourism Recreation Research, 2018, 43 (3): 403 – 408.

[87] Stewart E J, Dawson J, Draper D. Cruise tourism and residents in Arctic Canada: Development of a resident attitude typology [J]. Journal of Hospitality and Tourism Management, 2011, 18 (1): 95 – 106.

[88] Karlis T, Polemis D. Cruise homeport competition in the Mediterranean [J]. Tourism Management, 2018 (68): 168 – 176.

[89] Cusano M I, Ferrari C, Tei A. Port hierarchy and concentration: Insights from the Mediterranean cruise market [J]. International Journal of Tourism Research, 2017, 19 (2): 235 – 245.

[90] Perea – Medina B, Rosa – Jiménez C, Andrade M J. Potential of public transport in regionalisation of main cruise destinations in Mediterranean [J]. Tourism Management, 2019 (74): 382 – 391.

[91] Brida J, Garrido N, Devesa MJ S. Cruise passengers' satisfaction: Cartagena de Indias [J]. Benchmarking: An International Journal, 2012, 19 (1): 52 – 69.

[92] Han H, Hwang J, Lee M J. Antecedents of travellers' repurchase behaviour for luxury cruise product [J]. Current Issues in Tourism, 2016, 21 (7): 821 – 841.

[93] Han H, Hyun S S. Role of motivations for luxury cruise traveling, satisfaction, and involvement in building traveler loyalty [J]. International Journal of Hospitality Management, 2018 (70): 75 – 84.

[94] Han H, Hyun S S. Cruise travel motivations and repeat cruising behaviour: impact of relationship investment [J]. Current Issues in Tourism, 2019, 22 (7): 786 – 805.

[95] Han H, Hwang J, Lee M J et al. Word – of – mouth, buying, and sacrifice intentions for eco – cruises: Exploring the function of norm activation and value – attitude – behavior [J]. Tourism Management, 2019 (70): 430 – 443.

[96] Chua B, Lee S, Han H. Consequences of cruise line involvement: a comparison of first – time and repeat passengers [J]. International Journal of Contemporary Hospitality Management, 2017, 29 (6): 1658 – 1683.

［97］ Larsen S, Wolff K. Exploring assumptions about cruise tourists' visits to ports［J］. Tourism Management Perspectives, 2016（17）: 44 – 49.

［98］ Douglas N, Douglas, N. Cruise ship passenger spending patterns in Pacific island ports［J］. International Journal of Tourism Research, 2004, 6（4）: 251 – 261.

［99］ De Cantis S, Ferrante M, Kahani A et al. Cruise passengers' behavior at the destination: Investigation using GPS technology［J］. Tourism Management, 2015（52）: 133 – 150.

［100］ Brida J G, Fasone V, Scuderi R et al. Clust Of Var and the segmentation of cruise passengers from mixed data: Some managerial implications［J］. Knowledge – Based Systems, 2014（70）: 128 – 136.

［101］ John K. M. Kuwornu R B R C. Cruise line product differentiation practice: A cluster analysis approach［J］. International Journal of Business and Management, 2013, 8（13）: 93 – 101.

［102］ Hosany S, Witham M. Dimensions of cruisers' experiences, satisfaction, and intention to recommend［J］. Journal of Travel Research, 2010, 49（3）: 351 – 364.

［103］ Hung K. Understanding the cruising experience of Chinese travelers through photo – interviewing technique and hierarchical experience model［J］. Tourism Management, 2018（69）: 88 – 96.

［104］ Huang J, Hsu C H. The impact of customer – to – customer interaction on cruise experience and vacation satisfaction［J］. Journal of Travel Research, 2010, 49（1）: 79 – 92.

［105］ Brejla P, Gilbert D. An exploratory use of Web content analysis to understand cruise tourism services［J］. International Journal of Tourism Research, 2014, 16（2）: 157 – 168.

［106］ Radic A. Towards an understanding of a child's cruise experience［J］. Current Issues in Tourism, 2019, 22（2）: 237 – 252.

［107］ Cashman D. Tequila! Social control of guest movement by live music performance on cruise ships［J］. Tourism in Marine Environments, 2016, 11（2 – 3）: 89 – 100.

［108］ Hsu C H, Li M. Development of a cruise motivation scale for emerging markets in Asia [J]. International Journal of Tourism Research, 2017, 19 (6): 682 – 692.

[109] Fan D X, Hsu C H. Potential mainland Chinese cruise travelers' expectations, motivations, and intentions [J]. Journal of Travel & Tourism Marketing, 2014, 31 (4): 522 – 535.

[110] Elliot S, Choi H S C. Motivational considerations of the new generations of cruising [J]. Journal of Hospitality and Tourism Management, 2011 (18): 41 – 47.

[111] Marksel M, Tominc P, Božič nik S. Cruise passengers' expenditures: The case of port of Koper [J]. Tourism Economics, 2017, 23 (4): 890 – 897.

[112] Brida J G, Bukstein D, Garrido N et al. Cruise passengers' expenditure in the Caribbean port of call of Cartagena de Indias: A cross – section data analysis [J]. Tourism Economics, 2012, 18 (2): 431 – 447.

[113] Larsen S, Wolff K, Marnburg E et al. Belly full, purse closed: Cruise line passengers' expenditures [J]. Tourism Management Perspectives, 2013 (6): 142 – 148.

[114] Brida J G, Lanzilotta B, Moreno L et al. A non – linear approximation to the distribution of total expenditure distribution of cruise tourists in Uruguay [J]. Tourism Management, 2018 (69): 62 – 68.

[115] Ferrante M, De Cantis S, Shoval N. A general framework for collecting and analysing the tracking data of cruise passengers at the destination [J]. Current Issues in Tourism, 2016, 21 (12): 1426 – 1451.

[116] De Cantis S, Ferrante M, Kahani A et al. Cruise passengers' behavior at the destination: Investigation using GPS technology [J]. Tourism Management, 2016 (52): 133 – 150.

[117] Skaalsvik H, Olsen B. A study of a service brand process in a cruise context: the perspective of the service employees [J]. International Journal of Culture, Tourism and Hospitality Research, 2014, 8 (4): 446 – 461.

[118] Ng I C L. Establishing a service channel: a transaction cost analysis of a channel contract between a cruise line and a tour operator [J]. Journal of Services Marketing, 2007, 21 (1): 4 – 14.

[119] Lee S, Ramdeen C. Cruise ship itineraries and occupancy rates [J].

Tourism Management, 2013 (34): 236-237.

[120] Li B. A cruise line dynamic overbooking model with multiple cabin types from the view of real options [J]. Cornell Hospitality Quarterly, 2014, 55 (2): 197-209.

[121] Lee S, Brezina S. Cruise line efficiency: an analysis of seven cruise lines' operational efficiency [J]. Tourism Economics, 2015, 22 (5): 1075-1086.

[122] Chang Y, Lee S, Park H K. Efficiency analysis of major cruise lines [J]. Tourism Management, 2017 (58): 78-88.

[123] Bonilla-Priego M J, Font X, Del Rosario Pacheco-Olivares M. Corporate sustainability reporting index and baseline data for the cruise industry [J]. Tourism Management, 2014 (44): 149-160.

[124] Font X, Guix M, Bonilla-Priego M J. Corporate social responsibility in cruising: Using materiality analysis to create shared value [J]. Tourism Management, 2016 (53): 175-186.

[125] Wang G, Li K X, Xiao Y. Measuring marine environmental efficiency of a cruise shipping company considering corporate social responsibility [J]. Marine Policy, 2019 (99): 140-147.

[126] Klein R A, Poulston J. Sex at sea: Sexual crimes aboard cruise ships [J]. Tourism in Marine Environments, 2011, 7 (2): 67-80.

[127] Mak J, Sheehey C, Toriki S. The passenger vessel services act and America's cruise tourism industry [J]. Research in Transportation Economics, 2010, 26 (1): 18-26.

[128] Liu B, Pennington-Gray L, Krieger J. Tourism crisis management: Can the Extended Parallel Process Model be used to understand crisis responses in the cruise industry? [J]. Tourism Management, 2016, 55 (55): 310-321.

[129] Brownell J. Leading on land and sea: Competencies and context [J]. International Journal of Hospitality Management, 2008, 27 (2): 137-150.

[130] Testa M R. National culture, leadership and citizenship: Implications for cross-cultural management [J]. International Journal of Hospitality Management, 2009, 28 (1): 78-85.

[131] Sehkaran S N, Sevcikova D. 'All aboard': Motivating service employees on cruise ships [J]. Journal of Hospitality and Tourism Management, 2011,

18 (1): 70-78.

[132] Gibson P. Cruising in the 21st century: Who works while others play? [J]. International Journal of Hospitality Management, 2008, 27 (1): 42-52.

[133] Larsen S, Marnburg E, øgaard T. Working onboard-Job perception, organizational commitment and job satisfaction in the cruise sector [J]. Tourism Management, 2012, 33 (3): 592-597.

[134] 胡建伟, 陈建淮. 上海邮轮产业集群动力机制研究 [J]. 旅游学刊, 2004, 19 (1): 42-46.

[135] 慎丽华, 杨晓飞, 董江春. 青岛发展邮轮旅游经济潜力分析 [J]. 消费经济, 2012, 28 (1): 65-68.

[136] 张扬. 中国特色自由贸易区（港）建设下的海南邮轮旅游产业发展研究 [J]. 华东经济管理, 2018, 32 (12): 180-184.

[137] 李华, 周溪召, 智路平. 河口海港型城市邮轮经济发展研究——以南京为例 [J]. 世界地理研究, 2015, 24 (1): 113-122.

[138] 李柏青. 邮轮产业生态系统研究 [J]. 经济地理, 2009 (6): 1000-1004.

[139] 蔡晓霞, 牛亚菲. 中国邮轮旅游竞争潜力测度 [J]. 地理科学进展, 2010 (10): 1273-1278.

[140] 刘军. 世界邮轮经济发展的路径方向 [J]. 上海经济研究, 2008 (10): 105-107.

[141] 孙琳, 叶欣梁. "一带一路"倡议下跨境邮轮旅游合作路径——以广西—东盟邮轮旅游为例 [J]. 对外经贸实务, 2019 (8): 84-88.

[142] 陈宇赫, 殷明. "一带一路"倡议下中国邮轮产业的发展探讨 [J]. 对外经贸实务, 2018 (12): 45-48.

[143] 李传恒. 服务业价值链扩张与区域旅游产业升级：邮轮产业实证研究 [J]. 山东大学学报（哲学社会科学版）, 2007 (4): 96-100.

[144] 邱羚, 高长春. 基于产业价值链的邮轮产业价值增值效应研究 [J]. 湖南社会科学, 2015 (2): 134-137.

[145] 张效莉, 张从容. 邮轮物流产业供应链资源分配机制研究 [J]. 统计与决策, 2015 (19): 50-53.

[146] 张效莉, 张从容. 邮轮产业物流供应链核心竞争优势的博弈分析 [J]. 统计与决策, 2016 (8): 58-61.

[147] 孙领,刘伟,冉小松,等.邮轮服务供应链网络属性对邮轮产业成长路径的影响研究[J].管理工程学报,2020,34(1):105-117.

[148] 陈有文,赵彬彬.世界邮轮旅游产业发展概况与空间结构特征研究[J].水运工程,2012(2):124-130.

[149] 马彦勇,史济辰.深圳蛇口客运港区邮轮母港建设规模研究[J].水运工程,2009(6):84-87.

[150] 吴慧,王道平,张茜,等.基于云模型的国际邮轮港口竞争力评价与比较研究[J].中国软科学,2015(2):166-174.

[151] 陈咏梅,赵莹.生态视角下邮轮母港旅游发展评价——基于厦门的实证分析[J].技术经济与管理研究,2019(4):117-121.

[152] 吴卫国,潘长学.大型豪华邮轮设计研发关键技术探析[J].船舶工程,2020,42(1):18-21.

[153] 孙利,金强.豪华邮轮总体设计分析[J].船海工程,2019,48(3):10-14.

[154] 罗小林,甘水来.大型豪华邮轮结构设计的难点及对策分析[J].船舶工程,2017,39(8):1-4.

[155] 郭萍.促进邮轮产业发展法制保障论略[J].法学杂志,2016,37(8):48-54.

[156] 张树民,程爵浩.我国邮轮旅游产业发展对策研究[J].旅游学刊,2012(6):79-83.

[157] 司玉琢,谢忱.法律视角下的邮轮旅游文化研究[J].政法论丛,2017(4):95-102.

[158] 谢忱.对我国邮轮船票代理模式的法律研究[J].理论学刊,2018(6):98-106.

[159] 李小年,颜晨广.中国发展邮轮产业的若干政策与法律问题[J].中国海商法研究,2013,24(3):48-53.

[160] 刘焕庆,刘秉镰.中日韩邮轮旅游产业发展研究[J].经济纵横,2012(9):117-120.

[161] 陈旭阳.国外邮轮经济对地区发展作用研究[J].人民论坛,2012(2):92-93.

[162] 孙妍.国际邮轮母港对区域经济的带动效应研究——以三亚为例[J].现代城市研究,2017(4):120-124.

[163] 孙妍. 基于产业链投入产出表的邮轮经济产业关联度测算 [J]. 统计与决策, 2017 (19): 5-10.

[164] 姜宏, 叶欣梁, 闫国东, 等. 基于旅游卫星账户的邮轮旅游经济贡献核算研究 [J]. 统计与决策, 2018, 34 (13): 30-34.

[165] 谢芳, 李慧明, 李丹. 基于全生命周期评价的邮轮环境污染控制机理及其应对策略 [J]. 海洋通报, 2010, 29 (6): 702-706.

[166] 孙瑞红, 王玲, 姜宏, 等. 绿色视角下邮轮污染的性质、影响与治理模式研究 [J]. 生态经济, 2019, 35 (5): 146-150.

[167] 叶欣梁, 孙瑞红. 基于顾客需求的上海邮轮旅游市场开发研究 [J]. 华东经济管理, 2007, 21 (3): 110-115.

[168] 孙瑞红, 叶欣梁. 上海邮轮旅游市场开发的对策研究 [J]. 经济问题探索, 2007 (3): 165-169.

[169] 宋立中, 李芬, 王会. 欧洲内河游船业的运营区域与经营策略及其启示 [J]. 世界地理研究, 2011, 20 (2): 107-118.

[170] 丁金学, 樊一江. 顺应消费形势谋划邮轮经济发展 [J]. 宏观经济管理, 2018 (9): 43-48.

[171] 余进, 熊伟, 徐孜望. 中国旅游产业需要"四面出击" [J]. 旅游学刊, 2018, 33 (1): 11-12.

[172] 杨忠振, 朱晓聪. 基于中产阶级需求的近海型邮轮航线设计 [J]. 中国航海, 2014 (4): 105-109.

[173] 孙晓东, 武晓荣, 冯学钢. 邮轮航线设置的基本特征与规划要素研究 [J]. 旅游学刊, 2015, 30 (11): 111-121.

[174] 孙晓东, 冯学钢. 邮轮收益管理的舱位分配: 基于 EMSR-a 和 EMSR-b 的比较分析 [J]. 旅游学刊, 2013, 28 (11): 32-41.

[175] 洪婷婷, 匡海波, 崔强. 基于超网络 SBM 模型的邮轮公司效率评价 [J]. 大连海事大学学报, 2017, 43 (4): 14-21.

[176] 镇璐, 孙晓凡, 王帅安. 排放控制区限制下邮轮航线及速度优化 [J]. 运筹与管理, 2019, 28 (3): 31-38.

[177] 孙晓东, 冯学钢. 邮轮公司如何定价: 基于北美市场的实证分析 [J]. 旅游学刊, 2013, 28 (2): 111-118.

[178] 傅方圆, 王子轩. 基于预测的邮轮定价策略研究 [J]. 山东社会科学, 2016 (S1): 265-267.

[179] 孙瑞红,叶欣梁,徐虹. 中国邮轮市场的价格形成机制与"低价困境"研究 [J]. 旅游学刊,2016,31 (11):107-116.

[180] 刘哲昕."海娜号"邮轮被扣事件的法律思考 [J]. 法学,2013 (11):20-23.

[181] 司玉琢,单红军. 评述与反思:"海娜号"邮轮韩国被扣案之法律问题 [J]. 法学杂志,2013,34 (12):16-23.

[182] 孙丽坤,乔勇. 基于顾客价值空间模型的我国邮轮旅游营销策略探析 [J]. 企业经济,2010 (8):156-158.

[183] 孙晓东,武晓荣,冯学钢. 邮轮旅游季节性特征:基于北美市场的实证分析 [J]. 旅游学刊,2015,30 (5):117-126.

[184] 陈梅,刘晶晶,崔枫,等. 邮轮旅游者未来价值评估与潜类分析模型——以大陆、香港和台湾为例 [J]. 人文地理,2017 (2):152-160.

[185] 李霞,曲洪建. 邮轮旅游网络关注度的时空特征和影响因素——基于百度指数的研究 [J]. 统计与信息论坛,2016,31 (4):101-106.

[186] 孙晓东,倪荣鑫. 邮轮游客船上满意度测评的指标体系与实证研究 [J]. 统计与信息论坛,2017,32 (10):116-122.

[187] 孙晓东,倪荣鑫. 中国邮轮游客的产品认知、情感表达与品牌形象感知——基于在线点评的内容分析 [J]. 地理研究,2018,37 (6):1159-1180.

[188] 吕方园,郭萍. 邮轮霸船之法律考量——以《旅游法》为分析进路 [J]. 旅游学刊,2014,29 (10):108-115.

[189] 郭萍. 对邮轮合同法律性质的探究及思考 [J]. 中国海商法研究,2016,27 (1):55-62.

[190] 郭萍. 邮轮合同法律适用研究——兼谈对我国《海商法》海上旅客运输合同的修改 [J]. 法学杂志,2018,39 (6):76-84.

[191] 方懿. 邮轮旅游民事法律关系初探 [J]. 中国海商法研究,2013,24 (2):43-47.

[192] 孙思琪,胡正良. 邮轮旅游纠纷管辖:错位与复归 [J]. 湖北社会科学,2019 (5):141-148.

[193] 孙晓东,冯学钢. 中国邮轮旅游产业:研究现状与展望 [J]. 旅游学刊,2012,27 (2):101-112.

[194] 张言庆,寇敏,马波. 境外邮轮旅游市场研究综述 [J]. 旅游学

刊，2012（2）：94-100.

[195] 杨建明. 邮轮旅游研究的回顾与前瞻——基于国外英文期刊论文的评述 [J]. 世界地理研究，2015，24（1）：130-139.

[196] 王洁，黄华. 国外邮轮旅游环境影响研究进展及其启示 [J]. 世界地理研究，2017，26（5）：136-146.

[197] 孙晓东，侯雅婷. 邮轮旅游的负效应与责任性研究综述 [J]. 地理科学进展，2017，36（5）：569-584.

[198] 徐虹，杨红艳，韩林娟. 中外邮轮旅游研究回顾与展望——基于研究对象演变的分析 [J]. 旅游科学，2019，33（2）：1-18.

[199] Robertson T S. Innovative Behavior and Communication [M]. New York：Holt，Rinehart and Winston，1971.

[200] 克莱顿·克里斯坦森. 创新者的窘境 [M]. 胡建桥，译. 北京：中信出版社，2010.

[201] 蔺雷，吴贵生. 服务创新研究方法综述 [J]. 科研管理，2014，25（3）：19-23.

[202] Barras R. Towards a theory of innovation in services [J]. Research Policy，1986，15（4）：161-173.

[203] 韦铁，鲁若愚. 多主体参与的服务创新研究综述 [J]. 技术经济与管理研究，2012（7）：41-44.

[204] Coombs R，Miles I. Innovation，measurement and services：The new problematique [J]. Innovation Systems in the Service Economy，2000（18）：85-103.

[205] Gallouj F，Savona M. Innovation in services：a review of the debate and a research agenda [J]. Journal of Evolutionary Economics，2009，19（2）：149-172.

[206] Flikkema M，Jansen P，Van Der Sluis L. Identifying Neo-Schumpeterian innovation in service firms：A conceptual essay with a novel classification [J]. Economics of Innovation and New Technology，2007，16（7）：541-558.

[207] Gummesson E. Productivity，quality and relationship marketing in service operations：A revisit in a new service paradigm [J]. International Journal of Contemporary Hospitality Management，2014，26（5）：656-662.

[208] den Hertog P，van der Aa W，de Jong M W. Capabilities for managing

service innovation: Towards a conceptual framework [J]. Journal of Service Management, 2010, 21 (4): 490-514.

[209] Lusch R F, Nambisan S. Service innovation: A service-dominant logic perspective [J]. MIS Quarterly, 2015, 39 (1): 155-175.

[210] Michel S, Brown S W, Gallan A S. An expanded and strategic view of discontinuous innovations: Deploying a service-dominant logic [J]. Journal of the Academy of Marketing Science, 2008, 36 (1): 54-66.

[211] Gadrey J, Gallouj F, Weinstein O. New modes of innovation: How services benefit industry [J]. International Journal of Service Industry Management, 1995, 6 (3): 4-16.

[212] Witell L, Snyder H, Gustafsson A et al. Defining service innovation: A review and synthesis [J]. Journal of Business Research, 2016, 69 (8): 2863-2872.

[213] Sundbo J. Management of innovation in services [J]. Service Industries Journal, 1997, 17 (3): 432-455.

[214] 杨春宇. 文化旅游产业创新系统理论研究——多理论视角下的研究进程、评述及展望 [J]. 技术经济与管理研究, 2018 (2): 105-108.

[215] 江金波, 唐金稳. 国外旅游创新研究回顾与展望 [J]. 经济地理, 2017, 37 (9): 215-224.

[216] 胡林. 略论旅游文化内涵的创新 [J]. 江西社会科学, 2003 (1): 221-223.

[217] 朱竑, 戴光全, 保继刚. 历史文化名城苏州旅游产品的创新和发展 [J]. 世界地理研究, 2004 (4): 94-101.

[218] McKercher B, Ho P, du Cros H. Relationship between tourism and cultural heritage management: Evidence from Hong Kong [J]. Tourism Management, 2005, 26 (4): 539-548.

[219] Imon S S. Cultural heritage management under tourism pressure [J]. Worldwide Hospitality and Tourism Themes, 2017, 9 (3): 335-348.

[220] Hjalager A. A review of innovation research in tourism [J]. Tourism Management, 2010, 31 (1): 1-12.

[221] Hjalager A. Innovation patterns in sustainable tourism: An analytical typology [J]. Tourism Management, 1997, 18 (1): 35-41.

[222] Delgado Cruz A, Vargas Martínez E E, Montes Hincapié J M, et al. Innovation in tourism companies, where are they and where are they going? An approach to the state of knowledge [J]. Intangible Capital, 2016, 12 (4): 1088 – 1155.

[223] Aldebert B, Dang R J, Longhi C. Innovation in the tourism industry: The case of tourism@ [J]. Tourism Management, 2011, 32 (5): 1204 – 1213.

[224] Orfila – Sintes F, Mattsson J. Innovation behaviour in the hotel industry [J]. Omega – The International Journal of Management Science, 2009, 37 (2): 380 – 394.

[225] López – Fernández M C, Serrano A M, Gómez – López R G. Factors encouraging innovation in Spanish hospitality firms [J]. Cornell Hospitality Quarterly, 2011, 52 (2): 144 – 152.

[226] Orfila – Sintes F, Crespí – Cladera R, Martínez – Ros E. Innovation activity in the hotel industry: Evidence from Balearic Islands [J]. Tourism Management, 2005, 26 (6): 851 – 865.

[227] Sundbo J, Orfila – Sintes F, Sørensen F. The innovative behaviour of tourism firms – Comparative studies of Denmark and Spain [J]. Research Policy, 2007, 36 (1): 88 – 106.

[228] Hjalager A. Repairing innovation defectiveness in tourism [J]. Tourism Management, 2002, 23 (5): 465 – 474.

[229] Ottenbacher M C, Gnoth J. How to develop successful hospitality innovation [J]. Cornell Hospitality Quarterly, 2005, 46 (2): 205 – 222.

[230] Martínez – Ros E, Orfila – Sintes F. Innovation activity in the hotel industry [J]. Technovation, 2009, 29 (9): 632 – 641.

[231] Andrea N. A review of tourism and hospitality innovation research [J]. Annals of the University of Oradea: Economic Science, 2012, 1 (2): 364 – 370.

[232] Romero I, Tejada P. Tourism intermediaries and innovation in the hotel industry [J]. Current Issues in Tourism, 2020, 23 (5): 641 – 653.

[233] Nielsen N, Liburd J. Geographical information and landscape history in tourism communication in the age of Web 2.0. The case of the salt river bay national park in St. Croix of the U. S. Virgin islands [J]. Journal of Travel & Tourism Marketing, 2008, 25 (3 – 4): 282 – 298.

[234] 王君正,吴贵生. 我国旅游企业创新对绩效影响的实证研究——以云南旅游业为例 [J]. 科研管理,2007 (6):56-65.

[235] Sousa B. The strategic management of creation process and of change: A theoretical contributes from the perspective of tourism [J]. Journal of Molecular Histology, 2014, 35 (2):103-109.

[236] Meira J V D S, Anjos S J G D, Falaster C D. Innovation and performance in the hotel industry [J]. Journal of Quality Assurance in Hospitality & Tourism, 2019, 20 (2):185-205.

[237] Donald A. The success of the cruise industry has always been driven by innovation [J]. Travel Agent, 2017, 349 (5):3.

[238] Parnyakov A V. Innovation and design of cruise ships [J]. Pacific Science Review, 2014, 16 (4):280-282.

[239] 辛安娜,李树民. 国外旅游创新问题研究的前沿述评 [J]. 经济管理,2015 (6):110-122.

[240] Rodrigue J, Notteboom T. The geography of cruises: Itineraries, not destinations [J]. Applied Geography, 2013, 38 (1):31-42.

[241] Véronneau S, Roy J, Beaulieu M. Cruise ship suppliers: A field study of the supplier relationship characteristics in a service supply chain [J]. Tourism Management Perspectives, 2015 (16):76-84.

[242] Wang K, Wang S, Zhen L et al. Cruise shipping review: operations planning and research opportunities [J]. Maritime Business Review, 2016, 1 (2):133-148.

[243] BREA. The Contribution of the International Cruise Industry to the U. S. Economy in 2014 [R]. CLIA, 2015.

[244] 徐杏,张晓晴,高天航. 欧美邮轮经济发展规律及其启示 [R]. 交通规划研究,2020.

[245] 于丽英,朱滋婷. 邮轮服务业集群的功能定位及产业培育研究 [J]. 港口经济,2011 (12):5-8.

[246] London W R, Lohmann G. Power in the context of cruise destination stakeholders' interrelationships [J]. Research in Transportation Business & Management, 2014 (13):24-35.

[247] McCarthy J P, Romein A. Cruise passenger terminals, spatial planning

and regeneration: The cases of Amsterdam and Rotterdam [J]. European Planning Studies, 2012, 20 (12): 2033 – 2052.

[248] BREA. The Contribution of the North American Cruise Industry to the U. S. Economy in 2013 [R]. 2014.

[249] 汪泓. 中国邮轮产业发展报告 (2019) [M]. 北京: 社会科学文献出版社, 2019.

[250] Chen C. How can Taiwan create a niche in Asia's cruise tourism industry? [J]. Tourism Management, 2016 (55): 173 – 183.

[251] Liu C. Schemes for enhancing Taiwanese cruise PAK relationships using the hybrid MADM model [J]. Tourism Management, 2018 (69): 510 – 522.

[252] Brida J G, Zapata Aguirre S. Cruise tourism: economic, socio – cultural and environmental impacts [J]. International Journal of Leisure and Tourism Marketing, 2010, 1 (3): 205 – 226.

[253] Gui L, Russo A P. Cruise ports: a strategic nexus between regions and global lines — evidence from the Mediterranean [J]. Maritime Policy & Management, 2011, 38 (2): 129 – 150.

[254] 李慧. 中国豪华邮轮的配套困境 [J]. 船舶工程, 2017, 39 (12): 126 – 130.

[255] 汪泓. 中国邮轮产业发展报告 (2017) [M]. 北京: 社会科学文献出版社, 2017.

[256] Esteve – Perez J, Garcia – Sanchez A. Cruise market: Stakeholders and the role of ports and tourist hinterlands [J]. Maritime Economics & Logistics, 2015, 17 (3): 371 – 388.

[257] Chang Y, Park H, Liu S et al. Economic impact of cruise industry using regional input – output analysis: a case study of Incheon [J]. Maritime Policy & Management, 2016, 43 (1): 1 – 18.

[258] 汪泓. 中国邮轮产业发展报告 (2018) [M]. 北京: 社会科学文献出版社, 2018.

[259] Amelung B, Lamers M. Estimating the greenhouse gas emissions from Antarctic tourism [J]. Tourism in Marine Environments, 2007, 4 (2): 121 – 133.

[260] Lau Y, Tam K, Ng A K Y et al. Cruise terminals site selection process: An institutional analysis of the Kai Tak Cruise Terminal in Hong Kong

[J]. Research in Transportation Business & Management, 2014 (13): 16-23.

[261] Lopes M J, Dredge D. Cruise tourism shore excursions: Value for destinations? [J]. Tourism Planning & Development, 2018, 15 (6): 633-652.

[262] Klein R A. Responsible cruise tourism: Issues of cruise tourism and sustainability [J]. Journal of Hospitality and Tourism Management, 2011, 18 (1): 107-116.

[263] Brida J G, Zapata S. Economic impacts of cruise tourism: The case of Costa Rica [J]. Anatolia, 2010, 21 (2): 322-338.

[264] Kayahan B, Vanblarcom B, Klein R A. Overstating cruise passenger spending: Sources of error in cruise industry studies of economic impact [J]. Tourism in Marine Environments, 2018, 13 (4): 193-203.

[265] 梅俊青. 新冠肺炎疫情对中国邮轮经济发展影响研究报告 [R]. 邮轮参考, 2020.

[266] 张言庆, 马波, 刘涛. 国际邮轮旅游市场特征及中国展望 [J]. 旅游论坛, 2010 (4): 468-472.

[267] Andriotis K, Agiomirgianakis G. Cruise visitors' experience in a Mediterranean port of call [J]. International Journal of Tourism Research, 2010, 12 (4): 390-404.

[268] Jaakson R. Beyond the tourist bubble? Cruiseship passengers in port [J]. Annals of tourism research, 2004, 31 (1): 44-60.

[269] Mahadevan R, Chang S. Valuing shipscape influence to maximise cruise experience using a choice experiment [J]. International Journal of Hospitality Management, 2017 (67): 53-61.

[270] Sun X, Kwortnik R, Gauri D K. Exploring behavioral differences between new and repeat cruisers to a cruise brand [J]. International Journal of Hospitality Management, 2018 (71): 132-140.

[271] Morrison A M, Yang C, O'Leary J T et al. Comparative profiles of travellers on cruises and land-based resort vacations [J]. Journal of Tourism Studies, 1996, 7 (2): 15-27.

[272] Lee S, Chua B, Han H. Role of service encounter and physical environment performances, novelty, satisfaction, and affective commitment in generating cruise passenger loyalty [J]. Asia Pacific Journal of Tourism Research, 2017,

22（2）：131-146.

[273] Hung K, Petrick J F. The role of self - and functional congruity in cruising intentions [J]. Journal of Travel Research, 2011, 50（1）：100-112.

[274] Jones R V. Motivations to cruise: An itinerary and cruise experience study [J]. Journal of Hospitality and Tourism Management, 2011, 18（1）：30-40.

[275] Whyte L J. Understanding the relationship between push and pull motivational factors in cruise tourism: A canonical correlation analysis [J]. International Journal of Tourism Research, 2017, 19（5）：557-568.

[276] Chua B, Lee S, Kim H et al. Investigation of cruise vacationers' behavioral intention formation in the fast - growing cruise industry: The moderating impact of gender and age [J]. Journal of Vacation Marketing, 2017（12）：1-20.

[277] Chen J M, Neuts B, Nijkamp P et al. Demand determinants of cruise tourists in competitive markets: Motivation, preference and intention [J]. Tourism Economics, 2016, 22（2）：227-253.

[278] Hung K, Petrick J F. Why do you cruise? Exploring the motivations for taking cruise holidays, and the construction of a cruising motivation scale [J]. Tourism Management, 2011, 32（2）：386-393.

[279] Kerstetter D L, Yen I, Yarnal C M. Plowing uncharted waters: A study of perceived constraints to cruise travel [J]. Tourism Analysis, 2005, 10（2）：137-150.

[280] Han H, Jae M, Hwang J. Cruise travelers' environmentally responsible decision - making: An integrative framework of goal - directed behavior and norm activation process [J]. International Journal of Hospitality Management, 2016（53）：94-105.

[281] Le T H, Arcodia C. Risk perceptions on cruise ships among young people: Concepts, approaches and directions [J]. International Journal of Hospitality Management, 2018（69）：102-112.

[282] Teye V, Paris C M. Cruise line industry and Caribbean tourism: Guests' motivations, activities, and destination preference [J]. Tourism Review International, 2010, 14（1）：17-28.

[283] Brida J G, Bukstein D, Tealde E. Exploring cruise ship passenger

spending patterns in two Uruguayan Ports of call [J]. Current Issues in Tourism, 2015, 18 (7): 684 – 700.

[284] Moscardo G, Morrison A M, Cai L A et al. Tourist perspectives on cruising: multidimensional scaling analyses of cruising and other holiday types [J]. Journal of Tourism Studies, 1996, 7 (2): 54 – 63.

[285] Thurau B, Seekamp E, Carver A D et al. Should cruise ports market ecotourism? A comparative analysis of passenger spending expectations within the Panama Canal watershed [J]. International Journal of Tourism Research, 2015, 17 (1): 45 – 53.

[286] Chua B, Lee S, Goh B et al. Impacts of cruise service quality and price on vacationers' cruise experience: Moderating role of price sensitivity [J]. International Journal of Hospitality Management, 2015 (44): 131 – 145.

[287] 孙晓东, 侯雅婷. 邮轮母港游客满意度测评与提升研究——基于上海的实证分析 [J]. 地理科学, 2017, 37 (5): 756 – 765.

[288] 邱扶东, 吴明证. 旅游决策影响因素研究 [J]. 心理科学, 2004 (5): 1214 – 1217.

[289] Pearce D. Tourism Today: A Geographical Analysis [M]. London: Longman Scientific Technical, 1987.

[290] Crawford D W, Godbey G. Reconceptualizing barriers to family leisure [J]. Leisure Sciences, 1987, 9 (2): 119 – 127.

[291] Crawford D W, Jackson E L, Godbey G. A hierarchical model of leisure constraints. [J]. Leisure Sciences, 1991, 13 (4): 309 – 320.

[292] Jackson E L, Crawford D W, Godbey G. Negotiation of leisure constraints [J]. Leisure Sciences, 1993, 15 (1): 1 – 11.

[293] Crompton J L. Motivations for pleasure vacation [J]. Annals of Tourism Research, 1979, 6 (4): 408 – 424.

[294] Hung K, Petrick J F. Testing the effects of congruity, travel constraints, and self – efficacy on travel intentions: An alternative decision – making model [J]. Tourism Management, 2012, 33 (4): 855 – 867.

[295] Zou S S, Migacz S J, Petrick J F. The utilization of critical incident technique to examine Chinese tourists' cruising motivations and constraints [J]. Tourism Analysis, 2017, 22 (4): 577 – 582.

[296] 吴春艳. 我国邮轮旅游者购买决策影响因素研究 [D]. 大连: 东北财经大学, 2012.

[297] 高洪云. 国内居民对邮轮旅游的认知研究——以济南、青岛两地为例 [D]. 青岛: 青岛大学, 2016.

[298] 吴卉. 邮轮旅游者购买决策中的限制因素研究 [D]. 厦门: 厦门大学, 2012.

[299] 刘永涓, 孟世文. 厦门邮轮旅游市场消费行为调查研究 [J]. 福建师大福清分校学报, 2017 (2): 89-96.

[300] Guo Y N, Hu T A, Huang J et al. An empirical study on the correlation between cruising intention [J]. Journal of Tourism and Hospitality Management, 2014, 2 (3): 114-123.

[301] 赖彦铭, 林佩珺, 孙雅彦. 应用消费价值理论探讨旅客选择邮轮旅游之因素 [J]. 航运季刊, 2015 (1): 61-89.

[302] 宋丹瑛. 青年客源群体邮轮旅游消费动机研究——以深圳为例 [J]. 技术经济与管理研究, 2019 (12): 65-69.

[303] 张颖熙, 夏杰长. 以服务消费引领消费结构升级: 国际经验与中国选择 [J]. 北京工商大学学报 (社会科学版), 2017, 32 (6): 104-112.

[304] Wanhill S R C. Some aspects of cruise ships [J]. Maritime Policy and Management, 1982, 9 (4): 251-257.

[305] 蓝清, 郭达越. 泛北部湾—大湄公河邮轮旅游的前景及SWOT分析研究 [J]. 东南亚纵横, 2011 (12): 46-51.

[306] De La Viña L, Ford J. Logistic regression analysis of cruise vacation market potential: Demographic and trip attribute perception factors [J]. Journal of Travel Research, 2001, 39 (4): 406-410.

[307] Wild P, Dearing J. Development of and prospects for cruising in Europe [J]. Maritime Policy & Management, 2000, 27 (4): 315-333.

[308] Langenfeld J, Li W. Price discrimination and the cruise line industry: Implications for market definition, competition, and consumer welfare [J]. International Journal of the Economics of Business, 2008, 15 (1): 1-25.

[309] Wie B. Open-loop and closed-loop models of dynamic oligopoly in the cruise line industry [J]. Asia-Pacific Journal of Operational Research, 2004, 21 (4): 517-541.

[310] Gui L. Geographical expansion and consolidation of global cruising [J]. Scientific Journal of Maritime Research, 2010, 24 (2): 261-278.

[311] 张言庆, 马波, 范英杰. 邮轮旅游产业经济特征、发展趋势及对中国的启示 [J]. 北京第二外国语学院学报, 2010 (7): 26-33.

[312] Clancy M. Power and profits in the global cruise industry [C]. In: Dowling R K, Weeden C (eds.), Cruise Ship Tourism. London, UK: Wallingford: CABI, 2017: 43-56.

[313] Erkoc M, Iakovou E T, Spaulding A E. Multi-stage onboard inventory management policies for food and beverage items in cruise liner operations [J]. Journal of Food Engineering, 2005, 70 (3): 269-279.

[314] Lu J, Mazzarella J. Application of modified nested and dynamic class allocation models for cruise line revenue management [J]. Journal of Revenue and Pricing Management, 2007, 6 (1): 19-32.

[315] Satta G, Parola F, Penco L et al. Word of mouth and satisfaction in cruise port destinations [J]. Tourism Geographies, 2015, 17 (1): 54-75.

[316] Castillo-Manzano J I, Castro-Nuño M, López-Valpuesta L. When Las Vegas takes to the sea: New trends in cruising [J]. Tourism Economics, 2017, 24 (1): 135-140.

[317] Biehn N. A cruise ship is not a floating hotel [J]. Journal of Revenue and Pricing Management, 2006, 5 (2): 135-142.

[318] Vogel M. Economic of cruise shipping: The need for a new business model [C]. In: Dowling R, Weeden C (eds.), Cruise Ship Tourism. UK: Wallingford: CABI, 2017: 124-137.

[319] Vogel M. The economics of US cruise companies' European brand strategies [J]. Tourism Economics, 2009, 15 (4): 735-751.

[320] Penco L, Profumo G. Mergers, acquisitions and alliances in the cruise tourism industry [J]. Tourism and Hospitality Research, 2019, 19 (3): 269-283.

[321] Penco L, Di Vaio A. Monetary and non-monetary value creation in cruise port destinations: an empirical assessment [J]. Maritime Policy & Management, 2014, 41 (5): 501-513.

[322] Daly J, Fernandez-Stark K, Center D G V C. Barbados in the Cruise Tourism Global Value Chain [R]. 2017.

[323] 孙晓东. 中国邮轮旅游业: 新常态与新趋势 [J]. 旅游学刊, 2015, 30 (1): 10-12.

[324] Parkhe A. Interfirm diversity, organizational learning, and longevity in global strategic alliances [J]. Journal of International Business Studies, 1991, 22 (4): 579-601.

[325] Teece D J. Competition, cooperation and innovation: organizational arrangements for regimes of rapid technological progress [J]. Journal of Economic Behavior & Organization, 1992, 18 (1): 1-25.

[326] 张延锋, 刘益, 李垣. 战略联盟价值创造与分配分析 [J]. 管理工程学报, 2003 (2): 20-23.

[327] 李再扬, 杨少华. 企业战略联盟理论的新发展: 一个综述 [J]. 经济学家, 2003 (3): 99-103.

[328] Inkpen A C, Beamish P W. Knowledge, bargaining power, and the instabilities of international joint ventures [J]. Academy of Management Review, 1997, 22 (1): 177-202.

[329] 陆晓倩, 王立凤. 纵向战略联盟企业间合作的进化博弈分析 [J]. 统计与决策, 2007 (3): 153-155.

[330] 陆晓倩. 企业战略联盟的进化博弈研究 [D]. 厦门: 厦门大学, 2006.

[331] 王永平, 孟卫东. 供应链企业合作竞争机制的演化博弈分析 [J]. 管理工程学报, 2004 (2): 96-98.

[332] H. 培顿·扬. 个人策略与社会结构——制度的演化理论 [M]. 王勇, 译. 上海: 上海三联书店, 上海人民出版社, 2004.

[333] 王夏阳. 契约激励、信息共享与供应链的动态协调 [J]. 管理世界, 2005 (4): 106-115.

[334] Oye K A. Cooperation under Anarchy [M]. UN: Princeton University Press, 1986.

[335] Parkhe A. Strategic alliance structuring: a game theoretic and transaction cost examination of interfirm cooperation [J]. Academy of Management Journal, 1993, 36 (4): 794-829.

[336] Gale D, Telser L G. Economic theory and the core [J]. Economica, 1980, 47 (186): 203.

［337］Schelling T C. The strategy of conflict ［J］. Sciences, 1960, 43 (4): 3-8.

［338］Spence M. Product differentiation and performance in insurance markets ［J］. Journal of Public Economics, 1978, 10 (3): 427-447.

［339］Hashim K F, Tan F B. The mediating role of trust and commitment on members' continuous knowledge sharing intention: A commitment - trust theory perspective ［J］. International Journal of Information Management, 2015, 35 (2): 145-151.

［340］Morgan R M, Hunt S D. The commitment - trust theory of relationship marketing ［J］. Journal of Marketing, 1994, 58 (3): 20.

［341］Brown J R, Crosno J L, Tong P Y. Is the theory of trust and commitment in marketing relationships incomplete? ［J］. Industrial Marketing Management, 2019 (77): 155-169.

［342］Castillo - Manzano J I, Fageda X, Gonzalez - Laxe F. An analysis of the determinants of cruise traffic: An empirical application to the Spanish port system ［J］. Transportation Research Part E: Logistics and Transportation Review, 2014 (66): 115-125.

［343］刘军. 规制视角的中国邮轮（旅游）母港发展研究 ［D］. 上海：复旦大学, 2011.

［344］Wood R E. Carribean of the East? Global interconnections and the Southeast Asian cruise industry ［J］. Asian Journal of Social Science, 2002, 30 (2): 420-440.

［345］Vaggelas G K, Lagoudis I N. Analysing the supply chain strategy of the cruise industry: The case of a small cruise company ［C］. International Association of Maritime Economists Conference, 2010.

［346］Wang G, Chang W, Cui Y et al. Introducing an economic impact platform to navigate cruise value - added chain with environmental considerations ［J］. Marine Policy, 2020 (112): 103713.

［347］金嘉晨. 邮轮母港产业链发展对城市经济的作用 ［J］. 港口经济, 2013 (4): 25-27.

［348］李霞. 以上海邮轮旅游为驱动的长三角地区邮轮产业联动机制研究 ［J］. 交通企业管理, 2014 (10): 6-9.

[349] 王兆峰. 旅游产业集群识别方法分析 [J]. 华中科技大学学报（社会科学版），2009，23（1）：82-86.

[350] 唐磊，曾国平. 区位商分析方法在地区产业比较中的应用——以我国西南和西北地区为对象的实证分析 [J]. 重庆工学院学报，2005（4）：55-58.

[351] Hatipoglu B, Alvarez M D, Ertuna B. Barriers to stakeholder involvement in the planning of sustainable tourism: the case of the Thrace region in Turkey [J]. Journal of Cleaner Production, 2016, 111 (part B): 306-317.

[352] De Leon R C, Kim S M. Stakeholder perceptions and governance challenges in urban protected area management: The case of the Las Piñas – Parañaque Critical Habitat and Ecotourism Area, Philippines [J]. Land Use Policy, 2017 (63): 470-480.

[353] Jamal T B, Getz D. Collaboration theory and community tourism planning [J]. Annals of Tourism Research, 1995, 22 (1): 186-204.

[354] Sautter E T, Leisen B. Managing stakeholders: A Tourism Planning Model [J]. Annals of Tourism Research, 1999, 26 (2): 312-328.

[355] Brent Ritchie J R. Crafting a value-driven vision for a national tourism treasure [J]. Tourism Management, 1999, 20 (3): 273-282.

[356] Plummer R, Fennell D A. Managing protected areas for sustainable tourism: prospects for adaptive co-management [J]. Journal of Sustainable Tourism, 2009, 17 (2): 149-168.

[357] Fuller D, Buultjens J, Cummings E. Ecotourism and indigenous micro-enterprise formation in northern Australia opportunities and constraints [J]. Tourism Management, 2005, 26 (6): 891-904.

[358] Carey S, Gountas Y, Gilbert D. Tour operators and destination sustainability [J]. Tourism Management, 1997, 18 (7): 425-431.

[359] Ryan C. Equity, management, power sharing and sustainability—issues of the 'new tourism' [J]. Tourism Management, 2002, 23 (1): 17-26.

[360] Timur S, Getz D. A network perspective on managing stakeholders for sustainable urban tourism [J]. International Journal of Contemporary Hospitality Management, 2008, 20 (4): 445-461.

[361] Beritelli P, Laesser C. Power dimensions and influence reputation in

tourist destinations: Empirical evidence from a network of actors and stakeholders [J]. Tourism Management, 2011, 32 (6): 1299-1309.

[362] Imran S, Alam K, Beaumont N. Environmental orientations and environmental behaviour: Perceptions of protected area tourism stakeholders [J]. Tourism Management, 2014 (40): 290-299.

[363] Waligo V M, Clarke J, Hawkins R. Implementing sustainable tourism: A multi-stakeholder involvement management framework [J]. Tourism Management, 2013 (36): 342-353.

[364] 付泳, 刘春健, 张慧雯, 等. 基于利益相关者理论的旅游地利益相关者协调机制研究 [J]. 当代经济, 2019 (9): 152-154.

[365] 吕宛青. 居民可持续遗产旅游参与行为研究——基于计划行为理论视角 [J]. 社会科学家, 2019 (12): 89-100.

[366] 李磊, 陆林, 杨钊. 温泉旅游规划中的利益冲突与协调 [J]. 经济地理, 2018, 38 (2): 206-212.

[367] 时少华, 李享. 传统村落旅游发展中信任与利益网络效应研究——以北京市爨底下村为例 [J]. 旅游学刊, 2019, 34 (9): 30-45.

[368] 王庆生, 张行发, 郭静. 基于共生理论的乡村旅游精准扶贫模式和路径优化研究——以山东省沂南县竹泉村为例 [J]. 地域研究与开发, 2019, 38 (3): 108-112.

[369] Stewart E J, Draper D. Sustainable cruise tourism in Arctic Canada: An integrated coastal management approach [J]. Tourism in Marine Environments, 2006, 3 (2): 77-88.

[370] Johnston A, Johnston M, Dawson J et al. Challenges of Arctic cruise tourism development in Canada: Perspective of federal government stakeholders [J]. Journal of Maritime Law and Commerce, 2012, 43 (3): 335-347.

[371] Asero V, Skonieczny S. Cruise tourism and sustainability in the Mediterranean. Destination Venice [C], In L. Butowski (Ed.), Mobilities, Tourism and Travel Behavior - Contexts and Boundaries: IntechOpen, 2018: 93-106.

[372] 纪洁. 基于利益相关者理论的邮轮旅游可持续发展解读 [J]. 旅游论坛, 2015 (2): 68-74.

[373] Perdiguero J, Sanz A. Cruise activity and pollution: The case of Barcelona [J]. Transportation Research Part D: Transport and Environment, 2020

(78): 102181.

[374] Corbett J J, Winebrake J J, Green E H et al. Mortality from ship emissions: a global assessment [J]. Environmental Science & Technology, 2007, 41 (24): 8512-8518.

[375] Tzannatos E. Ship emissions and their externalities for the port of Piraeus-Greece [J]. Atmospheric Environment, 2010, 44 (3): 400-407.

[376] Chatzinikolaou S D, Oikonomou S D, Ventikos N P. Health externalities of ship air pollution at port-Piraeus port case study [J]. Transportation Research Part D: Transport and Environment, 2015 (40): 155-165.

[377] Brida J G, Pulina M, Riaño E et al. Cruise passengers in a homeport: A market analysis [J]. Tourism Geographies, 2013, 15 (1): 68-87.

[378] Madsen E L, Wigger K A, Vinogradov E. Collaboration, intentions, and local value creation from cruise arrivals [J]. Tourism in Marine Environments, 2018, 13 (4): 205-216.

[379] Schmallegger D, Carson D. Whose tourism city is it? The role of government in tourism in Darwin, Northern territory [J]. Tourism & Hospitality Planning & Development, 2010, 7 (2): 111-129.

[380] Cajaiba-Santana G, Faury O, Ramadan M. The emerging cruise shipping industry in the arctic: Institutional pressures and institutional voids [J]. Annals of Tourism Research, 2020 (80): 102796.

[381] London W R, Moyle B D, Lohmann G. Cruise infrastructure development in Auckland, New zealand: a media discourse analysis (2008-2016) [J]. Asia Pacific Journal of Tourism Research, 2017, 22 (6), 615-633.

[382] 宋瑞. 我国生态旅游利益相关者分析 [J]. 中国人口·资源与环境, 2005, 15 (1): 36-41.

[383] Quesada-Silva M, Iglesias-Campos A, Turra A et al. Stakeholder Participation Assessment Framework (SPAF): A theory-based strategy to plan and evaluate marine spatial planning participatory processes [J]. Marine Policy, 2019 (108): 103619.

[384] 沈文璐, 闫国东, 沈静. 我国邮轮行业融资发展现状分析研究 [J]. 中国集体经济, 2019 (34): 72-73.

[385] Adams S. Sustainable cruise ship employment for the Caribbean region-

a conceptual perspective [J]. Worldwide Hospitality and Tourism Themes, 2017, 9 (1): 60-69.

[386] 邱海峰. 中国造船业何以惊叹世界 [N]. 人民日报, 2017-08-29 (06).

[387] 傅洋. 邮轮未来能取代养老院吗？国外容易国内难 [EB/OL]. (2014-8-15) [2017-9-1] http://www.takefoto.cn/viewnews-135448.html.

[388] Di Vaio A, Trujillo L, Medda F R. An analysis of the efficiency of Italian cruise terminals. [J]. International Journal of Transport Economics, 2011, 38 (1): 29-46.